Contabilidade Financeira

Dados Internacionais de Catalogação na Publicação (CIP)
(Câmara Brasileira do Livro, SP, Brasil)

Salazar, José Nicolás Albuja
Contabilidade financeira / José Nicolás Albuja Salazar, Gideon Carvalho de Benedicto. -- São Paulo : Pioneira Thomson Learning, 2004.

ISBN 85-221-0356-9

1. Administração financeira 2. Contabilidade I. Benedicto, Gideon Carvalho de. II. Título.

03-5651 CDD-657.48

Índice para catálogo sistemático:

1. Contabilidade financeira: Empresas: Administração 657.48

Contabilidade Financeira

José Nicolás Albuja Salazar
Gideon Carvalho de Benedicto

THOMSON

Austrália Brasil Canadá Cingapura Espanha Estados Unidos México Reino Unido

THOMSON

Gerente Editorial:
Adilson Pereira

Editora de Desenvolvimento:
Eugênia Pessotti

Produtora Editorial:
Tatiana Pavanelli Valsi

Produtora Gráfica:
Patricia La Rosa

Copidesque:
Glauco Peres Damas

Revisão:
Ornilo Costa Jr. e Isaías Zilli

Capa:
Megaart

Composição:
LUMMI Produção Visual e Assessoria Ltda.

Impresso no Brasil.
Printed in Brazil.
1 2 3 4 06 05 04

Rua Traipu, 114 – 3º andar
Perdizes – CEP 01235-000
São Paulo – SP
Tel.: (11) 3665-9900
Fax: (11) 3665-9901
sac@thomsonlearning.com.br
www.thomsonlearning.com.br

Dados Internacionais de Catalogação na Publicação (CIP) (Câmara Brasileira do Livro, SP, Brasil)

Albuja Salazar, José Nicolás – Contabilidade Financeira/José Nicolás Albuja Salazar, Gideon Carvalho de Benedicto – São Paulo: Pioneira Thomson Learning, 2004.
ISBN 85-221-0356-9
1. Administração financeira
2. Contabilidade I. Benedicto, Gideon Carvalho de. II. Título.
03-5651 CDD-657.48

Índices para catálogo sistemático:
1. Administração financeira : Empresas : Administração 657.48

Nossos sinceros agradecimentos a Deus
pela oportunidade do aprendizado e
às nossas famílias pelos incentivos na
elaboração deste livro.

Sumário

Contabilidade Financeira

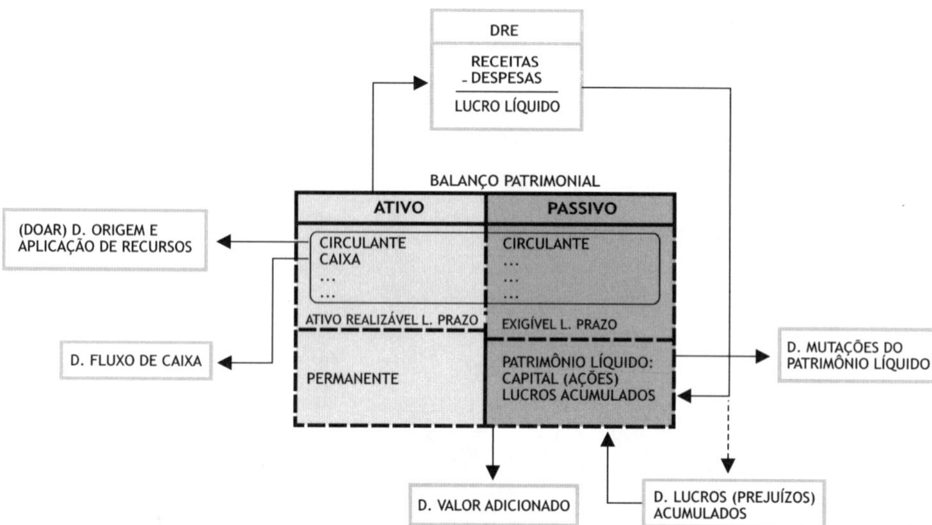

D.= DEMONSTRAÇÃO

Prefácio

Entre as inovações que caracterizam as edições de livros dentro da área de contabilidade, *Contabilidade Financeira* foi concebido para oferecer esclarecimentos sobre princípios, técnicas e uso da contabilidade, bem como uma necessária interpretação financeira destes. Nesta primeira edição, buscou-se acentuar a importância dos Princípios Contábeis como condutores na integração de princípios e práticas contábeis por meio de abordagens pedagógicas. Esta obra possibilita aos estudantes obter não somente um melhor entendimento das fontes de informação financeira, mas também melhorar sua compreensão do uso dessa informação.

Questões e problemas são apresentados no final de cada capítulo, possibilitando aos estudantes testarem suas habilidades mediante a aplicação dos princípios estudados.

Algumas diferenciações foram introduzidas na ordem seqüencial do processo contábil em relação aos textos tradicionais a fim de melhorar a ordem seqüencial do assunto em estudo.

Embora os aspectos de procedimentos de contabilidade sejam minimizados, técnicas de lançamento e controle são descritas em detalhes para ilustrar os princípios. A escolha e o desenvolvimento da aplicação dos princípios estão destinados a preencher as necessidades dos estudantes dos cursos de Administração, de Contabilidade e de Economia, bem como dos usuários de informação contábil-financeira para tomada de decisão.

Uma introdução aos princípios contábeis e às necessidades de conhecer o desempenho financeiro de uma organização com o uso dos processos da contabilidade, incluindo a discussão da responsabilidade social das empresas, é apresentada no capítulo de abertura, seguida da análise de transações contábeis e do efeito de seus lançamentos na equação do Balanço Patrimonial, constantes no Capítulo 2. O Capítulo 3 explica e interpreta a medição dos resultados da empresa.

O Capítulo 4 aborda os procedimentos contábeis mediante o lançamento de transações pelo Método das Partidas Dobradas, a elaboração do Balancete de Verificação, o Balanço Patrimonial e a Demonstração do Resultado do Exercício.

O Capítulo 5 ilustra os ajustes no processo de preparação das demonstrações financeiras e no encerramento do ciclo contábil.

O Capítulo 6 discute os objetivos e os métodos utilizados na preparação da Demonstração do Fluxo de Caixa.

O Capítulo 7 detalha as transações de Receitas, de Caixa e de Contas a Receber.

O Capítulo 8 enfoca a medição do Estoque e seu custo de aquisição.

O Capítulo 9 oferece uma visão detalhada do Ativo Permanente

O Capítulo 10 explana e demonstra a contabilização do Passivo Circulante e do Exigível de Longo Prazo.

O Capítulo 11 discorre sobre o tratamento contábil dispensado ao capital e aos Lucros Acumulados

Uma vez que os capítulos anteriores ilustram as aplicações dos princípios contábeis e a interpretação dessas aplicações, o Capítulo 12 destina-se a realizar a análise das Demonstrações Financeiras elaboradas, assim como evidenciar o comportamento dos diferentes itens dessas demonstrações ao longo do tempo, para, assim, obter-se uma boa apreciação do desempenho contábil-financeiro da empresa.

Durante o desenvolvimento deste livro, procuramos oferecer um material de estudo de fácil leitura, que promovesse uma rápida compreensão dos conceitos e das práticas e, ao mesmo tempo, fosse suficientemente inovador e abrangente para uso no ambiente acadêmico e na práxis.

Os autores

Capítulo 1

Contabilidade como Guia de Decisão Empresarial

Objetivos do Capítulo

1. Situar a importância da informação contábil dentro do contexto de tomada de decisão.
2. Explicar as necessidades de conhecer o desempenho financeiro de uma organização.
3. Apresentar as formas usuais de organização de empresas.
4. Discutir o comportamento ético que as empresas devem ter, considerando não só sua meta de negócio, mas também seu compromisso perante a sociedade.

Para que se tenha uma visão global sobre o campo da contabilidade, é necessário, primeiramente, analisar sua natureza e o significado de seu papel como veículo de informação para as tomadas de decisão.

Além de permitir o conhecimento dos eventos econômicos que se desenvolvem no ambiente empresarial, a contabilidade é útil no controle das transações efetuadas pela pessoa física, pois é necessário um conhecimento, pelo menos básico, de contabilidade para que essa pessoa possa entender e administrar melhor seus interesses econômicos.

Com isso, queremos dizer que as pessoas precisam conscientizar-se de que devem aplicar seus recursos mediante um procedimento contábil semelhante àquele que as empresas utilizam. O que se requer, antes de tudo, é saber a quantidade de recursos de que elas dispõem durante um determinado período para, dessa maneira, poder delinear um orçamento que, mais tarde, deverá ser confrontado com as entradas e saídas efetivas desses recursos, a fim de conhecer se o resultado real dos eventos corresponde ao previsto.

Através desse procedimento, é possível configurar os objetivos financeiros com mais exatidão e, a partir disso, tomar as decisões sobre como os fundos remanescentes podem ser aplicados, ou, se houver falta de fundos, quais fontes e quantias devem ser obtidas para satisfazer esses objetivos.

A contabilidade, portanto, é importante para todas as pessoas, físicas e jurídicas, com ou sem fins lucrativos, pois todas elas experimentam o desenvolvimento de eventos econômicos que precisam ser monitorados para que se tornem viáveis ao longo do tempo.

1.1 Natureza da Contabilidade e seu Papel na Tomada de Decisão

OBJETIVO 1
Situar a importância da informação contábil dentro do contexto de tomada de decisão.

O sistema contábil abrange o processo de registro dos eventos econômicos com a principal finalidade de organizar, resumir informações que possam ser consultadas a qualquer tempo e que forneçam o perfil econômico em um determinado período ao longo do ciclo de vida do negócio. Esse sistema de contabilizar os eventos é realizado pelos contadores, os quais, após classificá-los e registrá-los segundo as normas contábeis vigentes, são responsáveis pela preparação das correspondentes demonstrações financeiras, que nada mais são que um resumo relevante de tudo o que aconteceu no período abordado.

É considerando os tipos de informação desejada pelos administradores e outros tomadores de decisão, à luz das normas e práticas contábeis admitidas pela legislação brasileira, que os contadores desenham seus sistemas contábeis. Os profissionais de contabilidade responsáveis pelo registro e lançamento nos livros contábeis, ou nos computadores, mediante programas de contabilidade específicos, executam os serviços mais rotineiros dos procedimentos desenhados pelos contabilistas. No entanto, qualquer que seja o sistema contábil utilizado, o que na verdade importa é o conteúdo informacional que ele fornece em determinado tempo oportuno.

Tendo como pressuposto a importância da informação fornecida pelas demonstrações financeiras, é mister identificar quais são os interessados nessa informação e o porquê desse interesse. Assim, podemos afirmar que todos aqueles que têm o poder de decisão – tais como os proprietários de empresas, administradores, fornecedores, clientes, investidores e até mesmo os políticos – são os principais usuários da informação contábil. Mas, para que sirva de respaldo às tomadas de decisão e produza o efeito desejado, ela deve também experimentar um processo de interpretação em termos financeiros, o que amplia o conteúdo dessa informação.

Reiterando os conceitos já expostos, a contabilidade é essencial na tomada de decisão porque identifica onde, como e quando o dinheiro ingressou na empresa e foi gasto, registrando, ainda, os compromissos que foram feitos. Dentro dessa perspectiva e através da avaliação de desempenho da empresa, pode-se ter uma apreciação sobre as implicações financeiras de escolher um plano de ação em vez de outro. A contabilidade, ainda, ajuda a dirigir a atenção aos problemas atuais, assim como às oportunidades, e auxilia a prever os efeitos futuros das decisões tomadas.

Contabilidade
Sistema essencial na tomada de decisão, porque identifica onde, como e quando o dinheiro ingressou na empresa e foi gasto, registrando, ainda, os compromissos que foram feitos.

É importante entender que as decisões devem ser tomadas antes, durante e depois que os eventos econômicos ocorrem, quando é possível conhecer o desempenho da empresa e, então, compará-lo ao esperado. Assim, o processo decisório a que nos referimos acontece no contexto do sistema contábil ilustrado na Figura 1.1. Observamos que os múltiplos eventos econômicos, mais tarde, são sintetizados nas demonstrações financeiras, as quais, por sua vez, precisam ter uma identidade conferida pelas assinaturas dos responsáveis, como os contadores e o representante legal da organização, para que, dessa forma, os usuários externos tenham uma documentação formal do desempenho financeiro da empresa e, com isso, estejam em possibilidade de, mediante um conjunto de informações, tomar decisões acertadas.

Para que se tenha um melhor panorama do processo de decisão, é importante elaborar uma pequena lista com abrangência dos tomadores de decisão que de alguma forma tenham interesse na empresa, e das decisões que eles possam tomar. Para tanto, e em termos práticos, podemos apreciar, no Quadro 1.1, alguns exemplos de decisões que devem ser tomadas em diversos contextos organizacionais e para as quais a informação contábil é vital.

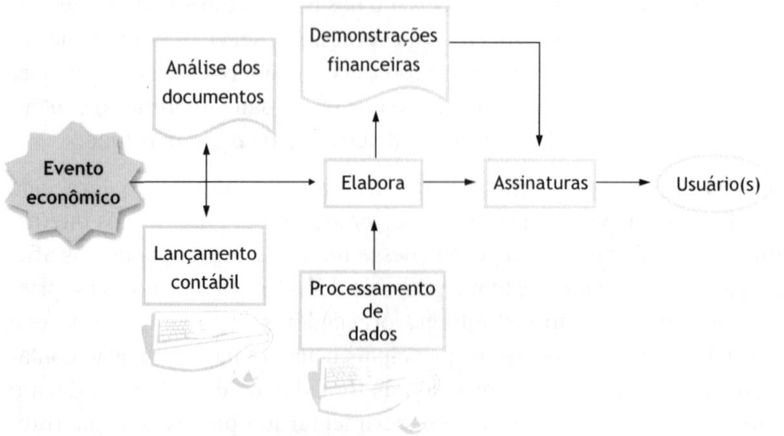

Figura 1.1 – Etapas relevantes do processo de contabilização.

Quadro 1.1 – Possibilidades de decisões a serem tomadas.

TOMADORES DE DECISÃO	DECISÕES
Proprietários da empresa	• Aumentar ou reduzir seus investimentos. • Aumentar o capital social ou emprestar fundos?
Administradores de organizações	• Expansão ou redução das operações. • Comprar à vista ou a prazo.
Instituições financeiras	• Conceder ou não empréstimo. • Termos específicos do empréstimo.
Fornecedores de produtos e/ou serviços	• Conceder ou não crédito, em que valor e a que prazo.
Investidores	• Comprar ou não a empresa.
Comissão de Valores Mobiliários	• As demonstrações financeiras de uma empresa de capital aberto respondem aos requerimentos legais do mercado de valores mobiliários, como periodicidade de apresentação, padronização e transparência.
Juízes de direito	• Solicitação e apreciação objetiva de peritagens.

Haja vista a importância da informação em todo e qualquer processo de tomada de decisão, temos obrigatoriamente que associá-la a uma esmerada elaboração das demonstrações financeiras.

Para que as demonstrações financeiras relativas a cada exercício social possam ser apresentadas ao público, há a necessidade de elaboração de um relatório da administração sobre as atividades da empresa durante esse período. O relatório deve fornecer informações complementares sobre a empresa, consistentes com o conteúdo das demonstrações. Essa é uma forma adequada de relacionar as medições contábeis com a gestão da organização.

Foi com esse critério que, em 1997, a Associação dos Executivos de Finanças, Administração e Contabilidade (Anefac) e a Fundação Instituto de Pesquisas Contábeis, Atuariais e Financeiras (Fipecafi), da Universidade de São Paulo, premiaram a empresa que apresentou ao mercado a melhor confecção de Balanço Patrimonial do exercício findo em 1996. Dentre as finalistas foram identificadas a Cesp, o Pão de Açúcar, a Antárctica, a Cosipa e a Klabin, maior indústria de papel e celulose do país, sendo esta a merecedora do 1º Prêmio Anefac-Fipecafi de 1997.

A apuração desse resultado considerou não somente se o Balanço Patrimonial foi positivo ou negativo, mas também a forma como foram feitas as demonstrações financeiras e seu grau de transparência, conforme divulgado no jornal O Estado de S. Paulo de 4 de setembro de 1997, Caderno B, página 19.

Essa prática de premiação vem permitindo que, ao longo dos anos, as empresas procurem esmerar-se na elaboração de suas demonstrações financeiras. No ano 2001, dentre as 1.500 empresas privadas do Brasil (comércio, indústria e serviços), somadas às 50 maiores empresas estatais, o Troféu Transparência 2001 do V Prêmio Anefac-Fipecafi-Serasa e dentre as 13 finalistas foi outorgado à Embraer (Empresa Brasileira de Aeronáutica), por ter apresentado a melhor demonstração financeira de 2000.

> Neste site você pode acompanhar os próximos Troféus Transparência http://www.anefac.com.br

Ser merecedora dessa premiação confere à empresa vencedora e às finalistas um certificado de qualidade que equivale a uma grife muito apreciada pelos usuários das informações.

Assim, o relatório anual da administração e as demonstrações financeiras, além de transmitir informação relevante sobre as atividades da empresa, constrói a sua imagem perante os usuários dessa informação.

1.2 O Desempenho Financeiro Medido com a Contabilidade

Os contadores medem os resultados financeiros das atividades de uma empresa e os reportam na forma de demonstrações financeiras. Os tomadores de decisão usam as demonstrações financeiras para avaliar como uma organização satisfaz ou não aos seus objetivos financeiros.

OBJETIVO 2
Explicar as necessidades de conhecer o desempenho financeiro de uma organização.

Se essa análise das demonstrações financeiras indicar que a empresa foi bem-sucedida, os investidores estarão dispostos a lhe fornecer seus recursos para que ela possa atingir novos objetivos financeiros. Assim, se a empresa continuar a vender produtos e/ou serviços por preço superior ao seu custo, isso gerará resultados que permitirão aos investidores aumentar sua riqueza.

Como conseqüência, os investidores em empresas são os que mais fazem uso das demonstrações financeiras, para a avaliação do desempenho dos administradores na geração dos lucros atuais e do potencial de lucros futuros da empresa. A geração de lucros é tão importante que, quando essa informação é antecipada à publicação da Demonstração do Resultado do Exercício da empresa, os investidores rapidamente a interpretam conforme o contexto e tomam decisões.

O Impacto da Informação

Como exemplo, pode ser citado o acontecimento do dia 22 de janeiro de 1998, quando o ministro das Comunicações, Sergio Motta, declarou a alguns jornalistas que o lucro consolidado da Telebrás no ano anterior havia sido de R$ 4,3 bilhões, número que surpreendeu os analistas que previram um resultado entre R$ 3,7 bilhões e R$ 4 bilhões. Tal informação foi digerida pelos investidores como positiva e agitou a valorização das ações da Telebrás negociadas na Bolsa de Valores de São Paulo (Bovespa). As ações preferenciais da Telebrás abriram em baixa a R$ 113 o lote de mil, chegando a R$ 118 minutos antes da entrevista do ministro, e, minutos depois, subiram para R$ 122, fechando em R$ 120,80 o lote de mil, o que rendeu uma alta de 3,95%, percentual significativo em se tratando de variação ocorrida em minutos e que se deu só em decorrência da informação veiculada sobre o lucro da empresa, uma vez que, após o fechamento das Bolsas, a assessoria do ministro informou que tinha havido um mal-entendido e que o lucro anunciado era, na verdade, da controladora.

Com isso, uma vez mais, elevamos a imprescindibilidade da elaboração das demonstrações financeiras e de sua correta publicação, pois é através delas que se pode antever a saúde financeira da empresa, sem o perigo de haver uma retratação quanto ao seu conteúdo e contexto informacional.

http://www.bovespa.com.br Neste site você pode obter informações sobre as operações da maior Bolsa de Valores da América Latina.

O usuário das demonstrações financeiras, entretanto, deve ter o cuidado de verificar se as cifras declaradas e relativas aos lucros e a várias outras contas foram corretamente lançadas, e se esses resultados advêm das operações normais da empresa, dentro do seu setor, ou se talvez tenha havido erro de lançamento quanto à natureza do evento contábil, incluindo transações não operacionais em contas operacionais. Por exemplo, o caso de venda de ativos não operacionais (exemplo: venda de edifício não relacionado com a atividade fundamental da empresa) sem nenhuma explicação nas demonstrações financeiras pode produzir um aumento do lucro líquido, indicando um bom resultado no período abrangido pelas demonstrações, mas o desempenho real somente pode ser detectado com uma análise minuciosa dessas demonstrações. Essa análise permitirá ao usuário das demonstrações financeiras a condição de tomar decisões inteligentes sobre investir ou não na empresa em foco.

Como já mencionamos, entre outros importantes usuários das demonstrações financeiras estão os administradores, pois eles são remunerados para gerar lucros aos investidores. Para tanto, utilizam as demonstrações financeiras como referência. Da mesma forma como um jogador de futebol é julgado e pode ser recompensado com base em sua média de gols e outras medidas de desempenho, os administradores de empresas também são avaliados com base nos resultados refletidos pelas demonstrações financeiras – evidentemente, nos resultados associados às decisões tomadas por eles e, portanto, de sua responsabilidade. De fato, muitas empresas pagam bonificações adicionais aos administradores, baseadas nos resultados das demonstrações financeiras do período.

Por isso, é através das demonstrações financeiras que os administradores predizem os efeitos de suas decisões e atuam visando ao aumento dos valores ali demonstrados.

A contabilidade de uma empresa pode ser considerada a sua coluna vertebral e também um instrumento importante para conhecer o que aconteceu e o que está acontecendo nela. Não há possibilidade de tomarmos decisões que conduzam ao sucesso se a ação da empresa não for registrada, pois isso impossibilitará identificar o motivo que levou a empresa ao sucesso ou ao fracasso. Não é sem razão que as principais perguntas que os tomadores de decisão fazem sobre o sucesso financeiro de uma empresa são respondidas pelos contadores com o uso das principais demonstrações financeiras, a saber:

- Balanço Patrimonial;
- Demonstração do Resultado do Exercício;
- Demonstração de Lucros ou Prejuízos Acumulados;
- Demonstração das Origens e Aplicações de Recursos;

- Demonstração das Mutações do Patrimônio Líquido;
- Demonstração dos Fluxos de Caixa;
- Demonstração do Valor Adicionado[1].

Em resumo, os acionistas (proprietários) e os potenciais investidores usam as informações contidas nas demonstrações financeiras para avaliar o desempenho da empresa e tomar suas decisões de investimentos.

Nem todas as grandes mudanças na empresa estão associadas com liberações da informação contábil. Uma empresa pode apresentar demonstrações financeiras muito positivas, por exemplo, e no entanto pertencer a um setor que, imediatamente após a publicação dessas demonstrações, tenha experimentado restrições ou barreiras que modificaram suas oportunidades de negócio.

Esse cenário pode provocar uma reação dos investidores contrária àquela que poderia ter ocorrido sem esse impacto negativo, pois isso os levaria a interpretar que a empresa pode não ter capacidade de, no futuro, gerar lucros semelhantes aos publicados e, portanto, haveria a possibilidade de que não estivessem dispostos a pagar, pela empresa, o preço previamente estimado, caso o investimento considerado fosse a sua aquisição.

Para avaliar a saúde financeira de qualquer empresa, deve-se, primeiramente, analisar a informação contábil fornecida nas demonstrações e, depois, compará-la com as do seu setor e com o contexto econômico do País; caso se trate de empresa globalizada, é necessário considerar o contexto internacional com maior detalhe, atualizando, assim, o critério a ser utilizado nos casos de investimento.

1.3 A Tomada de Decisão nas Organizações Sem Fins de Lucro

As organizações sem fins de lucro podem pertencer ao setor público ou ao setor intermediário, nem público e nem privado. Ambas possuem como principal objetivo a prestação de serviço social. Mais recentemente, tem-se realizado uma nova classificação para aquelas organizações que

1 Até o encerramento desta edição, o projeto de lei que inclui essas duas últimas demonstrações financeiras ainda estava submetido à aprovação pelos órgãos competentes. Entretanto, é conveniente adquirirmos mais conhecimentos sobre elas, pois sua utilidade em termos de informação interna é inegável.

desempenham funções que são da competência do setor público, mas não são governamentais. Existem vários tipos dessas organizações, todas pertencentes ao terceiro setor da economia, mas as mais conhecidas são as ONGs (Organizações Não-Governamentais) e as Oscips (Organizações da Sociedade Civil de Interesse Público). Assim, os aspectos fundamentais de semelhança entre essas organizações do chamado terceiro setor são o objetivo social e a não-distribuição de lucros nos moldes das organizações privadas.

Mesmo não tendo finalidade lucrativa, esses tipos de organizações podem realizar atividades do setor privado que resultem em receita para a continuidade de suas operações.

Dessa forma, como garantia de sobrevivência, as organizações sem fins lucrativos contam com várias fontes de recursos na medida em que recebem doações diversas, as quais, muitas vezes, precisam ser convertidas em moeda corrente e, para tanto, devem ser comercializadas através de leilão, bazares e outros meios próprios da atividade mercantil.

Os recursos obtidos nessa operação, porém, devem ser redistribuídos com responsabilidade, em benefício da sociedade alvo. Conseqüentemente, essas organizações precisam ter uma gestão contábil-financeira que lhes assegure contar com uma informação precisa no momento certo – informação que, por sua vez, possibilite analisar seu desempenho financeiro objetivando não só utilizar sensatamente seus limitados recursos, mas também apresentar o desempenho de sua gestão aos existentes e potenciais fornecedores desses recursos. Neste caso, as demonstrações financeiras têm um papel essencial, pois podem ser apreciadas por todos os interessados.

1.4 Administração Contábil e Financeira

Com o amparo das normas e práticas vigentes, podemos afirmar que os administradores dos vários tipos de organização estarão mais seguros para visualizar as implicações financeiras de suas políticas e ações propostas se eles também incluírem, no desenvolvimento de sua gestão, a consideração de que o conhecimento dos princípios de contabilidade geralmente aceitos é imprescindível em todos os aspectos de tomada de decisão.

Quanto mais os administradores souberem sobre contabilidade, mais capacitados estarão para tomar decisões de planejamento e controle dentro de sua organização. Do contrário, no seu cotidiano, os administradores estarão em desvantagem se sua compreensão de contabilidade for pequena ou confusa. Ademais, há que se ter presente que o desempenho e as recompensas dos administradores podem depender das medições contábeis.

1.5 Formas Básicas de Organização de Empresa

OBJETIVO 3
Apresentar as formas usuais de organização de empresas.

Para que possamos analisar os movimentos contábeis e financeiros de uma empresa, é importante que tenhamos um conhecimento prévio sobre como ela foi constituída legalmente e a qual tipo de organização deve obedecer. É de entendimento comum que os empreendimentos são formados por pessoas que se unem para realizar uma determinada atividade, com ou sem fins lucrativos. Esse é o tipo genérico de organização. No entanto, quando falamos em empresa, estamos destacando as organizações cujas atividades são realizadas com vistas à obtenção do lucro. Embora possamos classificar todas as organizações como "empresas", geralmente damos essa denominação apenas às que almejam um retorno monetário no desempenho de uma atividade específica. Esse esclarecimento preliminar sobre empresas e organizações serve para fazer uma diferenciação entre os empreendimentos apenas quanto à sua finalidade.

Basicamente, as empresas se organizam sob as seguintes formas legais: Sociedade em Nome Coletivo, ou Firma; Sociedade em Comandita Simples; Sociedade em Comandita por Ações; Sociedade de Capital e Indústria; Sociedade em Conta de Participação; Firma Individual; Sociedade por Quotas de Responsabilidade Limitada; e Sociedade Anônima. Entretanto, tem-se dado preferência à Sociedade por Quotas de Responsabilidade Limitada e à Sociedade Anônima. Ainda, ressaltamos a Firma Individual, e a apresentamos a seguir, por ela também estar sujeita à regulamentação mercantil e, portanto, obrigada a manter um controle contábil de suas atividades. Assim, vamos abordar apenas essas três últimas formas de organização.

Firma Individual
Propriedade de uma única pessoa.
O proprietário se responsabiliza por todas as decisões do negócio e tem o seu passivo ilimitado.

- **Firma Individual:** empresa de propriedade de uma única pessoa, que a opera para seu próprio lucro. Esse tipo de empresa possui como característica a ilimitada responsabilidade do proprietário para com seus credores. Isso significa que todos os bens do proprietário podem ser usados no pagamento de dívidas com os credores da firma. O capital colocado na empresa pode advir de recursos próprios ou de empréstimos, mas a responsabilidade do proprietário não se limita a esse capital inicial, e sim ao montante total da dívida gerada pela atividade da empresa.

Portanto, o proprietário se responsabiliza por todas as decisões do negócio e tem o seu passivo ilimitado. Possuem esse tipo de organização: padarias, oficinas mecânicas, sapatarias, mercearias e outras.

- **Sociedade por Quotas de Responsabilidade Limitada:** empreendimento com fins lucrativos de propriedade de duas ou mais pessoas que se unem para formar uma sociedade, com o objetivo de realizar atividade específica determinada no contrato social. O capital social é formado por quotas e todos os sócios respondem solidariamente, perante os credores, até o montante do capital registrado, e não respondem pessoalmente pelas obrigações contraídas em nome da sociedade. Esse tipo de sociedade possui passivo limitado. Isso significa que o patrimônio pessoal dos sócios não pode ser utilizado para pagamento dos credores da firma.[2]

> **Sociedade por Quotas de Responsabilidade Limitada** Propriedade de duas ou mais pessoas. O patrimônio pessoal dos sócios não pode ser utilizado para pagamento dos credores da firma.

- **Sociedade Anônima ou Sociedade por Ações:** é o tipo de sociedade cujo capital é dividido em unidades de participação de propriedade, chamadas de ações. Cada ação dá a seu titular o direito proporcional de propriedade no patrimônio da empresa. As ações são de dois tipos: ordinárias e preferenciais. A responsabilidade dos sócios ou acionistas será limitada ao preço de emissão das ações subscritas ou adquiridas. Isso significa que, uma vez integralizado o valor de suas ações, nada mais será cobrado do acionista. Para a constituição de uma sociedade desse tipo, são necessários dois ou mais acionistas.

> **Sociedade Anônima ou Sociedade por Ações** Cada ação dá ao seu titular o direito proporcional de propriedade no patrimônio da empresa. A responsabilidade do sócio limita-se ao preço de emissão de suas ações.

Uma característica da Sociedade por Ações – ou S.A., como é normalmente conhecida – se refere à forma de captação de seu capital social. Uma Sociedade Anônima de capital aberto lança e negocia suas ações publicamente em Bolsa de Valores e no mercado de balcão, enquanto a Sociedade Anônima de capital fechado não vende suas ações ao público em geral, se bem possa negociá-las sem o rigor exigido pelas Bolsas. Quer sejam de capital fechado ou de capital aberto, as Sociedades Anônimas são destinadas a grandes empreendimentos que, por força de lei, sempre serão de natureza comercial, independentemente de seu objeto declarado no estatuto social.

As Sociedades Anônimas abertas e as de capital autorizado (ou seja, ainda não totalmente subscrito) terão, obrigatoriamente, além da Diretoria, um Conselho de Administração, que poderá aumentar o capital até o montante autorizado sem necessidade de aprovação da Assembléia Geral ou reforma nos estatutos da empresa.

2 O artigo 1.080 do Código Civil prescreve responsabilidade ilimitada do(s) sócio(s) que infrigir(em) deliberações do contrato social ou da lei.

Ainda resta acrescentar que as Sociedades são classificadas como de natureza civil ou de natureza comercial, dependendo da atividade que desenvolvem. As atividades econômicas relacionadas com serviços, transportes de pessoas, profissões liberais, pecuária, agricultura são consideradas de natureza civil, e as sociedades que as desenvolvem são igualmente civis. Entretanto, as sociedades que realizam atividades mercantis, compra, venda, indústria, são comerciais. Se o objeto da empresa for misto (civil e comercial), ela será considerada comercial.

A importância de distinguir sociedade civil e sociedade comercial está na incidência de tributos. As sociedades civis estão sujeitas a alguns tributos especificados por lei (ISS, PIS, Cofins, IR), e as comerciais a outros (PIS, Cofins, INSS, IPI, ICMS, IR, CSLL).

1.6 Ética Empresarial

OBJETIVO 4
Discutir o comportamento ético que as empresas devem ter, considerando não só sua meta de negócio, mas também seu compromisso perante a sociedade.

Assuntos sobre ética têm um lugar importante na economia atual. Esse fator também se reflete no aumento da presença de informações sobre ética veiculadas pela imprensa. Muitas empresas se sentem obrigadas a implantar códigos de ética e de conduta em suas respectivas organizações, especialmente em tempos de escândalos em grande escala. Perante isso, as empresas estão, cada vez mais, achando que precisam avaliar suas ações não somente em termos econômicos, mas também em termos de considerações éticas, vitais para o crescimento sustentável de seu negócio.

As empresas estão, cada vez mais, achando que elas precisam avaliar suas ações não somente em termos econômicos, mas também em termos de considerações éticas.

Nesse sentido, é bom lembrar que as categorias profissionais também devem respeitar seu próprio Código de Ética, e isso não é diferente com os contabilistas profissionais. No desempenho de suas funções, esses profissionais devem realizar seu trabalho com o esmero técnico inerente à profissão, mas sem se descuidar dos aspectos éticos implícitos no ambiente organizacional. Vale dizer que é obrigação do profissional sempre estar alerta à legislação vigente e às disposições emanadas pelo Conselho Federal de Contabilidade, com a Resolução CFC nº 803/96, de 10 de outubro de 1996, que estabeleceu o Código de Ética Profissional, no sentido de fixar a forma pela qual se devem conduzir os contabilistas, quando no exercício profissional.

1.7 Responsabilidade Social

Com o início do século XXI, as constantes mudanças com a evolução dos conceitos sobre o comportamento das pessoas e o papel das organizações têm feito muitos pensadores adentrar no caminho de novas estradas rumo a essas transformações. Algum tempo atrás, o homem e a sociedade como um todo tinham uma meta de superação e alcance do sucesso, trilhada sobre elementos de cognição muito mais restritos, que só diziam respeito ao empreendimento e seus empreendedores. Mas, com as mudanças tecnológicas, culturais e organizacionais, esse caminho foi ficando demasiado longo pelo maior grau de dificuldade em ultrapassar as barreiras impostas pelas transformações estruturais, que ensejaram uma sociedade mais esclarecida e exigente.

A sociedade vem demandando, das pessoas em geral e, especificamente, das empresas, um comportamento que se coadune com a criação de um ambiente organizacional voltado ao interesse social. O fortalecimento do elo existente entre o desempenho empresarial e o resultado social vem se transformando em uma variável de gestão organizacional, pois permite uma efetiva avaliação da eficácia alcançada pelas empresas, considerando a finalidade destas em satisfazer as necessidades sociais. E as empresas que não estão dispostas a satisfazer o anseio social estão fadadas ao desaparecimento.

Há que ser salientado, porém, que a satisfação do anseio social também vem sofrendo grandes transformações. O que antes era entendido como satisfação à necessidade social é hoje apenas a mera entrega de um produto ou serviço, objetivo social das organizações. Entretanto, já não basta às organizações contemporâneas realizar essa simples atividade. É preciso que haja um valor agregado a esse produto e que isso seja entendido pela sociedade como um benefício adicional.

Não se trata aqui de filantropia, pela qual, outrora, as empresas buscavam angariar uma melhor imagem e ganhar maior confiança de seu público, mas sim de unir os esforços organizacionais para chegar a um resultado que seja percebido pela sociedade como um efetivo ganho no enriquecimento dos valores sociais e culturais, que se configure em herança para as futuras gerações. Esse ganho só é alcançado se as empresas assumem essa responsabilidade social de satisfazer, dentro de suas possibilidades, a todos os que delas dependem, ou que, de alguma forma, tenham a ver com ela.

Necessidade Social
Não basta apenas entregar o produto ou serviço. É preciso que haja um valor agregado a esse produto e que isso seja entendido pela sociedade como um benefício adicional.

Responsabilidade Social
As empresas devem se responsabilizar socialmente por todos aqueles que estão sujeitos ao alcance de suas ações.

Ainda não está bem definido o significado de responsabilidade social das empresas, porquanto não se tem uma medida exata do grau de comprometimento que as organizações devem ter para desempenhar bem esse novo encargo; no entanto, o que se tem muito consciente é que do exercício dessa responsabilidade social dependem a sua legitimação e sua competitividade dentro do ambiente organizacional. Esse ambiente organizacional está composto pelas manifestações explícitas e implícitas provenientes de indivíduos ou grupos que se encontram tanto no ambiente interno como no externo da organização, e pelas influências exercidas pelas demais organizações.

Pode ser entendido que as empresas estão comprometidas a assumir responsabilidade social apenas com indivíduos, grupos ou organizações que tenham interesses diretos nelas (os *stakeholders*). Entretanto, a noção de responsabilidade social vai mais além. Ela pressupõe que, dentro de suas possibilidades, as empresas se responsabilizem socialmente por todos aqueles que estejam sujeitos ao alcance de suas ações, considerando, com isso, todas as pessoas e todas as organizações, e não apenas aquelas que estejam no entorno imediato ou na cadeia de inter-relações de suas atividades.

Sendo o âmbito da responsabilidade social tão amplo, ela deve estar presente em todos os processos internos da organização – entre eles, o sistema contábil financeiro tem um papel significativo na avaliação desse resultado social.

A validade da resposta empresarial às pressões sociais vem sendo abordada em um Balanço Social, o qual apresenta as ações da empresa e sua influência sobre os grupos sociais, incorporando os aspectos qualitativos da gestão organizacional, os quais são coletados em pesquisas para complementar a avaliação quantitativa e, dessa forma, obter uma melhor leitura do desempenho organizacional.

Questões

Q.1 Por que as empresas devem manter um sistema contábil?

Q.2 Será que a pessoa que conhece muito sobre o setor de atividade no qual se encontra a empresa não precisa fazer uso da contabilidade?

Q.3 Mesmo sendo do mesmo ramo de atividade, cada empresa é muito diferente da outra. Por saber muito sobre seu negócio, ela pode ter um sistema contábil novo sem precisar seguir as normas e os procedimentos contábeis vigentes?

Q.4 O que são ações?

Q.5 Defina os seguintes termos:

a) Sociedade por Quotas;

b) Sociedade por Ações;

c) Firma Individual;

d) ética empresarial;

e) responsabilidade social.

Problemas de Reforço

P.1 Indique, com o respectivo número, a demonstração financeira na qual poderá ser encontrada cada uma das informações seguintes:

1 Apropriação de lucros na forma de reservas
2 Saldo da conta Estoques de Produtos Acabados
3 Lucro Operacional Líquido
4 Valor adicionado à disposição da entidade
5 Aquisição de bens do imobilizado
6 Geração de caixa das atividades operacionais
7 Ágio na venda de ações

( ) Demonstração de Origens e Aplicações de Recursos
( ) Demonstração de Lucros ou Prejuízos Acumulados
( ) Demonstração do Fluxo de Caixa
( ) Balanço Patrimonial
( ) Demonstração do Resultado do Exercício
( ) Demonstração das Mutações do Patrimônio Líquido
( ) Demonstração do Valor Adicionado

P.2 A empresa Aliança Ltda. apresentou os seguintes dados:

Receitas de Vendas	R$ 180.000
Custo das Mercadorias Vendidas	R$ 58.000

Pergunta-se: Qual o valor adicionado?

P.3 A empresa Radiante Ltda. apresentou os seguinte dados:

Dividendos Propostos	R$ 8.000
Saldo de Lucros Acumulados no Início do Período	R$ 13.000
Lucro Líquido do Período	R$ 20.000

Pergunta-se: Qual o valor dos lucros acumulados no final do período?

P.4 A empresa Vale Verde Ltda. apresentou os seguintes dados:

Lucro Líquido do Exercício	R$ 25.000
Aumento de Capital em Dinheiro	R$ 21.000

Aquisição de Veículos	R$ 14.000
Dividendos Distribuídos	R$ 9.000

Com base nos dados podemos dizer que as origens e aplicações de recursos foram, respectivamente:

a) 35.000 e 34.000

b) 39.000 e 30.000

c) 46.000 e 23.000

d) 23.000 e 35.000

e) 46.000 e 39.000

Capítulo 2

O Balanço Patrimonial

Objetivos do Capítulo

1. Explicar a estrutura do Balanço Patrimonial e identificar seus principais elementos.
2. Analisar as transações contábeis e o efeito de seus lançamentos na equação do Balanço Patrimonial.

Para se ter um melhor entendimento sobre o Balanço Patrimonial, o principal relatório de controle do desempenho financeiro da empresa, é necessário, primeiro, discorrer sobre os princípios de contabilidade vigentes que dão suporte ao sistema contábil.

2.1 Princípios de Contabilidade Geralmente Aceitos e Conceitos Básicos

OBJETIVO 1
Enfatizar os princípios de contabilidade geralmente aceitos.

É de fácil entendimento a necessidade de padronização das normas e procedimentos usados na elaboração das demonstrações financeiras. Se os contadores realizassem os registros e as demonstrações financeiras de maneiras distintas, isso dificultaria a apreciação e a análise realizadas pelas diferentes partes interessadas no desempenho da empresa e das empresas do mesmo setor.

Princípios de Contabilidade Geralmente Aceitos
Com eles, pode-se produzir informação padronizada e passível de comparação dentro do procedimento analítico dos tomadores de decisão.

Assim, a elaboração das demonstrações financeiras resulta de um processo de medição que repousa sobre um conjunto de princípios conhecidos como *princípios de contabilidade geralmente aceitos*, mediante os quais pode-se produzir informação padronizada e passível de comparação dentro do procedimento analítico dos tomadores de decisão.

Para ilustração, podemos considerar a compra de um computador, cujo lançamento será registrado no Balanço Patrimonial como um Ativo. Sem a padronização, os diferentes contadores poderiam registrar esse evento referindo-se ao custo da compra, ao preço médio de mercado, ao preço pelo qual o equipamento usado poderia ser vendido ou ao valor médio entre preço de compra e preço de venda, ou, ainda, outros valores resultantes de critérios distintos. Tudo isso conduziria os usuários das demonstrações a uma verdadeira confusão, pois, ao realizar comparações entre demonstrações de diferentes empresas, ficaria visível que cada contador estaria falando um idioma diferente.

Para evitar essa diferença de critérios, os contadores devem aplicar um conjunto de princípios de medições comum – ou seja, uma linguagem comum – para registrar a informação nas demonstrações financeiras. Entretanto, como encontraremos ao longo deste livro, entendemos que, mesmo sendo essa linguagem comum, ela propicia algumas ambigüidades e espaço para interpretação.

Princípios de Contabilidade Geralmente Aceitos
Aplicam-se a conceitos e práticas detalhadas de contabilidade. Incluem-se todas as convenções, leis, regras e procedimentos que fazem a prática da contabilidade.

A expressão *"princípios de contabilidade geralmente aceitos"* se aplica aos conceitos gerais e práticas detalhadas de contabilidade. Incluem-se todas as convenções, leis, regras e procedimentos que juntos fazem a prática da contabilidade aceita em um dado momento. Como não existe uma única resposta exata para fornecer a informação econômica sobre o desempenho de uma organização, em cada país esse conjunto de princípios obedece a uma seleção considerada aceitável entre as práticas contábeis locais vigentes.

Em alguns países, as regras são cuidadosamente especificadas; em outros, a gama de práticas aceitáveis é bastante ampla.

Quanto à legislação brasileira, o dispositivo legal que rege a prática contábil é a Lei nº 6.404/76, a qual dispõe, em seu artigo 177, que os registros contábeis devem ser permanentes e estar em obediência não só à mesma lei, mas também aos preceitos da legislação comercial e aos princípios de contabilidade geralmente aceitos.

Na busca de uma abordagem mais abrangente, no entanto, o Instituto Brasileiro de Pesquisas Contábeis, Atuariais e Financeiras (Ipecafi) realizou um estudo que foi aprovado e divulgado pelo Instituto Brasileiro de Contadores (Ibracon) em 22 de novembro de 1985, através do seu pronunciamento *Estrutura Conceitual Básica da Contabilidade*, o qual foi incorporado ao conjunto de pronunciamentos técnicos desse órgão.

O pronunciamento *Estrutura Conceitual Básica da Contabilidade*, do Ibracon, está dividido em:

- Objetivo da Contabilidade;
- Cenários Contábeis;
- Princípios Fundamentais da Contabilidade;
- Postulados Ambientais da Contabilidade;
- Princípios propriamente ditos; e
- Convenções (restrições aos princípios).

Tratando especificamente dos Princípios Fundamentais de Contabilidade, o Conselho Federal de Contabilidade (CFC), órgão que define as Normas Brasileiras de Contabilidade, preocupado com a determinação dessas normas no que se relaciona à doutrina contábil que estabelece regras de conduta do profissional e aos procedimentos técnicos, disciplinou-os com a Resolução CFC nº 750, de 29 de dezembro de 1993, cujo enfoque recai nos seguintes Princípios Fundamentais:

- Princípio da Entidade;
- Princípio da Continuidade;
- Princípio da Oportunidade;
- Princípio do Registro pelo Valor Original;
- Princípio da Atualização Monetária;
- Princípio da Competência;
- Princípio da Prudência.

Continuando nosso estudo sobre a contabilidade e os princípios contábeis geralmente aceitos no Brasil, devemos considerar o que Iudícibus (1997)[1] classificou, acertadamente, em dois postulados fundamentais, em princípios e em convenções, conforme transcrevemos a seguir:

"Postulados:

- *entidade;*
- *continuidade.*

Princípios:

- *do custo original como base de valor (registro inicial);*
- *da realização da receita e da confrontação das despesas (competência);*
- *do denominador comum monetário.*

Convenções (normas ou restrições aos princípios):

- *da objetividade;*
- *da materialidade (relevância);*
- *do conservadorismo (prudência);*
- *da consistência (uniformidade)."*

Como já foi explicado no Capítulo 1, as demonstrações financeiras caracterizam-se por apresentar, resumidamente, os efeitos dos eventos econômicos ocorridos durante a operação da empresa dentro de um determinado período. Desse modo, o Balanço Patrimonial, sendo uma das principais dessas demonstrações, tem por escopo oferecer informação global sobre o posicionamento econômico-financeiro da empresa ao final de um determinado período de atividade econômica.

2.2 O Balanço Patrimonial

OBJETIVO 2
Explicar a estrutura do Balanço Patrimonial e identificar seus principais elementos.

O Balanço Patrimonial é formado por duas colunas: a coluna do lado esquerdo, chamada de **Ativo**, e a coluna do lado direito, denominada **Passivo**.

1 IUDÍCIBUS, Sérgio de. *Teoria da Contabilidade*. 5. ed., São Paulo: Atlas, 1997, Cap. 4, p. 54.

Ativo constitui a representação, em termos monetários, de todos os bens e direitos de propriedade da empresa, ou seja, descreve os recursos investidos pela empresa.

Passivo se refere às obrigações contraídas com terceiros, ao capital comprometido pelos proprietários e aos lucros que foram reinvestidos na empresa. Vale lembrar que a Lei nº 6.404/76, que regulamenta as Sociedades Anônimas, agrupa sob a denominação *Passivo* tanto as obrigações com terceiros como o Patrimônio Líquido composto pelo capital investido pelos proprietários (acionistas) e o reinvestimento de lucros na empresa. Entretanto, em termos práticos e pedagógicos, é importante diferenciá-los para não incorrer em erro de interpretação.

Qualquer indivíduo ou grupo de empreendedores que decida formar uma organização, com ou sem fins de lucro, terá de iniciar seu planejamento com a criação de um Balanço Patrimonial para, dessa maneira, ter elementos adequados na tomada das decisões inerentes ao empreendimento.

Realizado o planejamento das operações da futura empresa, com a identificação dos principais eventos econômicos envolvidos, quando a empresa entrar em funcionamento efetivo será o momento de iniciar a construção do Balanço Patrimonial, com base nas atividades realizadas, a fim de conhecer a real posição financeira desde o início das atividades.

Por exemplo, suponha que Sérgio dos Santos, um empregado assalariado de uma indústria de móveis finos para dormitório e sala de jantar, decida deixar seu emprego e abrir seu próprio negócio. Depois de várias consultas a pessoas mais experientes, Sérgio se inteira das dificuldades que as empresas iniciantes passam para sobreviver e crescer, mas mesmo assim decide investir R$ 800.000 nesse empreendimento, que ele chama de *Mobilfino*, objetivando a comercialização de móveis finos para sala de jantar. Depois de realizar um balanço de seus recursos, Sérgio verifica a necessidade de fundos adicionais para levar adiante seu empreendimento e resolve pedir um empréstimo, em nome da empresa, de R$ 200.000 a um banco local. O Balanço Patrimonial de abertura dessa nova empresa é elaborado da seguinte maneira:

Balanço Patrimonial da Mobilfino em 31 de dezembro de 2002

ATIVO		PASSIVO E PATRIMÔNIO LÍQUIDO	
Caixa e Bancos	1.000.000	EXIGÍVEL:	
		Empréstimo	200.000
		PATRIMÔNIO LÍQUIDO:	
		Capital Social	800.000
TOTAL	1.000.000	TOTAL	1.000.000

Os eventos econômicos passam a configurar os itens do Balanço Patrimonial, no qual pode ser apreciada a formação da expressão matemática denominada *equação do Balanço Patrimonial:*

Equação do Balanço Patrimonial

Ativo = (Exigível + Patrimônio Líquido)

Por mostrar a situação financeira da empresa no final de um determinado período, o Balanço Patrimonial sempre é datado. O Balanço Patrimonial anterior informa a posição financeira da Mobilfino em 31 de dezembro de 2002. Do lado esquerdo, estão agrupados os Ativos da empresa naquela data, totalizando R$ 1.000.000 (um milhão de reais). Do lado direito, estão demonstrados o valor de R$ 200.000 (duzentos mil reais) relativo ao Exigível, que representa a obrigação da Mobilfino com terceiros, e o valor de R$ 800.000 (oitocentos mil reais) referente ao Patrimônio Líquido composto pelo capital investido por Sérgio, totalizando também R$ 1.000.000 (um milhão de reais).

Devemos observar que o total do Ativo e o total do Passivo e Patrimônio Líquido são iguais e, portanto, estão em equilíbrio. Mas, para um melhor entendimento, vamos definir os componentes da equação do Balanço Patrimonial:

Ativo: São todos os recursos que foram aplicados na empresa e que têm capacidade de gerar receitas futuras. Os Ativos também são usados para satisfazer ou reduzir obrigações contraídas no desenvolvimento das operações. Alguns exemplos de Ativos são: dinheiro em caixa ou banco, estoque, equipamentos, edifícios e terrenos.

Passivo: São obrigações financeiras que a organização contraiu com terceiros. Um bom exemplo é a dívida contraída com os fornecedores de estoque, originada por compras a crédito. A evidência normal desse tipo de dívida é a duplicata, um título de crédito originário do contrato de compra a prazo, realizada e entregue mediante fatura ou Nota Fiscal. A duplicata, exatamente uma cópia da fatura, é o documento responsável pela exigibilidade do pagamento da compra a prazo na sua data de vencimento. O lançamento dessa dívida estará elencado na conta *Fornecedores.* Em caso de empréstimo bancário ou de outra fonte de fundos, deverá ser registrado na conta *Empréstimos ou Financiamentos*, indicando que foram assinadas *Notas Promissórias ou outro título de crédito* em favor do respectivo credor.

Patrimônio Líquido: É constituído pelos direitos que os proprietários têm sobre os Ativos da organização, após a dedução dos valores referentes às obrigações com terceiros, relacionadas no Passivo. Para efeito do nosso exemplo, o Patrimônio Líquido é medido pelo valor total investido pelo proprietário da Mobilfino, ilustrado no Balanço Patrimonial como "Capital Social".

Quando realiza suas operações, uma empresa pode obter, como resultado final do exercício, lucros ou prejuízos. Como será explicado no Capítulo 3, o Patrimônio Líquido consistirá, então, no total investido pelo proprietário (ou proprietários), somado a algum lucro/prejuízo acumulado pela empresa.

Devemos lembrar que o lado direito da equação do Balanço Patrimonial representa interesses de terceiros e os direitos de propriedade sobre os Ativos mostrados no lado esquerdo. Entretanto, podemos interpretar que tudo o que está mencionado no lado direito do Balanço Patrimonial se refere aos recursos que financiam tudo o que consta no lado esquerdo dessa demonstração.

Usando a equação do Balanço Patrimonial, podemos encontrar o Patrimônio Líquido como a diferença entre o Ativo e o Passivo, conforme a expressão:

Patrimônio Líquido = Ativo - Passivo

Exemplo de Demonstração Financeira

Para começarmos a nos familiarizar com a estrutura das demonstrações financeiras, ressaltaremos algumas características importantes relacionadas com o registro dos eventos econômicos, resumidos nesta demonstração.

Empresa FOCUS LTDA.
Balanço Patrimonial encerrado em 31 de janeiro de 2002

ATIVO			PASSIVO E PATRIMÔNIO LÍQUIDO		
CIRCULANTE			**CIRCULANTE**		
Caixa	200		Fornecedores	100	
Duplicatas a Receber	400		Provisão de Impostos	1.000	
Estoques	500		Empréstimos	100	
Circulante Total		**1.100**	Circulante Total	**1.200**	
			EXIGÍVEL A LONGO PRAZO		
REALIZÁVEL A LONGO PRAZO			Financiamentos	1.400	
Títulos a Receber		1.000	Passivo Total		2.600
PERMANENTE			**PATRIMÔNIO LÍQUIDO**		
Equipamentos	1.500		Capital Social	1.400	
Móveis e Utensílios	500		Lucros Acumulados	100	
Permanente Total		**2.000**	Patrimônio Líquido Total		**1.500**
TOTAL		**4.100**	**TOTAL**		**4.100**

Depreendemos, na demonstração financeira acima, a existência de agrupamentos de contas cujo conceito é preciso conhecer, assim como o de algumas contas representativas que ainda não foram explicadas e aparecem nesta demonstração. Assim, temos:

ATIVO CIRCULANTE: dinheiro e bens que a empresa pode transformar em dinheiro dentro de um ano (curto prazo).

DUPLICATAS A RECEBER: documentos que representam uma promessa de recebimento de dinheiro decorrente de venda a prazo, já realizada pela empresa FOCUS.

REALIZÁVEL A LONGO PRAZO: corresponde aos valores relacionados com contratos realizados pela empresa FOCUS e cujo recebimento em dinheiro ocorrerá em período superior a um ano, a contar da data da elaboração do Balanço Patrimonial.

ATIVO PERMANENTE: são valores que representam os bens que a empresa FOCUS possui para o desenvolvimento de suas atividades e que dificilmente poderão ser convertidos em dinheiro no curto prazo (ou dentro de um ano).

Também são os valores que representam desembolsos realizados pela empresa antes que ela comece a funcionar, e outros gastos despendidos após o início de ▸

suas atividades – tais como treinamento e reestruturação da empresa – que lhe trazem benefício.

PASSIVO CIRCULANTE: grupo de contas com vencimentos em até um ano (dívidas ou obrigações de curto prazo).

FORNECEDORES: obrigações decorrentes de compra a prazo realizada pela empresa FOCUS (duplicatas a pagar são os documentos que representam promessa de pagamento futuro dessas obrigações com os fornecedores).

EMPRÉSTIMOS: registram em NOTAS PROMISSÓRIAS (documentos que representam uma promessa de pagamento futuro, decorrente de a empresa FOCUS ter tomado dinheiro emprestado de pessoa física ou jurídica) as obrigações com lastro. Os empréstimos são concedidos em espécie, sem nenhuma vinculação específica de sua destinação, e os pagamentos futuros têm vencimentos inferiores ou iguais a um ano, a contar da data do contrato.

FINANCIAMENTOS: registros relativos a fundos que a empresa FOCUS tomou emprestado para aquisição de bem ou bens especificados no contrato de financiamento; os pagamentos futuros têm vencimentos inferiores ou iguais a um ano, a contar da data do contrato.

EXIGÍVEL DE LONGO PRAZO: obrigações cujos pagamentos serão realizados a longo prazo.

EMPRÉSTIMOS E FINANCIAMENTOS: obrigações da mesma natureza descrita acima, com exceção dos prazos para pagamento, os quais deverão ser superiores a um ano, a contar da data dos respectivos contratos.

PATRIMÔNIO LÍQUIDO: é a soma do capital investido pelos proprietários e os lucros acumulados, os quais, por sua vez, podem ser distribuídos em outras contas, tais como: reservas de lucros, reservas de capital e reservas de reavaliação.

CAPITAL: dinheiro fornecido pelos proprietários como integralização de sua participação na empresa. Conhecido como participação patrimonial. Em caso de empresa de capital aberto (Sociedade Anônima), o capital é constituído por participações patrimoniais, que são denominadas ações.

LUCROS ACUMULADOS: parte do lucro líquido (resultado positivo do período da Demonstração do Resultado do Exercício) que a empresa FOCUS reteve (não distribuiu aos proprietários) e que constitui outra fonte de capital utilizado para expandir suas operações.

2.3 Registro das Transações no Balanço Patrimonial

Qualquer evento econômico que afete a posição financeira de uma empresa é uma transação a ser registrada na contabilidade em termos monetários. Cada transação requer que o respectivo registro contábil esteja em

OBJETIVO 3
Analisar as transações contábeis e o efeito de seus lançamentos na equação do Balanço Patrimonial.

equilíbrio, de modo que o total dos Ativos sempre se iguale ao total do Passivo e Patrimônio Líquido. Retomando a equação do Balanço Patrimonial, vemos que ela se encontra em equilíbrio, e essa igualdade da equação não pode ser destruída quando se realiza o registro de uma transação. Uma forma de detectar erros na escrituração contábil é a verificação da igualdade de valores nas colunas direita e esquerda do Balanço Patrimonial. Se o resultado do Ativo não for o mesmo que o do Passivo e Patrimônio Líquido, houve erro de lançamento, pelo que se deve revisar toda essa demonstração.

Como exemplo, consideremos a seqüência de transações descritas a seguir e seu impacto na equação do Balanço Patrimonial para, assim, podermos apreciar seu comportamento:

Transação 1 – Investimento Inicial

A primeira transação da Mobilfino foi o investimento do proprietário em 31 de dezembro de 2002. Sérgio registrou na conta Caixa da empresa a importância de R$ 800.000, disponibilizados para o início das atividades da Mobilfino. Dessa forma, a equação do Balanço Patrimonial é estruturada desta maneira:

Transação nº	Ativo	=	Passivo	+	Patrimônio Líquido
	Caixa				Capital Social (Investimento do proprietário)
(1)	+ 800.000	=			+ 800.000 (investido por Sérgio)

Note que o investimento do proprietário é usado para identificar a razão do efeito da transação sobre o Patrimônio Líquido. O montante total do lado esquerdo da equação é igual ao montante total do lado direito.

Transação 1a – Movimento de Contas no Ativo

Vamos supor que Sérgio queira manter R$ 10.000 em Caixa para cobrir contingências em dinheiro, e que a diferença seja depositada em um banco. Após essa transação, identificada a seguir pelo registro (1a), a equação será:

Transação nº	Ativo		=	Passivo	+	Patrimônio Líquido
	Caixa	Bancos				Capital Social
	+ 800.000					+ 800.000
(1a)	- 790.000	+ 790.000				
	+ 10.000					
TOTAL	800.000		=	TOTAL 800.000		

Nessa transação, há uma mudança no Ativo, ao diminuir a conta Caixa e aumentar a conta Bancos, mas o Passivo e Patrimônio Líquido da empresa, especificamente o Capital Social, não foi afetado.

Transação 2 — Empréstimo Bancário

Continuando suas atividades, a Mobilfino, em 10 de janeiro de 2003, realizou um empréstimo bancário, formalizando esse contrato com a assinatura de uma Nota Promissória no valor de R$ 200.000. O valor desse empréstimo, de curto prazo, foi creditado na conta Bancos da empresa. Note que, para simplificar essa transação, não serão considerados as taxas bancárias e os impostos decorrentes do empréstimo. O efeito dessa transação de empréstimo sobre a equação será o seguinte:

Transação nº	Ativo		=	Passivo	+	Patrimônio Líquido
	Caixa	Bancos		Empréstimos		Capital Social
	+ 10.000	+ 790.000				+ 800.000
(2)		+ 200.000		+ 200.000		
Saldo	10.000	+ 990.000		200.000	+	800.000
TOTAL	1.000.000		=	TOTAL 1.000.000		

Podemos observar que o empréstimo aumentou a conta Bancos do Ativo e a conta Empréstimo do Passivo pelo mesmo valor de R$ 200.000. Depois que a transação foi concluída, a empresa Mobilfino passou a ter um total de R$ 1.000.000 em Ativos, equilibrando-se com o Passivo de R$ 200.000 somado ao Patrimônio Líquido de R$ 800.000. Conseqüentemente, a soma dos saldos individuais do lado direito da equação é igual à soma do lado esquerdo, o que indica, portanto, equilíbrio. Essa igualdade deve sempre existir.

Transação 3 – Compra de Estoque à Vista

Em 12 de janeiro de 2003, a Mobilfino comprou dez jogos de sala de jantar. Pagou ao fornecedor R$ 290.000 à vista com um cheque, produzindo o seguinte efeito:

Transação nº	Ativo			=	Passivo	+	Patrimônio Líquido
	Caixa	Bancos	Estoque de Mercadoria		Empréstimos		Capital Social
	+ 10.000	+ 990.000			200.000		+ 800.000
(3)		- 290.000	+ 290.000				
Saldo	10.000	700.000	290.000		200.000	+	800.000
TOTAL		1.000.000		=	TOTAL 1.000.000		

Essa transação – compra de estoque à vista – aumenta a conta de Estoque de Mercadoria e diminui a conta Bancos, ambas do Ativo, pelo mesmo valor de R$ 290.000. Lembremos que Estoque de Mercadorias se refere aos produtos mantidos pela empresa para o propósito de vendê-los aos clientes. Aqui, observamos que a estrutura do Ativo mudou, mas seu valor total não. Além disso, os itens do lado direito não mudaram, mantendo o equilíbrio da equação.

Transação 4 – Compra de Móveis e Utensílios à Vista

Em 13 de janeiro de 2003, a Mobilfino precisou comprar, urgentemente e à vista, móveis e utensílios para poder agilizar suas atividades administrativas. Pagou R$ 6.000, evidenciando o seguinte na equação do Balanço Patrimonial:

Transação nº	Ativo				=	Passivo	+	Patrimônio Líquido
	Caixa	Bancos	Estoque de Mercadoria	Móveis e Utensílios		Empréstimos		Capital Social
	10.000	700.000	290.000			200.000		800.000
(4)	- 6.000			+ 6.000				
Saldo	4.000	700.000	290.000	6.000		200.000		800.000
TOTAL		1.000.000			=	TOTAL 1.000.000		

Nessa transação, verificamos uma diminuição pelo valor de R$ 6.000 na conta Caixa, devida ao pagamento à vista, seguida de um aumento pela mesma quantia na Conta Móveis e Utensílios, mantendo-se o equilíbrio entre o lado direito e o lado esquerdo do Balanço Patrimonial.

Logo que as transações forem concluídas, a Mobilfino poderá preparar um Balanço Patrimonial com encerramento em 31 de janeiro de 2003, tendo o seguinte formato:

Balanço Patrimonial da Mobilfino em 31 de janeiro de 2003

Ativo		=	Passivo	
Caixa e Bancos	704.000		Empréstimos	200.000
Estoque de Mercadorias	290.000		Patrimônio Líquido:	
Móveis e Utensílios	6.000		Capital Social	800.000
TOTAL DO ATIVO	1.000.000	=	TOTAL DO PASSIVO E PL	1.000.000

Uma vez que estamos comentando as transações contábeis, é oportuno esclarecer nesta etapa que, conforme as empresas vão avançando em seu ciclo de atividade, todas as informações advindas das suas operações devem, também, merecer um tratamento contábil adequado à sua natureza, de maneira que não é necessário esperar por uma data de corte específica, como o período de um ano, para proceder à preparação do Balanço Patrimonial.

Como está demonstrado, o Balanço Patrimonial da Mobilfino que ora apresentamos mostra as transações efetuadas em apenas um mês; e poderia ter sido em qualquer tempo. O que devemos enfatizar é que a preparação das demonstrações financeiras é uma atividade que deve ser considerada ininterrupta, para fornecer aos tomadores de decisão, a qualquer tempo, e portanto oportunamente, informação totalmente atualizada e fidedigna.

Lembremos que o Balanço Patrimonial representa o impacto financeiro de um acúmulo de transações em um determinado instante no tempo, e qualquer modificação dessa posição pode conduzir a diferentes considerações sobre a decisão que deve ser tomada. Evidentemente, há demonstrações financeiras que devem ser preparadas em períodos específicos por imposição legal, por solicitação de interessados ou para conhecer a posição financeira da empresa no fechamento do ciclo de seus negócios.

Transação 5 – Compra a Prazo

Outra modalidade de compra é aquela que permite o pagamento a prazo. Esse tipo de transação é muito utilizado entre fabricantes, atacadistas e varejistas, em virtude do grande volume de dinheiro envolvido e pelos acordos de relacionamento existentes entre fornecedores e clientes.

O prazo para pagamento é concedido pelo fornecedor e obedece aos critérios de crédito estabelecidos segundo o porte e a posição financeira do cliente. Quando realizada, a compra a prazo deve gerar efeitos na equação do Balanço Patrimonial do comprador.

A dívida gerada pela transação de compra a prazo é mostrada, na equação do Balanço Patrimonial, na conta Fornecedores, localizada no lado do Passivo.

Continuando com nosso exemplo, a Mobilfino decidiu adquirir mais Mercadorias para Estoque, no total de R$ 110.000, para pagamento em 30 dias a partir da data de entrega. O efeito dessa compra na equação do Balanço Patrimonial foi o seguinte:

Transação nº	Ativo				=	Passivo		+	Patrimônio Líquido
	Caixa	Bancos	Estoque de Mercadoria	Móveis e Utensílios		Empréstimos	Fornecedores		Capital Social
	4.000	700.000	290.000	6.000		200.000			800.000
(5)			+ 110.000				+ 110.000		
Saldo	4.000	700.000	400.000	6.000		200.000	110.000	+	800.000
TOTAL		1.110.000			=	TOTAL 1.110.000			

Verificamos que tanto a conta Estoque de Mercadoria, do Ativo, como a conta Fornecedores, do Passivo, foram aumentadas pelo mesmo valor de R$ 110.000, para manter a equação em equilíbrio.

Transação 6 – Compra a Prazo com Entrada

Vamos examinar agora uma transação que implica movimentação de mais de duas contas, pois a Mobilfino resolveu adquirir seis computadores para

Transação nº	Ativo					=	Passivo		+	Patrimônio Líquido
	Caixa	Bancos	Estoque de Mercadoria	Móveis e Utensílios	Equipamentos		Empréstimos	Fornecedores		Capital Social
	4.000	700.000	400.000	6.000			200.000	110.000		800.000
(6)		- 20.000			+ 30.000			+ 10.000		
Saldo	4.000	680.000	400.000	6.000	30.000		200.000	120.000		800.000
TOTAL		1.120.000				=		TOTAL 1.120.000		

informatizar suas operações, por R$ 5.000 cada, totalizando uma compra de R$ 30.000. O pagamento foi efetuado com um cheque de R$ 20.000 como entrada; o saldo de R$ 10.000 deverá ser pago em 30 dias.

Como efeito dessa transação, a conta Equipamentos, na qual devem ser registrados os computadores, é aumentada pelo valor do preço de compra, independentemente de qualquer pagamento ser feito à vista, a prazo pela totalidade ou uma parte à vista e outra a prazo. Portanto, a conta Equipamentos, pertencente ao Ativo, é aumentada pelo valor total da compra, ou seja, em R$ 30.000; a conta Bancos, também do Ativo, diminui em R$ 20.000, pagos à vista; e a conta Fornecedores, do Passivo, é aumentada pelo saldo a ser pago, ou seja, R$ 10.000.

Transação 7 — Venda a Prazo

Até este momento, apresentamos as transações realizadas pela Mobilfino atuando apenas como cliente. Agora, devemos enfrentar a situação em que ela realiza uma venda a prazo de dois computadores, ao seu valor de aquisição de R$ 5.000 cada um, por não serem adequados às suas necessidades, totalizando R$ 10.000.

Esta é uma transação similar à compra a prazo estudada, com exceção de que, agora, a Mobilfino é a vendedora. Desta forma, o efeito produzido na equação do Balanço Patrimonial pode ser assim apreciado:

Transação nº	Ativo						=	Passivo		+	Patrimônio Líquido
	Caixa	Bancos	Contas a Receber	Estoque de Mercadoria	Móveis e Utensílios	Equipamentos		Empréstimos	Fornecedores		Capital Social
	4.000	680.000		400.000	6.000	30.000		200.000	120.000		+800.000
(7)			+ 10.000			- 10.000					
Saldo	4.000	680.000	10.000	400.000	6.000	20.000		200.000	120.000	+	800.000
TOTAL			1.120.000				=	TOTAL	1.120.000		

Devemos notar que foi criada uma nova conta no Ativo, Contas a Receber, na qual foram lançados os R$ 10.000 relativos ao preço de venda dos computadores. Ainda do lado do Ativo, houve uma diminuição na conta Equipamentos pelo mesmo valor de R$ 10.000. Neste caso, a transação afeta somente o Ativo, permanecendo inalterados o Passivo e o Patrimônio Líquido.

A suposição de que os computadores foram vendidos pelo mesmo valor de aquisição foi utilizada neste caso para evitar as transações que resultam em lucros ou perdas, as quais serão devidamente abordadas no próximo capítulo. Desta maneira, nós nos concentraremos apenas nas mudanças elementares da equação do Balanço Patrimonial.

Os efeitos das transações que mencionaremos a seguir não serão detalhados como os anteriores, por estarem demonstrados no Quadro 2.1, Análise geral das transações, localizado imediatamente após a descrição de todas as transações.

Transação 8 — Devolução de Estoque ao Fornecedor

Quando uma empresa retorna a seus fornecedores mercadoria adquirida a prazo, sua conta Estoque de Mercadoria do Ativo diminui e a conta Fornecedores, do Passivo, também é reduzida. Assim, no exemplo, o valor de redução em cada lado da equação do Balanço Patrimonial é de R$ 10.000.

Transação 9 — Pagamentos a Fornecedores

A Mobilfino realiza o pagamento ao fornecedor da mercadoria adquirida a prazo. Esse pagamento gera efeitos nos dois lados da equação do Balanço Patrimonial, pois reduz a conta Bancos, do Ativo, e também diminui a conta Fornecedores, do Passivo, pelo mesmo valor de R$ 60.000.

Transação 10 — Cobrança de Contas a Receber

A Mobilfino é credora de R$ 10.000 devidos pela empresa que lhe comprou os computadores. Efetuada essa cobrança e recebido o pagamento, o efeito produzido na equação do Balanço Patrimonial é o de causar impacto somente ao Ativo, aumentando a conta Bancos no valor de R$ 10.000 e diminuindo a Contas a Receber pelo mesmo valor.

Essa transação só altera a distribuição de Ativos, e em nenhum momento modifica a equação do Balanço Patrimonial.

2.4 Análise Geral das Transações

Os contadores registram as transações em suas correspondentes contas. Uma **conta** é um resumo do registro de transações em um Ativo, Passivo ou Patrimônio Líquido, e o **saldo de contas** é o total de todos os lançamentos à conta até a data. A análise das transações é um aspecto primordial no processo contábil. Para cada transação, o contador determina:

1) qual conta específica será afetada;
2) qual saldo de conta está aumentando ou diminuindo;
3) o montante da mudança no saldo de cada conta.

Após termos abordado cada uma das transações contábeis realizadas pela Mobilfino, demonstraremos a seguir, no Quadro 2.1, como elas se apresentam no final de um determinado período. Podemos observar que, na parte inferior do quadro, encontramos os saldos de cada conta e os respectivos totais do Ativo, Passivo e Patrimônio Líquido.

O desenvolvimento da equação do Balanço Patrimonial em cada uma das transações e a análise geral realizada mediante o Quadro 2.1 nos permitem conhecer a posição financeira da empresa e o possível impacto decorrente de eventos econômicos, auxiliando, assim, na tomada de decisões adequadas para a viabilidade e manutenção de suas operações.

Quadro 2.1 – Análise das transações da Mobilfino, de 31 de dezembro de 2002 a 31 de março de 2003 (em R$ mil):

Tipo de Transação	Ativo						=	Passivo		+	Patrimônio Líquido
	Caixa	Bancos	Contas a Receber	Estoque de Mercadoria	Móveis e Utensílios	Equipamentos		Empréstimos	Fornecedores		Capital Social
1) Investimento Inicial	+ 800										+ 800
1a) Depósito em Banco	- 790	+ 790									
2) Empréstimo Bancário		+ 200						+ 200			
3) Aquisição de Estoque		- 290		+ 290							
4) Aquisição de Móveis e Utensílios	- 6				+ 6						
5) Aquisição de Estoque a Prazo				+ 110					+ 110		
6) Aquisição de Equipamentos		- 20				+ 30			+ 10		
7) Venda de Computadores a Prazo			+ 10			- 10					
8) Devolução de Estoque				- 10					- 10		
9) Pagamento a Fornecedores		- 60							- 60		
10) Cobrança de Contas a Receber		+ 10	- 10								
Saldo das Contas	+ 4	+ 630	0	+ 390	+ 6	+ 20		+ 200	+ 50		+ 800
TOTAL				**1.050**			=	**TOTAL**			**1.050**

Conforme mencionamos no início do capítulo, desenvolvemos as transações da Mobilfino também com o propósito de identificar a obediência aos princípios fundamentais da contabilidade anteriormente citados. Devemos destacar que as transações de 5 a 10 ilustram perfeitamente o *postulado da entidade*, sobre o qual faremos uma breve explanação por ser o primeiro conceito básico ou principal em contabilidade.

Para entendermos melhor o conceito de entidade, vamos examinar a situação em que o sócio ou proprietário de um supermercado realiza a compra de um computador para uso pessoal, além de gêneros alimentícios. A primeira compra é paga com cheque pessoal, e a segunda, com cheque da empresa. Por quê? As ações das empresas não devem ser confundidas com as particulares de seus sócios ou quotistas. Como os gêneros alimentícios são Ativos relacionados com as operações da empresa, o valor deles ingressa na conta Estoque de Mercadorias, pois é uma transação contábil da sua empresa, o supermercado. Mas a compra do computador feita pelo proprietário do supermercado é uma transação dele como pessoa física e, portanto, entidade individual, e ele deve anotá-la dentro dos seus gastos pessoais, que devem estar, contabilmente, separados dos registros da empresa. Queremos explicar com isso que, pelo princípio da entidade, devemos fazer a distinção entre o patrimônio particular da pessoa física e o patrimônio da empresa, pessoa jurídica.

Questões

Q.1 No Balanço Patrimonial, o significado de Ativo é porque ele abrange contas que se movimentam continuamente, e o de Passivo, porque suas contas sempre ficam estáticas? Explique cada uma dessas designações contábeis.

Q.2 Qual é a diferença entre Nota Promissória e Duplicata?

Q.3 O que significa a equação do Balanço Patrimonial?

Q.4 Qual a diferença entre Ativo Circulante e Ativo Permanente?

Problemas de Reforço

P.1 Similar ao formato da Análise de Transações mostrada no Quadro 2.1 deste capítulo, estruturar as transações da Empresa Sol Ltda., que preparou uma demonstração financeira em 30 de abril de 2003. Durante o mês de maio, ocorreram os eventos econômicos listados abaixo:

Balanço Patrimonial da Empresa Sol Ltda., em 30 de abril de 2003

Ativo		=	Passivo	
	R$			R$
Caixa e Bancos	500.000		Fornecedores	20.000
Estoque de Mercadorias	25.000		Empréstimos	215.000
Móveis e Utensílios	10.000			
			Patrimônio Líquido	
Equipamentos	800.000		Capital Social	1.150.000
Terreno	50.000			
TOTAL DO ATIVO	1.385.000	=	TOTAL DO PASSIVO E PL	1.385.000

a) Em 2 de maio, a empresa pagou uma parcela do empréstimo, no valor de R$ 75.000.
b) Em 3 de maio, a Sol Ltda. decidiu comprar à vista R$ 200.000 em estoque para continuar seu processo de produção.
c) Em 4 de maio, a empresa pagou ao fornecedor o valor correspondente a R$ 20.000.
d) Em 16 de maio, a empresa resolveu comprar um terreno para construir um armazém, operação que teve as seguintes características: entrada de R$ 50.000 e o saldo de R$ 100.000 financiado (desconsideremos, para este exemplo, os juros decorrentes do financiamento).
e) Em 20 de maio, um dos sócios integralizou o seu aporte de capital com equipamento novo, no valor de R$ 1.115.000.

P.2 O Balanço Patrimonial da Empresa Vida Alegre Ltda., em 31 de dezembro de 2002, foi o seguinte:

Ativo		=	Passivo e Patrimônio Líquido	
Caixa e Bancos	78.000		Empréstimo Bancário	450.000
Contas a Receber	125.000			
Estoque	630.000		Capital Social	1.350.000
Equipamentos	967.000			
TOTAL DO ATIVO	1.800.000	=	TOTAL DO PASSIVO E PL	1.800.000

Podemos observar que o exigível da empresa corresponde a 25% do valor total da coluna direita do Balanço Patrimonial, e a empresa Vida Alegre Ltda. quer manter essa proporção diante da possibilidade de comprar um edifício pelo valor de R$ 3.000.000.

Pede-se: calcular como a empresa deve distribuir os fundos requeridos pela compra do edifício, entre dívida e capital novo, de maneira que ela mantenha a mesma proporção de dívida. Isso calculado, refaça o Balanço Patrimonial para conhecer a nova posição financeira da Vida Alegre Ltda.

P.3 Abaixo, encontra-se uma lista, ordenada aleatoriamente, que reúne saldos de contas e eventos econômicos da empresa Metais Ltda.

a) Caixa: R$ 560
b) Financiamentos: R$ 450
c) Contas a receber: R$ 750
d) Desembolso de caixa para aquisição de móveis e utensílios: R$ 25
e) Estoque: R$ 430
f) Compra de estoque a prazo: R$ 70
g) Pagamento de empréstimo: R$ 250
h) Edifício: R$ 1.250
i) Equipamentos: R$ 840
j) Cobrança de contas a receber: R$ 250

Pede-se: elabore um quadro que reflita as contas e os eventos econômicos na equação do Balanço Patrimonial; indique qual é o valor do Capital Social da empresa Metais Ltda.

P.4 Análise de Transações

Use o formato de lançamento demonstrado no Quadro 2.1 deste capítulo, após a transação 4, para analisar as seguintes transações da empresa Rio das Pedras Ltda. Em seguida, prepare o Balanço Patrimonial em 30 de abril de 2003, considerando os eventos a seguir:

1) emissão de 60.000 ações ordinárias para a formação do Capital Social no valor de R$ 1 cada ação, no total de R$ 60.000, a serem utilizados em Caixa;

2) emissão de 60.000 ações ordinárias para aumento do Capital Social no valor de R$ 1 cada ação, no total de R$ 60.000, a serem utilizados na compra de Equipamentos;
3) contrato de empréstimo por 150 dias, garantido por Nota Promissória no valor de R$ 30.000, sendo o valor liberado em conta bancária da empresa;
4) compra de equipamento à vista, por R$ 20.000, pagos com um cheque;
5) compra de móveis para escritório, a prazo, por R$ 10.000.

Capítulo 3

Resultados das Operações da Empresa

Objetivos do Capítulo

1. Situar as demonstrações financeiras dentro da dinâmica contábil.
2. Explicar que, na contabilidade, o lucro é apurado pelo regime de competência.
3. Definir os conceitos de receita e despesa e como elas interagem na medição do lucro contábil.
4. Explanar o conceito e a aplicação da confrontação e recuperação de custos.
5. Preparar e analisar a Demonstração do Resultado do Exercício (DRE) e seu relacionamento com o Balanço Patrimonial.

Este capítulo está destinado ao tratamento dos resultados das operações da empresa, lucro ou prejuízo, em um determinado período. Entretanto, antes de iniciarmos o assunto, é necessário fazer algumas considerações imprescindíveis sobre as demonstrações financeiras.

3.1 O Papel das Demonstrações Financeiras

OBJETIVO 1
Situar as demonstrações financeiras dentro da dinâmica contábil.

As demonstrações financeiras não se apresentam como leituras isoladas das atividades econômicas da organização, mas estão relacionadas com o Balanço Patrimonial, o qual proporciona evidências objetivas sobre a posição financeira em um determinado período.

Podemos observar na Figura 3.1 que cada demonstração tem sua finalidade específica. Como veremos ao longo deste livro, cada uma delas fornece uma visão estruturada do desempenho da organização para que, desse modo, ofereça aos tomadores de decisão informação que lhes possibilite conhecer seu próprio desempenho e também compará-lo ao de outras organizações semelhantes. Com isso, eles podem obter uma apreciação crítica que os conduza à tomada de decisão para um eficiente controle da organização.

É importante sempre lembrar que o sistema contábil-financeiro é um mecanismo fundamental no controle da organização, e que as especificidades anotadas em cada demonstração financeira não chegam a dar uma

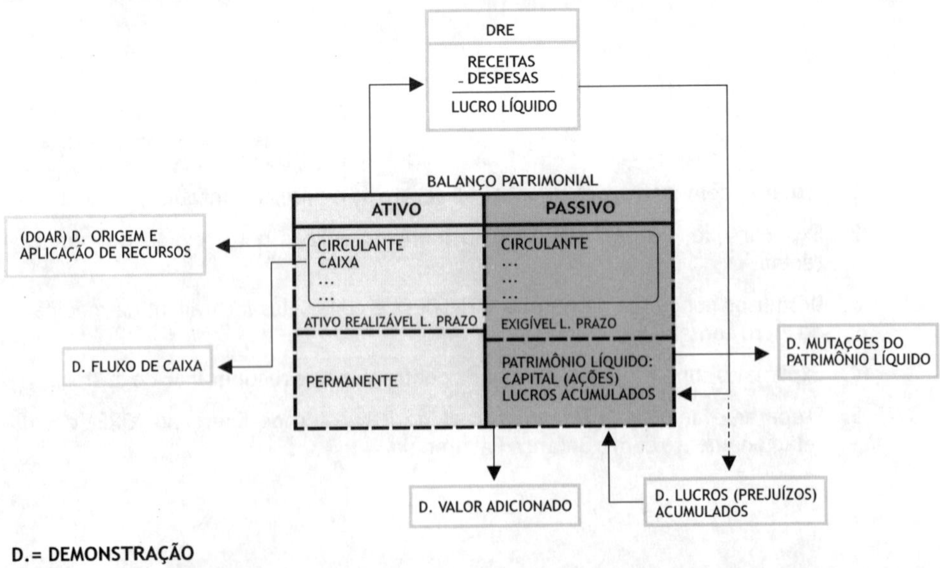

Figura 3.1 – Relacionamento do Balanço Patrimonial com as outras Demonstrações

visão global sobre todas as atividades da empresa. Cada demonstração oferece uma gama de informações específicas a um determinado tipo de decisão. Porém, sabemos que as decisões relevantes à sobrevivência e expansão da organização precisam estar respaldadas no maior número possível de informações, capaz de evitar aos tomadores de decisão as interpretações parciais.

Como mencionamos antes, o Balanço Patrimonial tem uma relevância entre as outras demonstrações financeiras, pois ele pode ser considerado um "porta-voz" imediato da posição financeira da empresa em um determinado período. Entretanto, mesmo o Balanço Patrimonial, por si só, não chega a ser suficiente para dar a informação necessária às tomadas de decisão apropriadas. É preciso que os tomadores de decisão estejam munidos das demais demonstrações e as analisem em conjunto para, só assim, ampliar seu potencial de interpretação do cenário financeiro que se lhes apresenta.

Neste capítulo, trataremos sobre a situação econômica da empresa com base na informação fornecida pela Demonstração do Resultado do Exercício (DRE) e pela Demonstração de Lucros ou Prejuízos Acumulados.

3.2 Introdução à Medição do Lucro

Dentre os tópicos abrangidos pela contabilidade, a medição do lucro é o mais relevante por ser uma medida para avaliar o desempenho operacional da empresa durante um determinado período. Apesar de haver várias formas para medir o lucro, a contabilidade usa o princípio contábil denominado **Regime de Competência** no processo de apuração dos resultados da empresa.

OBJETIVO 2
Explicar que, na contabilidade, o lucro é apurado pelo regime de competência.

O Regime de Competência é o método contábil em que as receitas e as despesas são registradas no período no qual elas são obtidas ou incorridas, independentemente de o dinheiro ser recebido ou desembolsado nesse período. Esse é o método contábil usado na preparação das demonstrações financeiras, em conformidade aos princípios de contabilidade geralmente aceitos.

Regime de Competência
Método contábil em que as receitas e as despesas são registradas no período no qual elas são obtidas ou incorridas, independentemente de o dinheiro ser recebido ou desembolsado nesse período.

A contabilidade é regida por um conjunto de leis e normas que disciplinam a medição do lucro e que devem ser aplicadas por todas as empresas para que os tomadores de decisão, tais como administradores e investidores, tenham condições de facilmente visualizar o desempenho de uma empresa ao longo do tempo, bem como permitir a comparação desse desempenho com o de outras empresas.

A medição do lucro, portanto, deve obedecer aos preceitos e normas contábeis que diferenciam o resultado daquele que seria obtido pelo senso comum. Por conseguinte, ao longo deste capítulo, trataremos de esclarecer sobre o que a contabilidade considera lucro.

3.3 Ciclo de Operação da Empresa

O ciclo de operação (ou operacional) de uma empresa também é chamado de ciclo de caixa ou ciclo de rendimentos. No caso de empresa com processos de transformação, esse ciclo se refere ao tempo gasto durante o qual o caixa é usado para adquirir produtos e/ou serviços, que são transformados na produção e a seguir vendidos aos clientes que, por sua vez, pagam por suas compras.

Vamos ilustrar, inicialmente, o ciclo de uma empresa comercial. Geralmente, uma empresa de varejo se encaixa em algum ramo de atividade do ciclo de operação para obter lucro. Em nosso exemplo da Figura 3.2, partimos do pressuposto de que a venda é realizada a prazo, apresentando o seguinte fluxo cíclico:

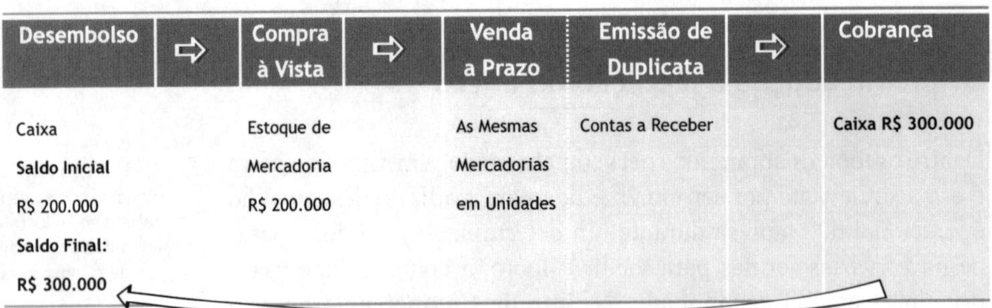

Figura 3.2 – Ciclo Operacional

Como pode ser observado no fluxo do ciclo da Figura 3.2, o saldo final da conta Caixa é maior que o saldo inicial dessa conta, o que indica que o ciclo gerou um valor adicional à quantia desembolsada por ocasião da compra de mercadoria. Ao receber o dinheiro referente à venda da mercadoria, esse ingresso é alocado à conta Caixa, o que pode ser visto como um retorno do valor desembolsado, acrescido de um adicional por conta da operação mercantil, daí o tratamento cíclico.

Os varejistas e quase todas as outras empresas compram produtos e serviços e realizam atividades que geram despesas adicionais (tais como colocá-los em local conveniente, facilitar a compra unitária, esforços de comunicação e outras atividades próprias de varejo) que justificam o fato de os preços de venda incluírem um valor adicional que constitui o lucro esperado da empresa.

O valor total do lucro obtido durante um dado período depende de dois fatores:

1) o preço de venda do produto ser superior ao seu custo, incluindo as despesas adicionais, e
2) a velocidade do ciclo de operação, ou seja, do número de vezes que a empresa consegue processar o ciclo durante um determinado período.

3.4 O Exercício Contábil (Social)

A forma de ter certeza de como foi o desempenho de uma empresa durante um período é parar todas as suas atividades, vender todos os seus ativos, pagar todos os passivos e, se sobrar dinheiro, que seria o resultado final do empreendimento, entregá-lo ao proprietário. Esse procedimento era realizado nos anos 1400 pelos mercadores de Veneza. Em cada viagem, uma determinada quantidade de dinheiro era investida no empreendimento e, ao regressar à origem, os produtos e outros bens adquiridos nessa viagem passavam a ser totalmente vendidos. O que sobrava do encerramento dessa operação era distribuído aos investidores.

Hoje, porém, investidores e proprietários, além de administradores e outros interessados, requerem conhecer o desempenho da empresa em diferentes períodos, com os relatórios periódicos, que não necessariamente coincidem com o encerramento do ciclo operacional ou com o encerramento do empreendimento.

Isso ocorre porque os usuários das demonstrações financeiras precisam ter a posição financeira da empresa para tomar decisões ou controlar essa posição financeira, em períodos diferentes do englobado pelo exercício social, o qual terá duração de um ano e data do término fixada no estatuto da empresa. Para fins de imposto de renda, o exercício social deve coincidir com o ano civil que se inicia em 1º de janeiro e finaliza em 31 de dezembro do ano-calendário, quando a empresa deve reportar os fatos relevantes ocorridos nesse período. Então, as empresas preparam as demonstrações financeiras para períodos preliminares, menores que um ano.

3.5 Receitas e Despesas

OBJETIVO 3
Definir os conceitos de receita e despesa e como elas interagem na medição do lucro contábil.

Os componentes fundamentais na medição do lucro são as receitas e as despesas. Esses termos se aplicam às entradas e saídas de

Ativos, que ocorrem durante o ciclo operacional de uma empresa. Retomando o Balanço Patrimonial explicado no capítulo anterior, podemos conceituar o termo **Receitas** como sendo todos os ingressos, em termos monetários, provenientes das operações da empresa, representados pelas vendas de produtos e/ou serviços. As receitas proporcionam o aumento bruto no Patrimônio Líquido, especificamente na conta Lucros Acumulados, por ocasião da entrega de produtos e/ou serviços aos clientes. As **Despesas** se referem aos custos dos recursos consumidos na geração de receita, no curso normal das atividades da empresa. Portanto, são diminuições brutas provenientes dos custos e despesas adicionais gerados pelo esforço de venda e entrega dos produtos e/ou serviços aos clientes e que, ao mesmo tempo, provocam uma redução no valor das contas dos Ativos quando ocorre o pagamento efetivo das referidas despesas.

Receitas
Todos os ingressos, em termos monetários, provenientes das operações da empresa, representados pelas vendas de produtos e/ou serviços.

Despesas
Custos dos recursos consumidos na geração de receita, no curso normal das atividades da empresa.

Receitas e Despesas são componentes que, juntos, definem o significado fundamental de lucro, o qual pode, simplesmente, ser entendido como o resultado da diferença entre as receitas e as despesas. O lucro líquido é a diferença entre o total de receitas da empresa e o total de suas despesas, e esse valor está localizado na última linha da Demonstração do Resultado do Exercício da empresa.

RECEITA
– DESPESA
LUCRO (PREJUÍZO)

Evidentemente, quando em um determinado período as despesas da empresa forem maiores que as receitas, o resultado se apresentará negativo, constituindo-se prejuízo.

Na prática contábil, quando é feita uma venda à vista, as receitas são lançadas no Ativo na conta Caixa, e, quando a venda for a prazo, o valor correspondente é lançado em Contas a Receber. Conseqüentemente, o lançamento não é adiado até que o dinheiro seja recebido pela empresa. De igual forma, as despesas são registradas contabilmente quando os produtos e/ou serviços são entregues aos clientes ou os Ativos são usados nas operações, e não quando os itens são comprados ou quando os pagamentos são feitos. Então, os contadores medem o resultado pelo aumento ou diminuição nos Ativos, não somente por recebimentos e desembolsos de dinheiro.

A título de ilustração, consideremos a Transação 11 – em seqüência à numeração do capítulo anterior –, na qual as vendas à vista da Mobilfino, em todo o mês de janeiro, totalizaram R$ 240.000. O custo das mercadorias vendidas foi de R$ 190.000. Dessa forma, os lançamentos devem refletir o seguinte:

Transação 11 – Venda de Estoque à Vista

ATIVO			=	PASSIVO	+ PATRIMÔNIO LÍQUIDO
	Caixa	Estoque			Lucro Acumulado
11a) Venda à vista	+240.000				+240.000 (resultado bruto das vendas)
11b) CMV		-190.000			-190.000 (custo das mercadorias vendidas)
TOTAL	+ 50.000				TOTAL + 50.000

Em nosso exemplo, o estoque existente custava R$ 190.000 e foi todo vendido por R$ 240.000. Em conseqüência, apresentou-se uma mudança de R$ 50.000 nas contas do Ativo, do lado esquerdo, e, para manter o equilíbrio da equação do Balanço Patrimonial, esse mesmo valor deve figurar também no lado direito, na conta Lucros Acumulados, porque essa conta é, inicialmente, o resultado da confrontação entre Receitas e Despesas incorridas, conforme apreciaremos também em todas as transações subseqüentes.

3.6 O Método de Medição do Lucro no Regime de Competência

Os lançamentos contábeis devem atender aos preceitos determinados por leis e pelos princípios de contabilidade geralmente aceitos, também conhecidos como Princípios Fundamentais de Contabilidade, dentro dos quais se encontra o *regime de competência*, como já foi mencionado.

Retomando e ampliando o conceito de *regime de competência*, o método se refere à alocação dos eventos econômicos quando efetivamente lhes compete, ou seja, atribui o impacto das transações nas demonstrações financeiras no período em que as receitas e despesas ocorrem. As receitas são lançadas quando são obtidas, e as despesas são lançadas quando são incorridas – não necessariamente quando há a entrada ou a saída do dinheiro, cujos conceitos explicamos a seguir.

3.6.1 Reconhecimento de Receitas

A convenção principal que a contabilidade usa para medir o resultado sob o regime de competência é o reconhecimento das ***receitas***, o qual se constitui em um referencial para determinar quais receitas devem ser lançadas nas demonstrações financeiras correspondentes a um dado período e quais não competem a esse período.

Para ser reconhecida, a receita deve satisfazer a dois requisitos:

1. **Ser obtida**. No caso de produtos, para a receita ser obtida, a evidência comum é sua entrega aos clientes; no caso de serviços, estes devem ser totalmente utilizados pelos clientes.
2. **Ser realizada**. A receita é realizada quando o dinheiro ou promessa de pagamento é recebido em troca de produtos e/ou serviços. Isso significa que, quando acontece uma transação comercial, por um lado o comprador paga à vista ou entrega evidência documentada de que promete pagar em dinheiro em data futura, e o vendedor entrega a mercadoria ou presta o serviço. Assim, se o dinheiro não for recebido imediatamente, deve ser realizada uma forma de cobrança, mediante emissão de duplicata ou promessa de pagamento.

O reconhecimento das receitas, para a maioria das empresas de varejo – tais como Extra, Carrefour e McDonald's –, é imediato. As receitas são obtidas e realizadas no momento da venda, cumprindo-se simultaneamente os dois requisitos.

Quando a receita é obtida e realizada em tempos diferentes, seu reconhecimento é adiado até que ocorra outro evento, ou seja, o recebimento da venda. A título de ilustração, considere o seguinte evento:

- A revista *Cláudia* recebe pagamento antecipado por assinaturas. A receita é realizada quando a assinatura é contratada pelo cliente, mas ela não é obtida até a entrega de cada emissão. Portanto, o reconhecimento da receita se dará apenas quando se efetivar a entrega de cada revista.

3.6.2 Reconhecimento das Despesas

OBJETIVO 4
Explanar o conceito e a aplicação da confrontação e recuperação de custos.

As despesas são reconhecidas e lançadas nas demonstrações financeiras do período no qual seus benefícios econômicos são consumidos ou usados. As ***despesas*** de qualquer período são de dois tipos:

a) as associadas com as receitas obtidas no período;
b) as que competem ao seu próprio período.

Alguns custos, tais como o custo dos produtos vendidos ou as comissões de vendas, são naturalmente associados com as receitas. Se não há receitas, não há custo de produtos vendidos ou comissões. Tais custos, chamados de **custos de produtos**, são lançados como **despesas** quando a receita dos produtos é reconhecida; isso é conhecido como aplicação do conceito de ***confrontação***. A confrontação se realiza com o lançamento de despesas no mesmo período em que a receita a elas associada é reconhecida.

Confrontação
Lançamento de despesas no mesmo período em que a receita a elas associada é reconhecida.

Dependendo do ramo de atividade da empresa, os custos dos produtos assumem designações específicas, a saber:

- empresa industrial: custos dos produtos vendidos (CPV);
- empresa comercial: custos das mercadorias vendidas (CMV);
- empresas prestadoras de serviços: custos dos serviços prestados (CSP).

Quando há outras despesas, tais como de aluguel e administrativas, elas ocorrem independentemente do nível de vendas dentro de um específico período. Seus benefícios são consumidos pela passagem do tempo mais que pelo nível de vendas. Tais itens são identificados diretamente como despesas do período.

O conceito fundamental no reconhecimento das despesas é o de **recuperação dos custos**. Sob o conceito de recuperação do custo, algumas compras de bens ou serviços são lançadas como Ativos, porque, ao longo do tempo, espera-se recuperar seus custos nos períodos futuros, quando serão reconhecidos como despesas.

Recuperação dos Custos
Abrange o conceito de lançamento de custos como Ativos que só serão reconhecidos como despesas em períodos futuros.

Por exemplo, o preço de compra de bens ou serviços adquiridos em um período atual, mas que não serão totalmente usados até um período futuro, deve ser, inicialmente, lançado como um Ativo. Quando o bem ou serviço for usado, o contador reduzirá a conta do Ativo e lançará uma despesa. Por isso, aluguel pago adiantado é um Ativo, conforme explicamos a seguir.

Suponha que uma empresa pague um aluguel trimestral de R$ 7.500 em 2 de janeiro. A transação é lançada na conta do Ativo, denominada **Aluguel Antecipado**, aumentando-a em R$ 7.500, porque os serviços de aluguel, nessa data, ainda não foram usados. A cada mês, a conta de Aluguel Antecipado é reduzida em R$ 2.500, e a conta Despesa de Aluguel é aumentada em R$ 2.500, reconhecendo o uso do Ativo de Aluguel Antecipado.

Note que o Aluguel Antecipado é um Ativo **Intangível**. Os itens tangíveis são aqueles que você pode ver ou tocar, como o dinheiro, o estoque. Mas entre os Ativos também se incluem os itens intangíveis, que representam o direito legal de serviços futuros, tais como o uso de instalações.

3.7 Ilustração do Processo de Confrontação e Recuperação de Custo

Para enfocar os conceitos de confrontação e recuperação de custos, suponha que a empresa Mobilfino tenha somente outras duas despesas, além de custos de produtos vendidos: Despesas de Aluguel e Despesas de Depreciação.

Na Transação 12, o pagamento bimestral de Aluguel Antecipado do armazém é de R$ 3.000 e foi realizado no início de janeiro, abrangendo esse mês e fevereiro de 2003. O aluguel é de R$ 1.500 por mês.

O desembolso do aluguel dá o direito de uso das instalações do armazém para os dois meses. Os R$ 3.000 representam um adiantamento do pagamento para um benefício futuro desses serviços, e esse valor é lançado em uma conta do Ativo, ou seja, Aluguel Antecipado:

Transação 12 – Aluguel Antecipado

Transação 13 – Despesa de Aluguel

Transação nº	Ativo		=	Passivo	+ Patrimônio Líquido
	Caixa	Aluguel Antecipado			Lucros Acumulados
(12) Aluguel pago adiantado	-3.000	+3.000			
(13) Reconhecimento de despesa de aluguel		-1.500			-1.500 (aumento de despesa de aluguel)

A Transação 12, feita no momento do desembolso, mostra que não houve efeito sobre o Patrimônio Líquido na equação do Balanço Patrimonial. Um dos Ativos, a conta Caixa, é simplesmente mudado por outro, o Aluguel Antecipado.

A Transação 13 é lançada no fim de janeiro. Ela reconhece que um dos dois serviços de aluguéis foi consumido – tanto que o Ativo é reduzido e o Patrimônio Líquido também é diminuído em R$ 1.500, como despesa de aluguel relativa ao mês de janeiro. Esse reconhecimento de despesa de aluguel significa que R$ 1.500 do Ativo, Aluguel Antecipado, foram "usados" nas operações de janeiro.

O Aluguel Antecipado de R$ 1.500 é mantido como um Ativo posterior ao 31 de janeiro, porque esse saldo do pagamento antecipado poderia ser recuperado em fevereiro. Assim, o pagamento antecipado é um custo que será recuperado no momento em que, após consumido, ele for alocado como despesa do período. Ademais, espera-se que as receitas futuras (vendas) sejam suficientes para assegurar a recuperação dos R$ 1.500 mensais desembolsados antecipadamente.

Os mesmos conceitos de confrontação e recuperação dos custos para aluguel antecipado são aplicados na **depreciação**, a qual é a alocação sistemática dos custos históricos de aquisição de Ativos de longa vida ou Ativos Permanentes para a conta de despesas de períodos específicos que se beneficiam do uso desses Ativos.

Depreciação
Alocação sistemática dos custos históricos de ativos de longa vida para a conta de despesas de períodos em que a empresa se beneficia do seu uso.

Depreciação é o processo de lançamento e reconhecimento de despesa de um Ativo Tangível quando da confrontação com a receita durante os períodos de sua vida útil estimada. Torna-se uma contra-conta do valor histórico do respectivo Ativo.

Os Ativos que se depreciam são bens físicos tangíveis, tais como edifícios, equipamentos, móveis e utensílios comprados pela empresa. O Apêndice no final deste capítulo mostra uma tabela das taxas anuais pelas quais os Ativos devem ser depreciados.

Tanto no aluguel antecipado como na depreciação, a empresa adquire um Ativo que é usado gradualmente. À medida que ele é usado, mais e mais de seu custo original é transferido de uma conta do Ativo para uma conta de Despesa, diminuindo também a conta de Lucros Acumulados. A única diferença entre depreciação e aluguel antecipado é a duração do período envolvido antes de o Ativo perder sua utilidade, ou expirar. Edifícios, equipamentos e móveis mantêm sua utilidade por muitos anos; o aluguel antecipado e outras despesas antecipadas geralmente expiram dentro de um ano.

A Transação 14 ilustra o lançamento da despesa de depreciação para o equipamento da Mobilfino. Uma parte do custo original de R$ 20.000, mediante compra a prazo, torna-se despesa de depreciação, correspondente à taxa anual normal de 20%, que pode ser alocada proporcionalmente a cada mês de vida útil do equipamento – que é de cinco anos, ou 60 meses. Assim, sendo o custo original de R$ 20.000, o valor a ser considerado como despesa de depreciação será de R$ 333 por mês.

Transação 14 – Depreciação de Equipamento

Transação nº	Ativo	=	Passivo	+ Patrimônio Líquido
	Equipamentos		Contas a Pagar	Lucros Acumulados
(14a) Aquisição de equipamento	20.000		20.000	
(14b) Reconhecimento de despesa	- 333 de depreciação			-333 (aumento de despesa de depreciação)
Total	19.667	=	Total	19.667

Nessa transação, a conta do Ativo "Equipamentos" diminui, assim como o saldo da conta Lucros Acumulados do Patrimônio Líquido, de maneira que o valor total da coluna Ativo, após a primeira depreciação mensal, passa a ser de R$ 19.667.

As compras e usos dos produtos e serviços (por exemplo, estoque, aluguel, equipamento) geralmente consistem em dois passos básicos:

1) aquisição dos Ativos e
2) utilização ou consumo desses Ativos como despesas.

Os exemplos mostram que, à medida que as despesas antecipadas e os Ativos Permanentes são usados, os totais do Ativo e do Patrimônio Líquido são reduzidos. As contas de despesas são basicamente deduções do Patrimônio Líquido. Igualmente, as contas relacionadas com as receitas são basicamente adições ao Patrimônio Líquido.

3.8 Reconhecimento de Ativos Utilizados ou Consumidos

Ativos tais como estoque, aluguel antecipado e equipamento podem ser vistos como custos que aguardam o momento de serem transportados em períodos futuros para a conta de despesas, as quais, por sua vez, serão confrontadas com as receitas futuras. Desse modo, os Ativos não utilizados ou consumidos mantêm seus custos no Balanço Patrimonial para aguardar sua utilização ou consumo em períodos futuros, quando serão alocados como despesas.

Na análise das transações de estoque, aluguel e depreciação, há uma diferença entre aquisição e utilização ou consumo. Os custos de estoque, aluguel antecipado e equipamento não utilizados ou consumidos permanecem alocados como Ativos até que sejam usados e se tornem despesas.

Os serviços, tais como propaganda, são freqüentemente adquiridos e usados quase imediatamente. Conceitualmente, o custo de propaganda deve, no mínimo momentaneamente, ser visto como aquisição de Ativos. Por exemplo, suponha que a publicidade em uma revista semanal de grande circulação seja adquirida por R$ 10.000 à vista. A Transação 15 pode ser analisada em duas fases:

Transação 15 – Publicidade

Transação nº 15	Ativo			=	Passivo	+ Patrimônio Líquido
	Caixa	Outros Ativos	Pagamento de Publicidade			Lucros Acumulados
ALTERNATIVA 1: DUAS FASES						
Fase (a) Pagamento de publicidade antecipada	-10.000		+10.000			
Fase (b) Uso da publicidade			-10.000			-10.000 (despesas com publicidade)
ALTERNATIVA 2: UMA FASE						
Fases (a) e (b) juntas	-10.000					-10.000 (despesas com publicidade)

Na prática, porém, alguns serviços são adquiridos e usados tão rapidamente que os contadores podem não se preocupar em lançar o Ativo na conta Pagamento Antecipado de publicidade. Em substituição, podem optar pela alternativa 2.

3.9 Demonstração do Resultado do Exercício (DRE)

A Demonstração do Resultado do Exercício é o relatório que confronta as receitas e despesas pertencentes a um período específico. A Demonstração do Resultado de um período normalmente apresenta também os períodos imediatamente anteriores, oferecendo uma visualização dos resultados das operações ocorridas nos correspondentes períodos, que podem representar Lucros ou Prejuízos.

OBJETIVO 5
Preparar e analisar a Demonstração do Resultado do Exercício (DRE) e seu relacionamento com o Balanço Patrimonial.

O **lucro líquido** é o valor remanescente depois de todas as despesas (incluindo imposto de renda) serem deduzidas das receitas.

Demonstração do Resultado do Exercício
Relatório que confronta todas as receitas e despesas pertencentes a um período específico.

Para apreciarmos melhor a confrontação entre receitas e despesas, elaboramos a seguir a Demonstração do Resultado do Exercício da Mobilfino S.A. encerrado em 28 de fevereiro de 2003, sobre a qual faremos algumas considerações.

MOBILFINO S.A.*

Demonstração do Resultado do Exercício em 28 de fevereiro de 2003

Receita Bruta de Vendas		400.000
(-) Deduções das Vendas		
Imposto de Circulação de Mercadorias e Serviços (18%)	(72.000)	
Programa de Integração Social/PIS (0,65%) **	(2.600)	
Contribuição para Financiamento da Securidade Social (3%)	(12.000)	
Total de Deduções		(86.600)
RECEITA LÍQUIDA DE VENDAS		313.400
(-)CUSTO DAS MERCADORIAS VENDIDAS		(120.000)
LUCRO BRUTO		193.400
DESPESAS OPERACIONAIS		
Despesas com Vendas	(3.000)	
Despesas Administrativas	(15.000)	
Depreciação	(400)	
Despesas Financeiras	(2.600)	
Total de Despesas Operacionais		(21.000)
LUCRO OPERACIONAL LÍQUIDO		172.400
(+) Receitas Não-Operacionais		8.000
(-) Despesas Não-Operacionais		(10.000)
LUCRO ANTES DO I. RENDA E DA CONTRIB. SOCIAL		170.400
(-) Imposto de Renda e Contribuição Social		(40.896)
LUCRO LÍQUIDO DO EXERCÍCIO (ou prejuízo do exercício)		129.504

Devemos recordar que a DRE mede o desempenho da empresa por um certo período, que pode ser um mês, um trimestre ou mais. Portanto, a DRE deve sempre indicar o período específico abrangido.

Os tomadores de decisão usam essa demonstração financeira para avaliar o desempenho de uma empresa ou de sua administração durante um certo período. A DRE indica como as operações de uma empresa aumentaram os Ativos líquidos durante o período, com as receitas, e diminuíram outros Ativos pelo consumo de recursos (as despesas).

O **Lucro Líquido** resultante mede o valor pelo qual o aumento em Ativos supera todas as deduções operacionais (um prejuízo significa que o valor dos Ativos consumidos foi maior do que as receitas).

* Para ampliar a abordagem em nossos exemplos, de agora em diante partiremos do pressuposto de que a Mobilfino tornou-se uma Sociedade Anônima. Essa passagem não é explicada neste capítulo.

** Neste exemplo estamos considerando o PIS de 0,65%. A legislação tributária, em alguns casos, considera outro percentual.

Podemos, então, afirmar que o **Lucro Líquido (ou Prejuízo)** é uma medida do aumento (ou diminuição) da riqueza criada por uma empresa durante o exercício social. Ao analisar o Lucro Líquido de período a período, comparando as suas mudanças com a média do setor e examinando as mudanças nos seus componentes, as receitas e as despesas, os investidores e outros tomadores de decisão podem avaliar o sucesso (ou o fracasso) das operações da empresa nesse período.

Lucro Líquido (ou Prejuízo) Medida do aumento (ou diminuição) da riqueza criada por uma empresa durante o exercício social.

O tratamento que a empresa dá ao Lucro Líquido depende das suas necessidades de fundos para o desenvolvimento de sua atividade e da obrigatoriedade legal de distribuir uma parte dele aos seus acionistas, como remuneração do capital investido por eles na empresa.

Além dos acionistas, há que considerar o fato de as empresas incentivarem o desempenho dos funcionários da administração com uma participação nesses mesmos lucros.

Dessa maneira, havendo ou não participação nos lucros por parte dos funcionários, a empresa ainda tem de distribuir, conforme mencionamos, uma parte desses lucros a seus proprietários ou acionistas na forma de dividendos, atendendo, assim, ao disposto por lei, às condições fixadas por seus próprios estatutos e às determinações de sua política de reinvestimento de lucros e distribuição de dividendos. Após a distribuição dos dividendos, o valor remanescente do Lucro Líquido é retido pela empresa para ser reinvestido no desenvolvimento de suas atividades.

3.10 Fundamentos do Relacionamento da Demonstração do Resultado do Exercício com o Balanço Patrimonial

As fontes de fundos que se apresentam no lado direito do Balanço Patrimonial e a aplicação dos fundos identificada no lado esquerdo dessa demonstração que possibilitam as operações da empresa geram um resultado na DRE que, por sua vez, volta a alimentar as fontes do Balanço Patrimonial com a conta de **Lucros Acumulados**.

Devido ao fato de o **Lucro Líquido** ser o valor positivo resultante da diferença entre as receitas e as despesas, podemos considerar, para fins didáticos, a possibilidade de esse valor excedente ser totalmente reinvestido na empresa. Se isso acontecer, o montante apurado como Lucro Líquido durante o período passará a formar parte da conta **Lucros Acumulados**.

(Se as despesas excederem às receitas, os Lucros Acumulados incorporarão esse valor negativo relativo aos **prejuízos** do período.)

É preciso lembrar que a aplicação do conceito de confrontação entre as receitas e as despesas gera como resultado o **Lucro ou Prejuízo Líquido**. Desta forma, podemos inferir que as receitas e despesas têm um impacto direto na conta **Lucros Acumulados**, pelo que foi ilustrado nas transações descritas neste capítulo, como ocorre com o aumento ou a diminuição dessa conta, indicando, com isso, o efeito que esses lançamentos contábeis têm sobre ela.

Podemos visualizar esse efeito na Figura 3.3, especificamente na linha mais grossa, que tem sua origem na DRE e está ligada à conta Lucros Acumulados do Balanço Patrimonial.

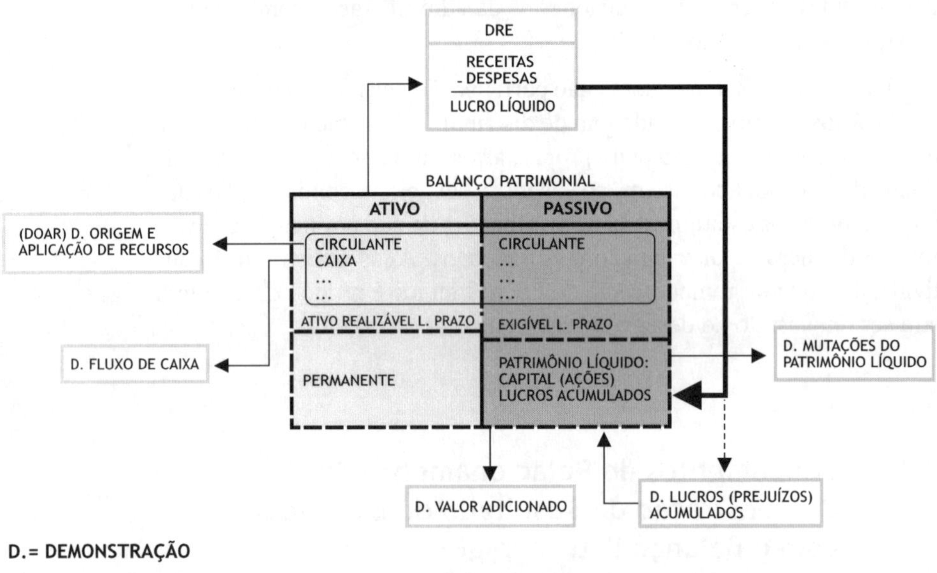

Figura 3.3 – Impacto das receitas, das despesas e do lucro líquido na conta Lucros Acumulados

3.11 Contabilidade de Dividendos

Devemos considerar que uma parte dos lucros da empresa deve ser distribuída a seus proprietários em compensação por suas contribuições ao capital da empresa, e essa entrega pode ser efetuada na forma de dividendos em moeda corrente.

Os **dividendos** em moeda corrente são distribuições realizadas aos acionistas mediante desembolsos do caixa, que também reduzem o saldo dos lucros acumulados pela empresa, mantendo, dessa maneira, o equilíbrio necessário à equação do Balanço Patrimonial. A capacidade de pagar dividendos é fundamentalmente um resultado de operações lucrativas. O artigo 202 da Lei nº 6.404, de 15/12/76, instrui que as empresas com formação de capital por ações devem realizar pagamento obrigatório de dividendos decorrente da apuração do lucro líquido, em conformidade com o percentual estabelecido pelo estatuto da empresa; em caso de omissão dessa especificação, a distribuição deve ser equivalente a 50% do lucro líquido ajustado. Se o Conselho de Administração deliberar alterar seu estatuto e sanear essa omissão, o dividendo obrigatório a ser fixado não poderá ser inferior a 25% dos lucros disponíveis para distribuição.

Os dividendos constituem o retorno do investimento ao detentor da ação; entretanto, há a possibilidade de que o acionista seja remunerado mediante pagamento em dinheiro, aplicando o conceito de juros sobre o capital social, conforme disposto no artigo 78 da Lei nº 9.430, de 27 de dezembro de 1996.

Vamos, agora, concentrar-nos na operacionalização da distribuição dos dividendos.

3.11.1 Operacionalização dos Critérios

A empresa modelo que utilizamos (Mobilfino) não esteve configurada inicialmente como de capital aberto, mas, para podermos ilustrar o pagamento de dividendos em moeda corrente, vamos a seguir considerar o pressuposto de que ela já se tornou empresa do tipo sociedade anônima com capital aberto, sendo o seu capital representado por ações.

A diminuição dos lucros acumulados decorrente de pagamento de dividendos não representa despesas, tais como aluguel e depreciação. A Transação 16 da Mobilfino S.A., em 28 de fevereiro de 2003, refere-se aos dividendos distribuídos aos acionistas em moeda corrente pelo valor de R$ 35.750.

Transação 16 — Declaração e Pagamento de Dividendos

Transação nº	Ativo	=	Passivo	+ Patrimônio Líquido
	Caixa			Lucros Acumulados
(16) Pagamento de dividendos	-35.750			-35.750 (dividendos)

O crescimento da empresa poderá estar refletido em sua alta taxa de retenção do lucro líquido, caso os dividendos sejam pagos no mínimo pelo montante legalmente possível. Toda empresa deve ter uma política de reinvestimento de lucros e distribuição de dividendos que considere fatores tais como a posição e a necessidade futura de caixa para pagar dívidas ou comprar ativos adicionais.

O procedimento para que se efetive o pagamento de dividendos acontece geralmente em duas etapas operacionais:

1) O Conselho de Administração convoca a Assembléia Geral de Acionistas para deliberação e declaração dos dividendos a serem pagos aos acionistas que estiverem inscritos como detentores da ação nessa data (data de declaração).
2) Em uma segunda data, os dividendos são efetivamente pagos. A data de pagamento deverá ser no prazo de 60 dias da data da declaração, salvo se houver deliberação em contrário da Assembléia Geral. Em qualquer caso, o pagamento de dividendos deve ser realizado dentro do exercício social.

O procedimento ilustrado na Transação 16, considerando as duas datas antes mencionadas, passará a abranger dois movimentos contábeis:

1) a declaração afeta a posição financeira da empresa, porque os acionistas passam a ser credores de um valor legalmente declarado pela empresa como dividendos;
2) a obrigação resultante é reduzida somente quando o dinheiro em moeda corrente é efetivamente distribuído.

Na data de declaração, a conta **Dividendos a Pagar** aumenta e a de **Lucros Acumulados** diminui. Na data de pagamento, o Caixa diminui e a conta de Dividendos a Pagar também diminui.

Transação 16a e Transação 16b – Declaração e Pagamento de Dividendos

Transação nº	Ativo	=	Passivo	+ Patrimônio Líquido	
	Caixa		Dividendos a Pagar	Capital Social	Lucros Acumulados
(16a) Data de declaração de dividendos 12/01			+35.750		-35.750
(16b) Data de pagamento de dividendos 28/02	-35.750		-35.750		
Efeito líquido	**-35.750**		**0**		**-35.750**

Podemos apreciar que a Transação 16a trata-se da declaração de dividendos, quando a empresa realiza uma provisão de fundos que se torna uma obrigação para com os seus acionistas, considerando, ao mesmo tempo, que esses fundos deverão ser reduzidos da conta Lucros Acumulados.

A Transação 16b mostra que a empresa entrega efetivamente o dinheiro aos acionistas, correspondente aos dividendos, diminuindo sua posição de Caixa. Com isso, ela elimina a obrigação criada na conta Dividendos a Pagar.

3.12 Contabilização de Lucros Acumulados

No transcurso deste capítulo, abordamos o Lucro Líquido como resultado final das operações de uma empresa em um período específico. Conforme avançamos em nossa conceituação, aprendemos que esse resultado tem relevância porque afeta várias contas do Balanço Patrimonial e da DRE, quer seja acrescentando ou diminuindo seus valores.

Ainda, vimos a consideração de que o resultado, denominado Lucro Líquido, é o resultado remanescente depois de realizadas as apropriações relacionadas com pagamentos de despesas administrativas, financeiras, juros sobre capital próprio, receitas e despesas não operacionais, imposto de renda, participações de funcionários e outras específicas de cada empresa, quando, então, passa a ser identificado como Lucro Líquido (Prejuízo) do Exercício, valor que deverá ser totalmente transferido para incorporar a **Demonstração de Lucros ou Prejuízos Acumulados**.

Os contadores, dentro de suas atividades de registro dos eventos econômicos, preparam a Demonstração de Lucros ou Prejuízos Acumulados, em que são evidenciadas as deduções relativas a Reserva Legal (5% para manter a integridade do capital), Reserva para Expansão, Reserva Estatutária e dividendos, de maneira a transportar o resultado obtido nessa demonstração ao Balanço Patrimonial, conforme ilustrado pela Figura 3.4.

Conforme podemos observar de forma sintetizada na Demonstração de Lucros ou Prejuízos Acumulados da Mobilfino S.A., nossa empresa modelo, encontramos na primeira linha o valor referente aos Lucros Acumulados registrados no período anterior, ao qual soma-se o Lucro Líquido do período em consideração, indicado na segunda linha. Do valor resultante, realiza-se a diminuição do valor relativo aos dividendos pagos. O resultado final passa a compor os Lucros Acumulados no período e será transportado ao Balanço Patrimonial.

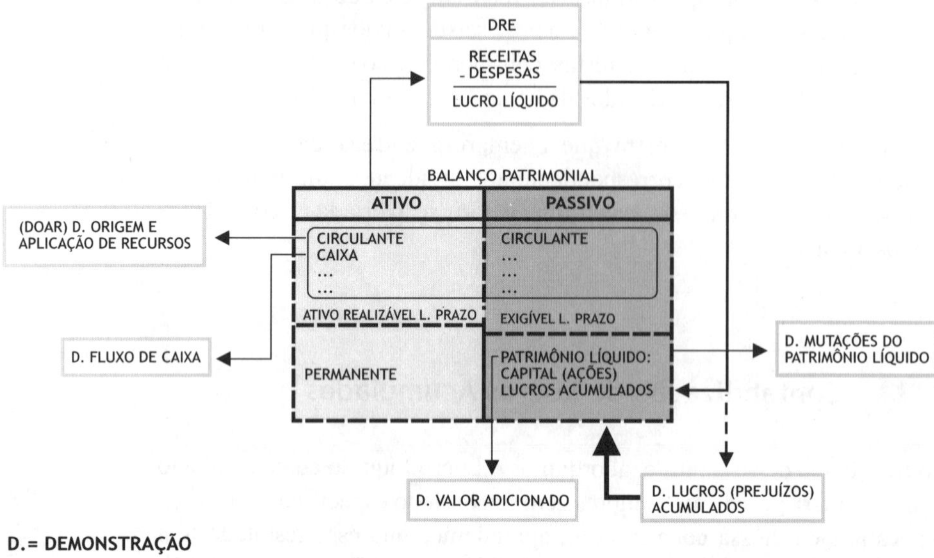

Figura 3.4 – Relação da Demonstração de Lucros Acumulados e o Balanço Patrimonial

Demonstração de Lucros ou Prejuízos Acumulados (simplificada)

Mobilfino S.A., em 28 de fevereiro de 2003

Lucros acumulados em 31 de dezembro de 2002	84.500
Lucro líquido em 28 de fevereiro de 2003	+129.504
Total	**214.004**
Menos: Reserva Legal	(10.700)
Menos: Reservas Estatutárias	(12.950)
Menos: Dividendos Distribuídos	(35.750)
Lucros Acumulados em 28 de fevereiro de 2003	**154.604**

O dividendo bimestral do exemplo, evidentemente, pressupõe autorização à empresa para pagar dividendos nesse intervalo de tempo.

As demonstrações que desenvolvemos neste capítulo já nos permitem realizar uma análise financeira básica, e, para efeito, vamos conhecer dois índices financeiros.

3.13 Dois Importantes Índices Financeiros

Neste capítulo, foram apresentadas apenas duas demonstrações financeiras; no entanto, é o momento de expor que a análise delas se realiza com o relacionamento de seus valores componentes, que geram significados importantes aos tomadores de decisões. Nesta oportunidade, abordaremos dois índices relacionados com o resultado do exercício.

Devemos observar que os preços no mercado de ações são cotados com referência a uma *Ação* (documento, emitido pela empresa, que evidencia que seu detentor tem participação proprietária no capital social), de maneira que vários índices estão relacionados com uma *Ação*.

O cálculo de um índice financeiro é efetuado pela divisão de um número por outro. Para um conjunto de demonstrações financeiras complexas, literalmente centenas de índices podem ser calculados se desejado. No contexto brasileiro e no mundial, há um índice que sempre é registrado nas demonstrações financeiras por ser um indicador relevante do desempenho da empresa e, portanto, valorizado pelos investidores. Trata-se do índice **lucro por ação** (LPA).

3.13.1 Índice Lucro por Ação (LPA)

Quando o patrimônio dos acionistas é relativamente simples, o cálculo do LPA é direto. Por exemplo, considere a empresa Nuvens Áureas S.A., que apresentou como Lucro Líquido em suas DREs de 2000, 2001 e 2002 os seguintes valores:

	2002	2001	2000
Lucro/Prejuízo do Exercício	667.393.000	432.507.000	142.806.000
Número de Ações Ordinárias	543.409.000	481.217.000	48.449.000
Lucro Líquido por Participação em Ação Ordinária (LPA)	1,23	0,90	2,95

O lucro por participação em ação ordinária (chamado de *lucro líquido por ação*) da Nuvens Áureas S.A. foi calculado desta maneira:

$$(\text{LPA}) = \frac{\textbf{Lucro Líquido}}{\textbf{Média do número de ações em circulação}}$$

$$2002\ (\text{LPA}) = \frac{\text{R\\$ } 667.393.000}{543.409.000} = \text{R\\$ } 1{,}23$$

$$2001\ (\text{LPA}) = \frac{\text{R\\$ } 432.507.000}{481.217.000} = \text{R\\$ } 0{,}90$$

$$2000\ (\text{LPA}) = \frac{\text{R\\$ } 142.806.000}{48.499.000} = \text{R\\$ } 2{,}95$$

O cálculo do LPA da Nuvens Áureas S.A. é relativamente simples, mas pode ser difícil se a empresa tiver várias emissões de ações ordinárias compondo o Capital Social. A esse cenário pode apresentar-se uma grande flutuação de ações em circulação[1] durante o ano, também afetando o cálculo do lucro líquido. Os cálculos de LPA podem tornar-se mais difíceis quando tais complicações ocorrem.

Esse índice não representa uma efetiva distribuição de todo o lucro líquido aos acionistas, mas é um indicador importante do potencial de geração de lucros por unidade acionária. Assim, ele nos oferece uma avaliação desse potencial que, conforme podemos ver em nosso exemplo, apresenta uma significativa queda desse potencial de geração de lucro no exercício social de 2001 e uma pequena recuperação em 2002.

3.13.2 Índice Preço-Lucro (P/L)

Outro índice de ampla divulgação e observado pelos investidores é o P/L (preço-lucro), porque ele é um indicador do valor que se deve pagar a cada real de Lucro gerado pela empresa.

$$P/L = \frac{\text{Preço de mercado da ação ordinária}}{\text{LPA}}$$

O numerador é geralmente o preço de mercado cotado na data de encerramento das demonstrações financeiras; o denominador é o LPA para os 12 últimos meses, pelo que o índice P/L varia durante o ano, dependendo das flutuações do preço de mercado da ação. Por exemplo, o índice P/L da Nuvens Áureas S.A. poderia ser:

ÍNDICE	Usando o mais alto preço de mercado da ação durante o quarto trimestre	Usando o mais baixo preço de mercado da ação durante o quarto trimestre
2001 P/L	$\frac{R\$ 26}{R\$ 0,90} = 28,89$	$\frac{R\$ 22}{R\$ 0,90} = 24,44$
2002 P/L	$\frac{R\$ 42}{R\$ 1,23} = 34,15$	$\frac{R\$ 37}{R\$ 1,23} = 30,08$

1 Ações em circulação são aquelas que efetivamente estão em posse dos investidores. Ações em Tesouraria são as que foram compradas ou adquiridas pela própria empresa emissora. Ações emitidas correspondem ao total de ações que foram efetivamente emitidas. Ações autorizadas se referem ao número máximo de ações que o Conselho de Administração autorizou que fossem emitidas posteriormente.

Questões

Q.1 O que é o Regime de Competência?

Q.2 Que eventos compreende o reconhecimento da receita?

Q.3 Os dividendos representam despesas?

Q.4 Como os investidores podem ser remunerados por seus investimentos em ações da empresa?

Problemas de Reforço

P.1 A Empresa Ariso Ltda. sintetizou seu Balanço Patrimonial encerrado em 30 de abril de 2003, em (R$ mil):

ATIVO		PASSIVO E PATRIMÔNIO LÍQUIDO	
Caixa e Bancos	268	Fornecedores	533
Contas a Receber	779	Outros Passivos	3.967
Estoque	1.185		
Outros Ativos	2.427	Capital Social	242
Terreno, Prédio e Equipamentos	2.162	Lucros Acumulados	2.079
TOTAL	6.821	TOTAL	6.821

As seguintes operações aconteceram durante o mês de maio:

1) Uma parte do estoque de sapatos, adquirido pelo custo de R$ 25, foi vendida por R$ 50, sendo R$ 20 à vista e R$ 30 a prazo.
2) Comprou-se estoque a prazo no valor de R$ 60.
3) Realizou-se a cobrança de contas a receber, no valor de R$ 30.
4) Em 2 de maio, utilizaram-se R$ 48 do caixa para pagar o aluguel referente aos próximos 12 meses.
5) Realizou-se pagamento aos fornecedores de estoque, no valor de R$ 60.
6) Foram desembolsados do caixa R$ 10 para pagamento de despesas de vendas.
7) Uma parcela do aluguel, pago antecipadamente, venceu em 30 de maio, no valor de R$ 4.
8) Os equipamentos foram depreciados em maio, no valor de R$ 10.

Pede-se:

a) Preparar uma análise das transações da Ariso Ltda., conforme efetuado no Quadro 2.1 do capítulo anterior.
b) Preparar uma Demonstração do Resultado do Exercício a ser encerrado em 31 de maio de 2003. Neste exercício, você deve ignorar os impostos.

P.2 Natureza dos Lucros Acumulados

Este exercício é sobre o relacionamento entre Ativos, Passivos e Capital Social. Suponha que os seguintes eventos tenham ocorrido na empresa ABC Ltda.:

a) Saldo do Capital Social: R$ 1.500.
b) Saldo de Caixa: R$ 1.500.
c) Compra de estoque à vista por R$ 600.
d) Venda de todo o estoque à vista por R$ 850.
e) Compra de estoque à vista por R$ 400.
f) Compra de equipamento à vista por R$ 700.
g) Compra de estoque a prazo por R$ 500.

Pede-se:

Prepare o Balanço Patrimonial e responda: qual é o significado de lucros acumulados? Explique com suas próprias palavras.

P.3 Abaixo está a DRE da agência de automóveis Silva Veículos Ltda.

Demonstração do Resultado do Exercício encerrado em 31/12/2003

RECEITAS (Vendas)	1.000.000	
Aumento no valor de mercado de terreno e edifício	200.000	1.200.000
Deduções		
(-) Despesas de Publicidade	100.000	
(-) Comissões de Vendas	50.000	
(-) Serviços	20.000	
(-) Salários	150.000	
(-) Dividendos Distribuídos	100.000	
(-) Custos dos Carros Comprados	700.000	1.120.000
Lucro Líquido		80.000

Pede-se:

Analise a demonstração, descreva qualquer falha, se houver, e elabore uma nova DRE da Silva Veículos Ltda.

P.4 Analise as transações e Demonstrações Financeiras, incluindo dividendos. Considere o seguinte Balanço Patrimonial de um atacadista de brinquedos:

Balanço Patrimonial encerrado em 31 de dezembro de 2001

ATIVO		PASSIVO		
Caixa	200.000	Duplicatas a Pagar		700.000
Duplicatas a Receber	400.000	**PATRIMÔNIO LÍQUIDO**		
Estoque	860.000	Capital Social	300.000	
Aluguel Antecipado	40.000	Lucros Acumulados	600.000	
Equipamentos	100.000	Total do Patrimônio Líquido		900.000
Total	1.600.000	Total		1.600.000

Segue um resumo das transações que ocorreram durante 2002:

a) Aquisição de estoque a prazo, por R$ 1.000.000.

b) Vendas a prazo por R$ 1.400.000; vendas à vista, R$ 200.000, totalizando vendas no valor de R$ 1.600.000.

c) A venda descrita em (b) tem um custo da mercadoria vendida de R$ 1.200.000.

d) O aluguel do atacadista venceu em 1º de setembro de 2002; no entanto, ele foi imediatamente renovado por mais 12 meses, pelo valor de R$ 84.000, desembolsados do caixa.

e) A despesa de depreciação de 2002, aplicada aos equipamentos do atacadista, foi de R$ 10.000.

f) As cobranças de duplicatas a receber foram de R$ 1.250.000.

g) Os salários de 2002 foram pagos totalmente em dinheiro, pelo valor de R$ 200.000.

h) As despesas administrativas durante 2002 foram pagas totalmente em dinheiro, pelo valor de R$ 70.000.

i) Pagamentos da conta Fornecedores foram efetuados pelo valor de R$ 900.000.

j) Os dividendos de 2002 foram pagos totalmente em dinheiro em dezembro, pelo valor de R$ 100.000.

Pede-se:

1. Preparar a análise das transações usando a abordagem das contas em horizontal, conforme mostrado no Quadro 2.1 do capítulo anterior (pág. 37).
2. Preparar o Balanço Patrimonial, a DRE e a Demonstração de Lucros ou Prejuízos Acumulados para o encerramento do exercício social de 2002.

Apêndice

Depreciação

A depreciação é aplicada aos bens que a empresa possui e que não aumentam de valor com o tempo. Sua finalidade é representar a perda de valor resultante do uso do bem ao longo de sua vida útil.

Para manter o equilíbrio no Balanço Patrimonial, na medida em que no final de um dado período é reconhecido um valor de depreciação, o Ativo apresenta uma conta de valor negativo, que acumula periodicamente o valor da depreciação e, dessa forma, atualiza o valor contábil do bem, que, pelo princípio do conservadorismo, fica registrado ao valor original do lançamento, ou valor histórico. Assim, o lançamento que identifica a despesa corresponderá também a um aumento da conta de despesa de depreciação, gerando impacto no grupo de contas do Patrimônio Líquido.

As taxas anuais de depreciação a serem aplicadas dependem da espécie do bem, como podemos observar em alguns bens na seguinte tabela:

Edifícios e construções		4%
Equipamentos		10%
Maquinarias em geral		10%
Ferramentas		10%
Computadores e periféricos		20%
Animais de tração		20%
Veículos automotores:		
	Veículos de carga	20%
	Veículos de passageiros	20%
	Motociclos	25%

Em razão de determinados bens móveis experimentarem uma utilização intensiva – são utilizados no mesmo dia por vários turnos de trabalhadores –, há um aumento da sua taxa de desgaste e, portanto, a alíquota de depreciação será maior, conforme a seguir:

a) Quando forem aplicados dois turnos diários, com utilização durante 16 horas, a taxa normal anual será multiplicada por 1,5.

b) Quando forem aplicados três turnos diários e a utilização for por 24 horas, a taxa normal anual será multiplicada por 2,0.

Capítulo 4

O Processo de Lançamento: Diário e Razão

Objetivos do Capítulo

1. Situar as transações contábeis dentro do Plano de Contas, específico para cada empresa.
2. Explicar os procedimentos contábeis mediante o lançamento de transações pelo Método das Partidas Dobradas, bem como o significado de débito e crédito.
3. Discutir o comportamento dos débitos e créditos no Balanço Patrimonial, sob a lógica do livro Razão.
4. Conhecer o início do processo contábil com lançamentos no Diário e no Razão.
5. Fixar conceitos mediante exemplos de lançamentos, com suas respectivas análises.
6. Explicar o processo de lançamento das contas de Receitas e Despesas no contexto de contas-T do Patrimônio Líquido.
7. Elaborar o Balancete de Verificação, o Balanço Patrimonial e a Demonstração do Resultado do Exercício.

Para que a atuação dos tomadores de decisão seja eficaz, é imprescindível que eles entendam os métodos usados nos registros contábeis, de modo a realizar uma análise adequada dos relatórios preparados pelos contadores. O método para registro das transações resultantes das operações de uma organização, utilizado universalmente e também adotado pela contabilidade brasileira, é o Método das Partidas Dobradas. Conseqüentemente, ao longo deste capítulo nos concentraremos nos procedimentos específicos desse método de contabilização.

Inicialmente, será descrito o sistema de partidas dobradas processado nos livros Diário e Razão. Entretanto, preliminarmente, é preciso definir os termos "débito" e "crédito", palavras que possuem sentidos específicos na linguagem contábil, distintos do utilizado no sentido comum. Serão também considerados exemplos do processo de registro das transações nas contas correspondentes, desde o registro contábil inicial até a estruturação das demonstrações financeiras.

OBJETIVO 1
Situar as transações contábeis dentro do Plano de Contas, específico para cada empresa.

Apesar de os métodos manuais de processamento dos dados contábeis terem sido substituídos por sistemas computadorizados nas últimas décadas, ainda se mantêm os mesmos procedimentos para registrar e armazenar os eventos econômicos. O registro e armazenamento por via eletrônica não só facilita como minimiza o tempo utilizado nessa rotina; isso, entretanto, requer um conhecimento básico sobre como se dá esse processo.

4.1 Plano de Contas

Classificação dos lançamentos em contas e grupos de contas distintos, cujo conjunto é conhecido como **Plano de Contas.**

Referimo-nos aos registros dos eventos econômicos como forma de armazenamento da informação em livros contábeis específicos. Agora, é preciso entender que esses registros devem ser efetuados segundo a natureza do evento, tendo em vista que o mecanismo contábil se utiliza de uma classificação dos lançamentos em contas e grupos de contas distintos, cujo conjunto é conhecido como Plano de Contas.

Cada empresa elabora um Plano de Contas adequado à sua atividade para que possa registrar com clareza suas transações contábeis. Portanto, o **Plano de Contas** de uma empresa, normalmente, é uma lista numerada ou codificada com todos os títulos das contas.

Embora um usuário externo possa não saber o que o código significa, as pessoas que fazem a contabilidade se tornam tão familiares com o código que escrevem em termos de números contábeis em lugar de nomes de contas.

O Plano de Contas de toda empresa deve ser estruturado considerando grupos de contas em consonância com os postulados, princípios e convenções contábeis, de maneira a apresentar, basicamente, as seguintes características:

- identifica os títulos dos grupos de contas e das contas, estabelecendo os códigos correspondentes e suas derivações;
- explica o funcionamento e relacionamento das contas e grupos de contas.

No Plano de Contas, cada conta é codificada com um número, seguido do número pertinente ao grupo a que ela pertence e do número pertencente à conta do grupo. Com isso, o Plano de Contas apresenta, antes do título, de um a três ou mais dígitos que facilitam ao usuário contábil o correto registro das transações.

Nos exemplos das transações mencionadas em capítulos anteriores, já identificamos as contas do Ativo, Passivo e Patrimônio Líquido. Por exemplo, no Ativo, expusemos as classificações "Ativo Circulante", "Ativo Realizável a Longo Prazo" e "Ativo Permanente", que se constituem o Grupo de Contas, os quais, por sua vez, desdobram-se em Subgrupos e depois em contas do grupo. A seguir, apresentamos um modelo simplificado de Plano de Contas de uma empresa do ramo comercial:

1 – ATIVO

11 – Ativo Circulante

111 – Disponível

111.1 – Caixa

111.2 – Bancos Conta Movimento

111.3 –

111.4 –

112 – Direitos Realizáveis a Curto Prazo

112.1 – Duplicatas a Receber

112.2 – (-) Duplicatas Descontadas

112.3 – (-) Provisão para Créditos de Liquidação Duvidosa

112.4 – Promissórias a Receber

112.5 – Contas a Receber

112.6 –

112.7 –

113 – Estoques

113.1 – Estoques de Mercadorias

113.2 – Estoques de Materiais para Consumo
113.3 –
113.4 –
114 – Despesas do Exercício Seguinte
114.1 – Prêmios de Seguros a Vencer
114.2 – Aluguéis Antecipados
114.3 – Juros Pagos Antecipados
114.4 –
114.5 –
12 – Ativo Realizável a Longo Prazo
121 – Valores a Receber
121.1 – Contas a Receber
121.2 – Promissórias a Receber
121.3 –
121.4 –
13 – Ativo Permanente
131 – Investimentos
131.1 – Participações em Outras Empresas
131.2 – Imóveis de Renda
131.3 –
131.4 –
132 – Imobilizado
132.1 – Terrenos
132.2 – Edifícios
132.3 – (-) Depreciação Acumulada
132.4 – Móveis e Utensílios
132.5 – (-) Depreciação Acumulada
132.6 – Equipamentos
132.7 – (-) Depreciação Acumulada
132.8 – Veículos
132.9 – (-) Depreciação Acumulada
132.10 – Marcas e Patentes
132.11 –
132.12 –
133 – Ativo Diferido
133.1 – Despesas Pré-Operacionais

133.2 – (-) Amortização Acumulada
133.3 –
133.4 –

2 – PASSIVO
21 – Passivo Circulante
211 – Obrigações a Curto Prazo
211.1 – Fornecedores
211.2 – Duplicatas a Pagar
211.3 – Promissórias a Pagar
211.4 – Impostos a Recolher
211.5 – Salários a Pagar
211.6 – Empréstimos Bancários
211.7 – Juros a Pagar
211.8 –
211.9 –
22 – Passivo Exigível a Longo Prazo
221 – Obrigações a Longo Prazo
221.1 – Financiamentos Bancários
221.2 – Promissórias a Pagar
221.3 – Títulos a Pagar
221.4 –
221.5 –
23 – Patrimônio Líquido
231 – Capital, Reservas e Lucros
231.1 – Capital Social
231.2 – (-) Capital a Realizar
231.3 – Reserva Legal
231.4 – Reservas Estatutárias
231.5 – Lucros Acumulados
231.6 – (-) Prejuízos Acumulados
231.7 –
231.8 –

3 – RECEITAS
31 – Receitas Operacionais
31.1 – Vendas de Mercadorias
31.2 – Vendas de Produtos

31.3 – Receitas de Serviços

31.4 –

31.5 –

32 – Receitas Não Operacionais

32.1 – Vendas de Bens de Uso

32.2 – Descontos Obtidos

32.3 – Juros Recebidos

32.4 –

32.5 –

33 – Deduções das Vendas

33.1 – Imposto sobre Circulação de Mercadorias e Serviços

33.2 – PIS/Faturamento

33.3 – Cofins

33.4 – Devolução de Vendas

33.5 –

33.6 –

34 – Custo das Vendas

34.1 – Custo das Mercadorias Vendidas

34.2 –

34.3 –

4 – DESPESAS

41 – Despesas Operacionais

41.1 – Salários e Ordenados

41.2 – Encargos Sociais

41.3 – Material de Expediente

41.4 – Comissões sobre Vendas

41.5 – Propaganda e Publicidade

41.6 – Despesas de Seguros

41.7 – Despesas de Aluguéis

41.8 – Despesas de Depreciação

41.9 – Despesas com Devedores Duvidosos

41.10 – Despesas com Água, Luz e Telefone

41.11 – Impostos e Taxas

41.12 – Juros Pagos

41.13 –

41.14 –

42 – Despesas Não Operacionais

42.1 – Doações a Entidades Filantrópicas

42.2 –

42.3 –

43 – Contas de Apuração do Resultado

43.1 – Resultado do Exercício

43.2 –

43.3 –

Para a codificação do Plano de Contas, utilizam-se quantos dígitos forem necessários, segundo o nível de classificação empregado.

Em nosso exemplo de Plano de Contas, alguns códigos estão em branco a fim de que o aluno ou o professor utilize o espaço para a criação de contas específicas, segundo o interesse de estudo do momento.

4.2 Método das Partidas Dobradas

Em empresas de grande porte, como a rede de supermercados Pão de Açúcar, ocorrem centenas ou milhares de transações por hora. Por essa razão, o procedimento contábil deve ser usado para manter a ordenação dessas transações de maneira sistemática. Os registros de todas as transações são realizados por meio do **Método das Partidas Dobradas**, em que no mínimo duas contas são sempre afetadas a cada transação.

OBJETIVO 2
Explicar os procedimentos contábeis mediante o lançamento de transações pelo Método das Partidas Dobradas, bem como o significado de Débito e Crédito.

Dessa forma, antes de ser registrada, cada transação deve ser analisada a fim de se determinar a qual conta corresponde o seu lançamento, qual conta aumenta ou diminui e qual a mudança no saldo de cada conta.

4.2.1 Significado dos Termos Débito e Crédito

O termo **débito** é usado para designar os lançamentos do lado **esquerdo** da conta-T, e o termo **crédito**, para indicar os lançamentos do lado **direito** da conta-T.

O Método das Partidas Dobradas produz lançamentos nos lados esquerdo e direito de várias contas, simultaneamente. Para explicar esse posicionamento, o termo **débito (aplicação de recursos)** é usado para designar os lançamentos do lado esquerdo da conta-T, e o termo **crédito (origem de recursos)**, para indicar os lançamentos do lado direito da conta-T. São usadas as abreviações **D**, para débito, e **C**, para crédito.

Apenas explicar em qual lado deve ser efetuado o lançamento de um débito ou de um crédito não esclarece o que eles significam e como são usados.

É oportuno adiantar que as contas a que nos referimos podem pertencer ao lado do ATIVO, PASSIVO ou PATRIMÔNIO LÍQUIDO, e que usamos o termo DÉBITO tanto no sentido de AUMENTO como no de DIMINUIÇÃO, o mesmo ocorrendo com o termo CRÉDITO, pois dependerá da conta envolvida na transação, conforme explicaremos ao longo deste capítulo.

Por essa razão, para que haja um pleno entendimento sobre isso é necessário conhecer o processo de lançamento no livro Razão. Com isso, podemos visualizar as transações, distinguir sua natureza e, assim, posicioná-las como um AUMENTO ou uma DIMINUIÇÃO na conta correspondente.

4.2.2 As Contas do Livro Razão

OBJETIVO 3
Discutir o comportamento dos débitos e créditos no Balanço Patrimonial, sob a lógica do Livro Razão.

O livro **Razão** contém um grupo de contas relacionadas de maneira sistemática. O Razão pode ser em forma de livro de registro, um conjunto de folhas soltas ou mediante uso de soluções fornecidas pela tecnologia de informação mais recente.

Para melhor compreensão, visualize o Razão como um livro que contém uma página para cada conta. Na expressão "manter os livros " ou "auditar os livros", a palavra "livros" se refere ao **Razão**. É no livro Razão que são elencadas as contas e acumulados seus saldos, os quais são relacionados nas demonstrações financeiras da empresa.

As contas do **Razão** são chamadas de **contas-T** por tomarem a forma da letra maiúscula T.

As contas do **Razão** são chamadas de **contas-T** por tomarem a forma da letra maiúscula T. A linha vertical do T divide a conta em lado esquerdo e lado direito, para registrar aumentos e diminuições nessa conta. O título da conta está sobre a linha horizontal.

Para ilustração, considere o formato em T da conta Caixa:

Caixa	
Lado esquerdo **aumentos em caixa**	Lado direito **diminuições em caixa**

As contas-T para as primeiras três transações da Mobilfino são como a seguir; a numeração corresponde à ordem utilizada no Capítulo 2:

BALANÇO PATRIMONIAL DA MOBILFINO

ATIVO		PASSIVO E PATRIMÔNIO LÍQUIDO	
DÉBITO	CRÉDITO	DÉBITO	CRÉDITO
Caixa		**Empréstimo**	
Aumenta (1) 800.000	Diminui (1a) 790.000	Diminui	Aumenta (2) 200.000
Bancos			
Aumenta (1a) 790.000 (2) 200.000	Diminui (3) 290.000		
Estoque de Mercadorias		**Capital Social**	
Aumenta (3) 290.000	Diminui	Diminui	Aumenta (1) 800.000

Contas do ATIVO
Tudo o que aumenta deve ser registrado no lado esquerdo, e o que diminui, no lado direito.

Contas do PASSIVO e PATRIMÔNIO LÍQUIDO
Tudo o que aumenta é registrado no lado direito, e tudo o que diminui, no lado esquerdo.

No exemplo dado, é preciso que fique bem claro o sentido das palavras "aumenta" e "diminui", pois ambas aparecem tanto no lado do Débito como no lado do Crédito. Ocorre que a diferença está no tipo de conta que envolve a transação. Se a conta pertencer ao ATIVO, então, ao realizar-se o lançamento na conta-T do Razão, devemos mentalizar que tudo o que aumenta deve ser registrado no lado esquerdo (que corresponde ao DÉBITO), e, logicamente, o que diminui, no lado direito (CRÉDITO). Agora, quanto às contas do Passivo e Patrimônio Líquido, o aumento é lançado no lado direito das contas-T (correspondente a CRÉDITO), e o que diminui, no lado esquerdo (DÉBITO).

A característica do Método das Partidas Dobradas é que, para cada transação lançada, duas ou mais contas são afetadas. Na prática, as contas são criadas conforme as operações da empresa. Assim, sempre que necessário, faz-se a abertura de uma nova conta-T para registrar a transação correspondente. Para a **Transação 1**, abrimos as contas Caixa e Capital Social; para a **Transação 2**, abrimos a conta Empréstimo; e, para a **Transação 3**, abrimos a conta Estoque de Mercadorias.

Cada conta-T reflete as mudanças no Ativo, Passivo ou Patrimônio Líquido. O registro de cada transação deve conter a numeração usada nesta ilustração e a respectiva data. Essa forma de disposição ajuda, no processo de revisão (auditoria), a facilitar o seguimento dos lançamentos no Razão, até chegar às transações originais. O **saldo da conta-T** é a diferença entre o montante do lado esquerdo e o montante do lado direito em uma data específica.

As contas do Ativo têm os *saldos no lado esquerdo.* Elas são aumentadas pelos lançamentos no lado esquerdo e diminuídas pelos lançamentos no lado direito. As contas do Passivo e Patrimônio Líquido têm *os saldos no lado direito.* Elas são aumentadas pelos lançamentos no lado direito e diminuídas pelos lançamentos no lado esquerdo.

ATIVO		=	PASSIVO	PATRIMÔNIO LÍQUIDO
Caixa	710.000		Empréstimo 200.000	
Estoque	290.000			Capital Social 800.000
TOTAL	1.000.000	=	TOTAL 1.000.000	

4.3 Lançamentos no Diário e no Razão e seus Relacionamentos

Para fins pedagógicos e para manter a lógica do processo contábil, foi introduzido primeiro o livro Razão. A seguir, no entanto, será descrito como na prática acontecem os registros no processo contábil.

Assim, a seqüência de ações para o registro das transações tem o seguinte fluxo:

Transação » Documentação » Diário » Razão » Balancete » Demonstrações Financeiras

Ocorrendo uma transação, esta se concretiza mediante a emissão de documentos que servirão de base para as ações que se desencadearão no processo de registro. Podemos citar alguns exemplos de documentos que dão origem ao registro: faturas, notas fiscais, recibos, ordens de compra, receitas em caixa e decisões do Conselho de Administração. Esses documentos devem ser mantidos em arquivo para verificação da precisão das transações registradas, se necessário.

OBJETIVO 4
Conhecer o início do processo contábil com lançamentos no Diário e no Razão.

Com o documento de origem, analisa-se a transação para determinar sua natureza e, logo, efetua-se o seu lançamento em um livro de registro cronológico, afetando as contas correspondentes à transação. Esse livro é o **Diário**. Nele deve ser lançada a informação completa sobre a transação, o que faz do Diário um guardião de todos os eventos econômicos que ocorrem durante a vida de uma empresa. Retomando a empresa Mobilfino, temos:

Diário é um livro obrigatório de registro cronológico das transações.

DIÁRIO

Data	Nº de lançamento	Contas envolvidas	Nº de conta	DÉBITO	CRÉDITO
31/12/2002	1	Caixa	111.1	800.000	
		Capital Social	23.1		800.000

RAZÃO

CAIXA — Conta nº 111.1

Data	Histórico	Nº de lançamento	DÉBITO	Data	Histórico	Nº de lançamento	CRÉDITO
31/12/2002	Dep. Banco	1	800.000				

CAPITAL SOCIAL — Conta nº 23.1

Data	Histórico	Nº de lançamento	DÉBITO	Data	Histórico	Nº de lançamento	CRÉDITO
				31/12/2002	Investim. de Sérgio	1	800.000

Segundo a natureza de suas operações, a empresa incorre em um número maior ou menor de transações, o que faz o processo contábil também se adaptar a esse ritmo, ou seja, a análise e registro das transações no Diário podem ser mais freqüentes ou menos freqüentes.

O livro Razão apresenta os dados das contas de forma resumida, anotados no livro Diário com a finalidade de manter o saldo de cada conta em particular.

Como verificamos no exemplo acima, o livro Razão faz uma recompilação dos dados anotados no Diário sobre as contas geradas pelas transações, com a finalidade de especificar e manter o saldo de cada conta em particular. Os dados registrados no Razão são permanentemente atualizados.

Quando a empresa tem de elaborar as demonstrações financeiras, talvez a cada mês, a cada trimestre, a cada ano ou outro período relacionado com as necessidades de informação de cada empresa, ela precisa, previamente, preparar um **Balancete de Verificação**, o qual verifica a precisão da escrituração contábil e, ao mesmo tempo, serve de base para a preparação das referidas demonstrações.

A preparação das demonstrações financeiras ocorre no mínimo uma vez por trimestre para empresas de capital aberto, mas pode dar-se em outro período, conforme a conveniência e o interesse da empresa. Essas demonstrações incluem: Balanço Patrimonial; Demonstração do Resultado do Exercício; Demonstração de Lucros ou Prejuízos Acumulados; Demonstração das Origens e Aplicações de Recursos; Demonstração das Mutações do Patrimônio Líquido; Demonstração dos Fluxos de Caixa; e Demonstração do Valor Adicionado.

Abordamos, até aqui, uma síntese do fluxo da escrituração contábil, do evento de origem até as demonstrações financeiras. A seguir, explanaremos mais detalhadamente como se opera o lançamento contábil em cada um dos livros.

4.3.1 Lançamento de Transações no Diário

Para fazer um registro no Diário, é preciso, primeiro, realizar a análise dos efeitos da transação sobre as contas envolvidas e efetuar o lançamento com a informação completa.

Referimo-nos com **lançamento no Diário** ao ato de registrar a transação nesse livro – momento em que se realiza a análise dos efeitos de uma transação sobre as contas e se identifica se elas serão debitadas ou creditadas. Geralmente, a análise é acompanhada de uma explicação.

A forma de organização convencional do Diário inclui o seguinte:

1. A data e o número de identificação do lançamento, feito nas duas primeiras colunas.
2. As contas envolvidas são mostradas na coluna seguinte, *Histórico e Contas*. Os números da conta ou contas a serem debitadas são escriturados na coluna esquerda. Os números da conta ou contas a serem creditadas são escriturados na coluna direita. O lançamento no Diário é seguido de uma narrativa explicativa que pode ser breve ou extensa (Histórico), dependendo da complexidade da transação e do que a administração entenda como informação relevante. Normalmente, as explicações são breves, ficando os detalhes disponíveis nos documentos de suporte.
3. A coluna de *Número de Conta* contém o código designado para cada conta e é usado como referência cruzada para as contas do Razão.
4. Duas colunas são especificadas para registro dos montantes para cada conta: a do *Débito*, localizada à esquerda, e a do *Crédito*, situada à direita. Nenhum sinal de cifrão é usado.

A forma de anotação e registro das transações, descrita acima, pode ser usada em um livro borrador, o qual permite a possibilidade de apresentar rasuras, emendas e outros erros. No entanto, o livro Diário não deve apresentar imperfeições na sua escrituração. Apesar do nível avançado da tecnologia da informação, que permite abolir o uso do borrador, ainda não são todas as empresas que podem lançar mão dessas ferramentas; por isso, o antigo borrador ainda tem seu valor e funciona como um rascunho para a perfeita escrituração do Diário.

O livro Diário não deve apresentar rasuras, emendas e outros erros na sua escrituração.

4.3.2 Lançamento das Transações no Livro Razão

Conforme esclarecemos anteriormente, os registros feitos no livro Diário devem ser transferidos para o livro Razão por meio de lançamentos às contas apropriadas. Para exemplificar, consideremos a **Transação 1** da Mobilfino, que mostra com setas como o crédito foi lançado na conta Caixa.

Lembremos que o Razão tem por finalidade elaborar as contas-T, também conhecidas como razonetes, organizadas como débito do lado esquerdo e crédito do lado direito. É nesse momento que ocorrem as referências cruzadas entre o Diário e o Razão.

O procedimento de utilizar no Razão a mesma numeração ou outra forma de identificação de cada lançamento realizado no Diário também é denominado de **referência cruzada**. Isso permite ao usuário localizar as outras partes das transações sem referência e conhecer como elas iniciaram, viabilizando a correção de erros que, freqüentemente, ocorrem no início do registro da transação. Aqui vale recordar que a numeração referenciada deve sempre obedecer ao estabelecido no Plano de Contas da empresa.

> O procedimento de transferência dos dados para o Razão, com a mesma identificação dos lançamentos feitos no Diário, é denominado *referência cruzada*. Permite a localização da transação desde o início de seu registro.

Esses mecanismos de escrituração contábil tornam-se padrões para a organização e facilitam visualizar a transação em termos da equação do Balanço Patrimonial, bem como de débitos e créditos.

4.3.3 Coluna de Movimento de Saldo

O próximo exemplo mostra uma forma de conta do livro Razão que acrescenta uma coluna adicional para fornecer o *movimento do saldo*. A coluna débito registra as entradas no Caixa, a coluna crédito registra as saídas do Caixa e a coluna "saldo" apresenta o resultado dessa movimentação, atualizando o saldo.

CAIXA — **Nº de Conta 111.1**

Data	Histórico	Ref. Diário	DÉBITO	CRÉDITO	SALDO
31/12/2002	Investimento de Sérgio	1	800.000		
31/12/2002	Depósito Banco	1a		790.000	10.000

Ainda, a escrituração da mesma transação pode ter o seguinte formato:

CAIXA		Nº de Conta 111.1
	(1) 800.000	(1a)790.000
SALDO	10.000	

Dos exemplos acima, observamos que os mesmos lançamentos ao Caixa (ou quaisquer outras contas pertinentes) são feitos independentemente do formato da conta usado: Conta-T ou Movimento de Saldo.

4.3.4 Exemplos de Lançamentos das Transações no Livro Diário e no Livro Razão

OBJETIVO 5
Fixar conceitos mediante exemplos de lançamentos com suas respectivas análises.

Como vimos, as transações são analisadas mentalmente e então "lançadas" no Diário antes de serem transferidas para o Razão. Esse processo pode agora ser estendido às transações da Mobilfino, como uma continuação ao exemplo mostrado do lançamento Nº 1, registrado no Diário e transferido para o Razão.

Transação 1a: Depósito em dinheiro no Banco, R$ 790.000.

Análise: O Ativo "Caixa" é diminuído.
O Ativo "Bancos" é aumentado.

Lançamentos no Diário: depósito em conta corrente do Banco Y.

D – Bancos 790.000

C – Caixa 790.000

Lançamentos de transferência para o Razão

Caixa	
(1) 800.000	
	(1a) 790.000

Bancos	
(1a) 790.000	

Transação 2: Empréstimo Bancário, R$ 200.000.

Análise: O Ativo "Caixa" é aumentado.
O Passivo "Empréstimos" é aumentado.

Lançamentos no Diário: empréstimo para Capital de Giro.

D – Caixa 200.000

C – Empréstimos 200.000

Lançamentos de transferência para o Razão

Bancos	
(1a) 790.000	
(2) 200.000	

Empréstimos	
	(2) 200.000

Transação 3: Estoque adquirido à vista, R$ 290.000.

Análise: O Ativo "Estoque de Mercadoria" é aumentado.
O Ativo "Bancos" é diminuído.

Lançamentos no Diário: compra de dez jogos de sala de jantar.

D – Estoque de Mercadoria 290.000

C – Bancos 290.000

Lançamentos de transferência para o Razão

Estoque	
(3) 290.000	

Bancos	
(1a) 790.000	
(2) -200.000	(3) 290.000

Transação 4: Aquisição de Móveis e Utensílios, R$ 6.000.

Análise: O Ativo "Móveis e Utensílios" é aumentado.
O Ativo "Caixa" é diminuído.

Lançamentos no Diário: compra de Móveis e Utensílios.

D – Móveis e Utensílios 6.000

C – Caixa 6.000

Lançamentos de transferência para o Razão

Caixa	
(1) 800.000	(1a) 790.000
	(4) 6.000

Móveis e Utensílios	
(4) 6.000	

Transação 5: Estoque adquirido a prazo, R$ 110.000.

Análise: O Ativo "Estoque de Mercadoria" é aumentado.
O Passivo "Fornecedores" é aumentado.

Lançamentos no Diário: compra de Mercadoria a prazo.

D – Estoque de Mercadorias 110.000

C – Fornecedores 110.000

Lançamentos de transferência para o Razão

Estoque	
(3) 290.000	
(5) 110.000	

Fornecedores	
	(5) 110.000

A **Transação 5**, da mesma maneira que as transações 1, 2, 3 e 4, é um "lançamento simples" no qual somente as duas contas mostradas são afetadas pela mesma transação. A seguir, vamos apresentar transações que, simultaneamente, originam lançamentos em mais de duas contas.

Transação 6: Equipamentos adquiridos por R$ 30.000, sendo R$ 20.000 à vista e R$ 10.000 a prazo.

Análise: O Ativo "Bancos" é diminuído.

O Ativo "Equipamento" é aumentado.

O Passivo "Fornecedores" é aumentado.

Lançamentos no Diário: compra de seis computadores, com pagamento de R$ 20.000 à vista e R$ 10.000 a prazo.

D – Equipamento	30.000
C – Bancos	20.000
C – Fornecedores	10.000

Lançamentos de transferências para o Razão

Bancos	
(1a) 790.000	(3) 290.000
(2) 200.000	(6) 20.000

Fornecedores	
	(5) 110.000
	(6) 10.000

Equipamento	
(6) 30.000	

Lançamento em **conta composta** significa que mais de duas contas são afetadas por uma única transação.

A **Transação 6** é um lançamento em **conta composta**, o que significa que mais de duas contas são afetadas por uma única transação. Quer as transações sejam simples ou compostas, o total dos lançamentos do lado esquerdo sempre deverá se igualar ao total dos lançamentos do lado direito. O efeito líquido é sempre manter a equação contábil em equilíbrio.

Ativos	=	Passivos + Patrimônio Líquido
+30.000 – 20.000	=	+ 10.000

Transação 7: Venda de computadores por R$ 10.000, a prazo.

Análise: O Ativo "Contas a Receber" é aumentado.
O Ativo "Equipamentos" é diminuído.

Lançamentos no Diário: venda de computadores sem uso.

D – Contas a Receber 10.000

C – Equipamento 10.000

Lançamentos de transferências para o Razão

Contas a Receber	
(7) 10.000	

Equipamento	
(6) 30.000	(7) 10.000

Como vimos, na **Transação 7**, uma conta do Ativo aumenta e outra conta do Ativo diminui. Entretanto, nenhuma conta do Passivo e nenhuma do Patrimônio Líquido é afetada.

Transação 8: Estoque devolvido ao fornecedor pelo valor de R$ 10.000.

Análise: O Ativo "Estoque de Mercadoria" é diminuído.
O Passivo "Fornecedores" também é diminuído.

Lançamentos no Diário: devolução de mercadoria fora da especificação.

D – Fornecedores 10.000

C – Estoque de Mercadoria 10.000

Lançamentos de transferências para o Razão:

Estoque de Mercadoria	
(3) 290.000	(8) 10.000
(5) 110.000	

Fornecedores	
(8) 10.000	(5) 110.000
	(6) 10.000

Transação 9: Pagamento a Fornecedores, R$ 60.000.

Análise: O Ativo "Bancos" é diminuído.

O Passivo "Fornecedores" também é diminuído.

Lançamentos no Diário: pagamento a Fornecedores da mercadoria adquirida a prazo.

D – Fornecedores 60.000

C – Bancos 60.000

Lançamentos de transferências para o Razão:

Bancos	
(1a) 790.000	(3) 290.000
(2) 200.000	(6) 20.000
	(9) 60.000

Fornecedores	
(8) 10.000	(5) 110.000
(9) 60.000	(6) 10.000

Transação 10: Cobrança de Contas a Receber, R$ 10.000.

Análise: O Ativo "Bancos" é aumentado.

O Ativo "Contas a Receber" é diminuído.

Lançamentos no Diário: recebimento de Contas a Receber.

D – Bancos 10.000

C – Contas a Receber 10.000

Lançamentos de transferências para o Razão:

Bancos	
(1a) 790.000	(3) 290.000
(2) 200.000	(6) 20.000
(10) 10.000	(9) 60.000

Contas a Receber	
(7) 10.000	(10) 10.000

4.4 Transações de Receitas e Despesas

OBJETIVO 6
Explicar o processo de lançamento das contas de Receitas e Despesas no contexto de contas-T do Patrimônio Líquido.

No caso das transações relacionadas com as **Receitas** e as **Despesas**, elas possuem lançamentos um pouco mais complicados, porque os valores das receitas, na maioria das vezes, excedem aos dos custos das mercadorias, gerando uma diferença. Essa diferença também precisa ser contabilizada.

Para melhor entendermos isso, é sempre bom lembrar a necessidade de equilíbrio na equação do Balanço Patrimonial, como mostramos a seguir:

ATIVO = PASSIVO + PATRIMÔNIO LÍQUIDO

ATIVO = PASSIVO + CAPITAL SOCIAL + RESERVAS DE LUCROS + LUCROS ACUMULADOS - PREJUÍZOS ACUMULADOS

Conforme estudado no Capítulo 3, a conta Lucros Acumulados será o resultado das Receitas menos as Despesas, desconsiderando-se os dividendos. Portanto, as contas-T podem ser agrupadas como a seguir:

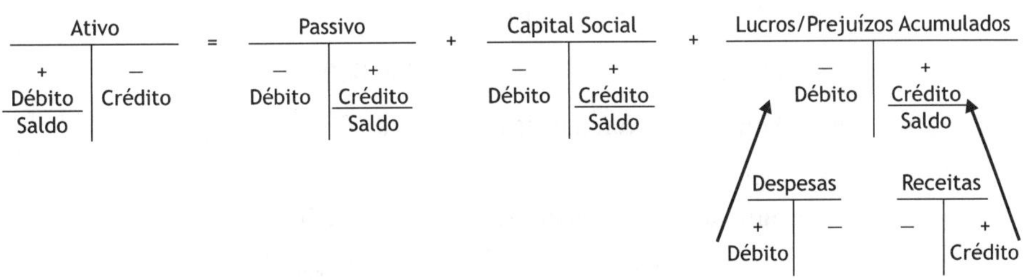

A equação do Balanço Patrimonial pode ser vista, agora, com suas contas na forma de contas-T, em que o saldo do Ativo está alocado no lado esquerdo, uma vez que os lançamentos a débito aumentam o saldo do lado esquerdo do Ativo. Em contraste, o Passivo e o Patrimônio Líquido – este constituído pelo Capital Social + Reservas de Lucros + Lucros Acumulados – têm seus aumentos no lado direito (a crédito). O Prejuízo Acumulado tem seu aumento no lado esquerdo, e a diminuição no lado direito da conta-T.

Devemos ressaltar que as contas de Despesas e Receitas fazem parte da conta Lucros Acumulados. Quanto à conta Receitas, à medida que ela aumentar, os mesmos valores também representarão aumentos na conta Lucros Acumulados. Portanto, qualquer lançamento a crédito nas Receitas essencialmente resultará um lançamento a crédito na conta Lucros Acumulados. No entanto, os aumentos lançados nas contas de Despesas, localizados no lado esquerdo dessa conta (débitos), gerarão as mesmas diminuições na conta Lucros Acumulados, ou seja, quanto mais aumentarem as Despesas, o saldo desse débito será transportado como uma diminuição na conta Lucros Acumulados, conforme foi demonstrado nas contas-T.

As contas de Despesas e Receitas fazem parte da conta Lucros Acumulados.

Aumentos nas contas de Receitas resultarão em créditos na conta Lucros Acumulados.

Aumentos nas contas de Despesas resultarão em débitos e diminuirão a conta Lucros Acumulados.

Transação 11: Vendas à vista, R$ 240.000.

Análise: O Ativo "Caixa" é aumentado.

O Patrimônio Líquido com a "Venda de Mercadorias" é aumentado.

O Ativo "Estoque de Mercadorias" é diminuído.

O Patrimônio Líquido é diminuído pela criação de uma conta de Despesa, denominada **Custo das Mercadorias Vendidas**, gerando um impacto na conta de Lucros Acumulados do Patrimônio Líquido.

Lançamentos no Diário: a Mercadoria, que custou R$ 190.000, foi vendida à vista por R$ 240.000.

D – Caixa 240.000
C – Vendas de Mercadorias 240.000

Lançamentos de transferências para o Razão:

Caixa	
Saldo 4.000	
(11) 240.000	

Vendas de Mercadorias	
	(11) 240.000

A conta Vendas de Mercadorias é aumentada no crédito, ou seja, o lado direito da conta. O lançamento dessa transação aumenta essencialmente a conta **Lucros Acumulados** do Patrimônio Líquido.

Uma vez entregue a mercadoria, isso abre oportunidade para o reconhecimento da diminuição do Estoque e da Despesa representada pelo Custo das Mercadorias Vendidas.

Lançamentos no Diário: baixa do Estoque de Mercadorias.

D – Custo das Mercadorias Vendidas 190.000
C – Estoque de Mercadorias 190.000

Lançamentos de transferências para o Razão:

Estoque de Mercadorias	
(3) 290.000	(8) 10.000
(5) 110.000	(11) 190.000

Custo das Mercadorias Vendidas	
(11) 190.000	

Nessa transação, a conta de Despesas, Custo das Mercadorias Vendidas, aumenta com um débito ou lançamento no lado esquerdo. O efeito é diminuir o saldo da conta Lucros Acumulados, do Patrimônio Líquido.

Se somente uma conta do "Patrimônio Líquido" for usada, teremos:

Patrimônio Líquido	
Diminui 190.000	Aumenta

Se duas contas do Patrimônio Líquido forem usadas:

Patrimônio Líquido			
Capital Social		Lucros Acumulados	
Diminui	Aumenta	Diminui 190.000	Aumenta

Se forem criadas contas de Receitas e Despesas, estas serão confrontadas para produzir um único efeito na conta Lucros Acumulados.

Despesas		Receitas	
Aumenta 190.000	Diminui	Diminui	Aumenta

Resta salientar que as contas de Receitas e Despesas são confrontadas para conhecermos o resultado do período, ou seja, o **Lucro Líquido** ou **Prejuízo Líquido**.

4.4.1 Transações de Pagamento Antecipado e Depreciação

Retomemos o conceito de Pagamento Antecipado, tais como Aluguel Antecipado e Despesas de Depreciação relativas a Ativos que serão consumidos totalmente em uma data futura predeterminada. O movimento contábil deverá refletir o momento do consumo do Ativo quando efetivamente há o reconhecimento dessa despesa; isso gerará as seguintes transações:

Transação 12: Pagamento bimestral de Aluguel Antecipado do armazém, de R$ 3.000, realizado no início de janeiro de 2003.

Análise: O Ativo "Caixa" é diminuído.

O Ativo "Aluguel Antecipado" é aumentado.

Lançamentos no Diário: pagamento de Aluguel Antecipado referente a janeiro e fevereiro.

D – Aluguel Antecipado 3.000
C – Caixa 3.000

Lançamentos de transferências para o Razão:

Caixa		Aluguel Antecipado	
Saldo 4.000 (11) 240.000	(12) 3.000	(12) 3.000	

A **Transação 12** representa a aquisição do Ativo "Aluguel Antecipado" e afeta somente contas da coluna do Ativo – Caixa é diminuída (creditada) e Aluguel Antecipado é aumentada (debitada).

A **Transação 13** representa o consumo subseqüente da metade do Ativo, então reconhecido como uma despesa:

Transação 13: Reconhecimento do consumo dos serviços de Aluguel, R$ 1.500.

Análise: O Ativo "Aluguel Antecipado" é diminuído.
A conta de "Despesas de Aluguéis" é aumentada.

Lançamentos no Diário: reconhecimento da Despesa de Aluguel de janeiro.

D – Despesas de Aluguéis 1.500
C – Aluguel Antecipado 1.500

Lançamentos de transferências para o Razão:

Aluguel Antecipado		Despesas de Aluguéis	
(12) 3.000	(13) 1.500	(13) 1.500	

Lembre-se de que, nesta transação, o efeito do aumento de R$ 1.500 em Despesa de Aluguel é uma diminuição do Patrimônio Líquido no Balanço Patrimonial.

Transação 14: Reconhecimento da despesa de R$ 333 referente a depreciação de Equipamentos.

Análise: Há um aumento da contraconta do "Equipamento". A conta **Depreciação Acumulada** de Equipamentos é aumentada.

A conta de **Despesas de Depreciação** é aumentada, no lado esquerdo.

Lançamentos no Diário: contabilização da depreciação.

D – Despesas de Depreciação 333

C – Depreciação Acumulada 333

Lançamentos de transferências para o Razão:

Despesas de Depreciação	
(14) 333	

Depreciação Acumulada	
	(14) 333

Na **Transação 14**, foi aberta uma conta nova de *Depreciação Acumulada*, cujo saldo representa a soma de toda depreciação acumulada reconhecida desde a data de aquisição dos Ativos específicos descritos. Ela é uma conta separada, mas relacionada com outra e cujo saldo se converte em uma diminuição da conta associada. A Depreciação Acumulada é uma conta **retificadora do Ativo**. Conseqüentemente, mesmo pertencendo ao grupo de contas do Ativo, a conta retificadora apresenta os seus aumentos no lado direito da conta, conforme exemplifica esta transação no Razão.

Depreciação Acumulada é uma conta **retificadora do Ativo** ao qual ela está associada.

Em nossa **Transação 14**, Equipamentos é a conta associada que experimenta uma diminuição pelo valor depreciado em 31 de janeiro de 2003, conforme demonstrado a seguir:

Ativo	Equipamentos	20.000
Retificação do Ativo	Depreciação Acumulada do Equipamento	(333)
Ativo Líquido	Valor Contábil	19.667

O **valor contábil, valor contábil líquido** ou **valor de livro** é definido como o saldo líquido de uma conta mostrada nos livros, já considerada qualquer das contas retificadoras. Em nosso exemplo, o valor contábil do Ativo Equipamentos é de R$ 19.667, o qual representa o custo original de aquisição, R$ 20.000, menos o saldo da conta retificadora da Depreciação Acumulada, R$ 333.

O Balanço Patrimonial, geralmente, informa ambos os custos: o original relativo ao valor de aquisição e o referente à depreciação acumulada no período compreendido nas demonstrações financeiras.

4.5 Preparação do Balancete de Verificação

OBJETIVO 7
Elaborar o Balancete de Verificação, o Balanço Patrimonial e a Demonstração do Resultado do Exercício.

O Balancete de Verificação é uma relação de todos os saldos das contas, com a finalidade de precisar a igualdade entre o total de débitos e o total de créditos.

O processo de registro e lançamento das transações nos livros Diário e Razão se completa com a elaboração do Balancete de Verificação. Como já esclarecemos, essa demonstração visa revisar a precisão com que os lançamentos foram realizados, mediante a verificação de que o total de débitos se iguala ao total de créditos. O balancete se constitui da listagem de todas as contas com seus respectivos saldos. O Balancete de Verificação é um relatório de uso interno que auxilia na preparação das demonstrações financeiras, pelo que pode ser preparado a qualquer tempo, segundo as necessidades da empresa. O Balancete de Verificação pode ser elaborado com várias colunas, apresentando os saldos do período anterior, os movimentos de débitos e créditos e, por fim, os saldos atuais. Certamente, o formato do balancete deve estar de acordo com as necessidades de informações para os tomadores de decisão na empresa.

Para exemplificar, podemos elaborar um balancete da Mobilfino, com encerramento das operações em 31 de janeiro de 2003:

Mobilfino – Balancete em 31 de janeiro de 2003

		SALDO	
Código da Conta	**Título da Conta**	**Devedor**	**Credor**
111.1	Caixa	241.000	
111.2	Bancos Conta Movimento	630.000	
113.1	Estoque de Mercadorias	200.000	
132.4	Móveis e Utensílios	6.000	
132.6	Equipamentos	20.000	
132.7	Depreciação Acumulada		333
114.2	Aluguel Antecipado	1.500	
211.1	Fornecedores		50.000
211.6	Empréstimos Bancários		200.000
231.1	Capital Social		800.000
231.5	Lucros Acumulados		48.167
Total		1.098.500	1.098.500
Contas de Receitas e Despesas do Período			
31.1	Vendas de Mercadorias		240.000
34.1	Custo das Mercadorias Vendidas	190.000	
41.7	Despesas de Aluguéis	1.500	
41.8	Despesa de Depreciação	333	
231.5	Saldo dos Lucros Acumulados		48.167

O balancete torna-se mais detalhado à medida que aumenta o número de contas abertas.

Podemos observar, pelo exemplo exposto, que o balancete apresenta os saldos das contas constantes no Razão, dentro da estrutura do Balanço Patrimonial, listados na ordem de Ativos, Passivos e Patrimônio Líquido. No entanto, para que possa também incorporar o saldo dos Lucros Acumulados, é necessário considerar os saldos das Receitas (créditos) e das Despesas (débitos), como também foi demonstrado no exemplo.

Depois de realizado o Balancete de Verificação e constatada a precisão dos lançamentos contábeis, tem-se o necessário para a elaboração das demonstrações financeiras do período. No caso do exemplo da empresa Mobilfino, já podemos elaborar o Balanço Patrimonial e a DRE, referentes ao período de um mês, recordando que, além do período legal, esses relatórios podem ser feitos segundo a necessidade de uso.

Balanço Patrimonial da Mobilfino em 31 de janeiro de 2003

ATIVO		PASSIVO E PATRIMÔNIO LÍQUIDO	
Caixa	241.000	Passivo:	
Bancos Conta Movimento	630.000	Fornecedores	50.000
Estoque de Mercadorias	200.000	Empréstimos Bancários	200.000
Aluguel Antecipado	1.500		
		Patrimônio Líquido:	
Móveis e Utensílios	6.000	Capital Social	800.000
Equipamentos	20.000	Lucros Acumulados	48.167
Depreciação Acumulada	(333)		
Total do Ativo	1.098.167	Total do Passivo e PL	1.098.167

DRE da Mobilfino, encerrado em 31 de janeiro de 2003

Vendas de Mercadorias		240.000
(-) Custo das Mercadorias Vendidas		(190.000)
= Lucro Bruto		50.000
(-) Despesas de Aluguel	(1.500)	
(-) Despesas de Depreciação	(333)	
Total das Despesas		(1.833)
Lucro Líquido		48.167

Nota: Para simplificação, neste exemplo ignoramos o imposto de renda.

4.6 Ajuste por Erro nos Lançamentos

Como em qualquer tipo de registro, deve sempre ser considerada a possibilidade de erro no lançamento das transações. Caso sejam detectadas incorreções no Diário ou Razão, o contador pode efetuar as correções pertinentes mediante lançamentos de retificação, os quais possibilitam os ajustes necessários, de modo a recuperar o equilíbrio da equação do Balanço Patrimonial.

Os erros detectados podem constituir-se de valor lançado a maior ou a menor; troca ou inversão de contas; erro no histórico; erro por omissão ou duplicidade de lançamento. A retificação de qualquer dos erros de escrituração é feita conforme os exemplos a seguir:

Transação: Gastos com reparação de equipamento, pagos à vista, no valor de R$ 200.

Lançamento efetuado:

D – Equipamento 200

C – Caixa 200

Lançamento de retificação:

D – Gastos de Reparação 200

C – Equipamento 200

O lançamento de retificação mostra um crédito à conta Equipamentos para cancelar ou retificar o erro de débito em Equipamentos. Ademais, o lançamento debita Gastos de Reparação corretamente. Note que o crédito à conta Caixa foi correto e, então, não sofreu alteração.

Transação: Compra de Estoque à vista, pelo valor de R$ 10.000.

Lançamento efetuado:

D – Caixa 10.000

C – Estoque 10.000

Lançamentos de retificação:

a) Estorno do lançamento errado:

D – Estoque 10.000

C – Caixa 10.000

b) Lançamento correto:

D – Estoque 10.000

C – Caixa 10.000

Quando se tratar de lançamento efetuado a maior ou a menor, o lançamento de retificação representará o complemento do lançamento anterior, conforme o exemplo a seguir:

Transação: Venda de mercadorias à vista, pelo valor de R$ 8.000.

Lançamento efetuado:

D – Caixa 800

C – Vendas de Mercadorias 800

Retificação do lançamento a menor: complemento do lançamento anterior por venda de mercadorias à vista.

D – Caixa 7.200

C – Vendas de Mercadorias 7.200

Questões

Q.1 Qual é o método de registro universalmente aceito pela contabilidade?

Q.2 O que é plano de contas de uma empresa?

Q.3 O que significa débito e crédito?

Q.4 Qual a seqüência de ações para o registro das transações que ocorrem em uma empresa?

Q.5 O que é lançamento contábil?

Q.6 Qual o reflexo das despesas no patrimônio líquido da empresa?

Q.7 Qual o reflexo das receitas no patrimônio líquido da empresa?

Q.8 O que é balancete de verificação?

Problemas de Reforço

P.1 Classifique os elementos patrimoniais em: (A) Ativo, (P) Passivo ou (PL) Patrimônio Líquido:

1 – ( ) Impostos a Recolher

2 – ( ) Adiantamento em Dinheiro a Fornecedores

3 – ( ) Bancos Conta Movimento

4 – ( ) Ações de Empresas Controladas

5 – ( ) Veículos

6 – ( ) Adiantamento em Dinheiro de Clientes
7 – ( ) Marcas e Patentes
8 – ( ) Empréstimos Bancários
9 – ( ) Duplicatas a Pagar
10 – ( ) Estoques de Mercadorias
11 – ( ) Duplicatas a Receber
12 – ( ) Salários a Pagar
13 – ( ) Estoques de Matérias-primas
14 – ( ) Fundo de Comércio
15 – ( ) Capital Social
16 – ( ) Reserva Legal
17 – ( ) Lucros Acumulados
18 – ( ) Prejuízos Acumulados
19 – ( ) Títulos a Pagar
20 – ( ) Imóvel de Uso

P.2 Classifique os elementos em: (R) Receitas ou (D) Despesas:

1 – ( ) Aluguéis Recebidos
2 – ( ) Aluguéis Pagos
3 – ( ) Juros Pagos
4 – ( ) Juros Recebidos
5 – ( ) Descontos Obtidos
6 – ( ) Descontos Concedidos
7 – ( ) Vendas de Produtos
8 – ( ) Impostos e Taxas
9 – ( ) Salários e Ordenados
10 – ( ) Seguros de Veículos

P.3 Classifique os elementos patrimoniais em: (AC) Ativo Circulante, (ARLP) Ativo Realizável a Longo Prazo, (AP) Ativo Permanente, (PC) Passivo Circulante, (PELP) Passivo Exigível a Longo Prazo ou (PL) Patrimônio Líquido:

1 – ( ) Caixa
2 – ( ) Aplicações Financeiras (30 dias)
3 – ( ) Equipamentos
4 – ( ) Juros Pagos Antecipados (prazo de um ano)

5 – ( ) Duplicatas a Receber
6 – ( ) Marcas e Patentes
7 – ( ) Clientes (30 dias)
8 – ( ) Despesas de Organização
9 – ( ) Imóveis para Renda
10 – ( ) Imóveis de Uso
11 – ( ) Financiamentos (três anos)
12 – ( ) Promissórias a Receber (três anos)
13 – ( ) Salários a Pagar
14 – ( ) Veículos
15 – ( ) Fornecedores
16 – ( ) Capital Social
17 – ( ) Duplicatas a Pagar
18 – ( ) Estoques de Mercadorias
19 – ( ) Empréstimos Bancários
20 – ( ) Ações de Empresas Controladas

P.4 Uma empresa do ramo de comercialização de equipamentos para hotelaria apresentou o seguinte Balanço Patrimonial, encerrado em 31 de dezembro de 2002:

ATIVO		PASSIVO E PATRIMÔNIO LÍQUIDO	
Caixa	70.000	Fornecedores	200.000
Contas a Receber	60.000		
Estoques de Mercadorias	450.000	Capital Social	280.000
Aluguel Antecipado	6.000	Lucros Acumulados	176.000
Equipamentos	100.000		
(-) Depreciação Acumulada	(30.000)		
TOTAL	656.000	TOTAL	656.000

A seguir, mostramos o resumo das transações que ocorreram durante 2003:

a) Compras de Estoque de Mercadorias a prazo: R$ 100.000.
b) Vendas, todas a crédito: R$ 600.000.
c) Custo das Mercadorias Vendidas (do item b): R$ 300.000.
d) Em 1º de julho de 2003, fez um Financiamento Bancário de R$ 100.000, liberado na conta Bancos Conta Movimento. O Financiamento deverá ser pago no final de 2006. Os juros serão

cobrados anualmente, nos dias 31 de dezembro, a uma taxa de 20% ao ano.

e) Em 1º de julho, pagou-se com dinheiro de Caixa o valor de R$ 10.000 de Aluguel Antecipado da loja.

f) Desembolso de R$ 25.000 para pagamento dos Salários relativos ao mês de novembro (pago com um cheque).

g) Desembolso de R$ 50.000 para pagamento de Propaganda e Publicidade (pago com dinheiro do caixa).

h) Cobranças de Contas a Receber no valor de R$ 400.000.

i) Pagamentos a Fornecedores, em um total de R$ 250.000 (pago com dinheiro de caixa).

Efetuar os seguintes lançamentos contábeis de ajustes em 31 de dezembro de 2003:

j) Contabilização de R$ 6.000 de Aluguéis Antecipados referentes a 2003.

k) Depreciação de Equipamentos de R$ 10.000 em 2003.

l) Contabilização dos Salários no valor de R$ 25.000, relativos a dezembro, efetuada em 31 de dezembro, para ser paga em janeiro de 2004.

m) Pagamento de Juros sobre o Financiamento Bancário de R$ 10.000, debitado em conta corrente da empresa.

Com base nas informações apresentadas, pede-se:

1 – Transportar os saldos do Balanço Patrimonial de 31/12/2003 para as contas-T (razonetes).

2 – Preparar os lançamentos contábeis no Diário.

3 – Fazer os lançamentos no Razão, usando as contas-T.

4 – Preparar o Balancete de Verificação em 31 de dezembro de 2003.

Capítulo 5

Ajustes Contábeis e Preparação de Demonstrações Financeiras

Objetivos do Capítulo

1. Explicar os ajustes no processo de preparação das demonstrações financeiras.
2. Explicar os ajustes e registros no encerramento do ciclo contábil.

No capítulo anterior, fizemos uma introdução à preparação das demonstrações financeiras, e, sendo os ajustes contábeis um assunto importante, neste capítulo ampliaremos a abordagem para explicitar esse procedimento.

Uma etapa anterior ao preparo das demonstrações financeiras no final de cada período é aquela em que o contador efetua os lançamentos de ajustes nos registros contábeis. Algumas transações são realizadas diretamente, identificando uma ação totalmente acabada e cujos registros contábeis se dão ao tempo da ocorrência e não são passíveis de modificação (tais como recebimentos de caixa e desembolsos, compras a crédito e vendas a crédito).

Entretanto, outras transações, em razão da passagem do tempo, precisam ser contabilizadas mediante lançamentos de ajustes no final do período, geralmente quando as demonstrações financeiras estão sendo preparadas.

OBJETIVO 1
Explicar os ajustes no processo de preparação das demonstrações financeiras.

Um exemplo de lançamento de ajuste é a **Provisão**, que se refere à ocorrência de fato que diminui o Ativo ou aumenta o Passivo, mas ela não pode ser medida com exatidão. As provisões são classificadas em:

Provisões do Ativo (funcionam como contas retificadoras):

- Provisão para Créditos de Liquidação Duvidosa (relacionada com créditos de difícil possibilidade de serem recebidos);
- Provisão para Ajuste de Bens ao Valor de Mercado (quando o custo é maior que o preço de mercado);
- Provisão para Perdas Prováveis na Alienação de Investimentos.

Provisões do Passivo:

- Provisão para Férias;
- Provisão para Décimo Terceiro Salário;
- Provisão para Juros;
- Provisão para Contingências;
- Provisão para Gratificação de Empregados e Administradores;
- Provisão para Riscos Fiscais ou Eventuais;
- Provisão para Resgate de Partes Beneficiárias.

Os ajustes contábeis têm grande importância porque ajudam a dar uma completa e exata medida dos esforços, realização e posição financeira da empresa, além de melhorar a confrontação das Despesas com as Receitas do período-base.

5.1 Reconhecimento de Despesa ou Custos Não Consumidos

Com o passar do tempo, alguns custos relacionados com os Ativos expiram e é preciso dar baixa neles. Um exemplo típico é o Seguro Contra Incêndio, cujo custo permanece como um Ativo durante a vigência da apólice, mas, após o vencimento dela, será preciso dar baixa contabilmente ao Ativo, pelo seu valor de livro. Outros exemplos podem ser o reconhecimento da despesa mensal de Aluguel Antecipado e a Despesa de Depreciação.

5.2 Realização de Receitas Recebidas Antecipadamente

Da mesma forma que os custos dos Ativos adquiridos se transformam em despesas ao longo do tempo, algumas receitas são recebidas, portanto realizadas, mas somente serão obtidas e reconhecidas em um tempo futuro quando se concretizar a entrega do produto e/ou serviço objeto da transação. Esse tipo de transação é um recebimento antecipado baseado em algum tipo de contrato de fornecimento de produto e/ou serviço, e dará origem a um lançamento em uma conta no grupo de Resultados de Exercícios Futuros (grupo do Passivo) sempre que houver certeza de que não haverá devolução – o que geralmente está escrito em cláusula contratual.

Há que atentar para o fato de que, se houver custo incorrido na realização dessa receita, esse custo deverá constar na mesma conta, porém como uma dedução. Isso ocorre pela necessidade de respeitar o princípio de confrontação despesas/receitas, o qual só poderá ser efetuado quando a receita for obtida. Portanto, o valor lançado relacionado com a receita realizada, mas ainda não obtida, não fará parte da DRE do período abrangido pela demonstração financeira.

Para fixar melhor o conceito de receitas realizadas mas não obtidas, retomemos a Transação 12, do Capítulo 4, referente a Pagamento Antecipado de Aluguel da Mobilfino, no valor de R$ 3.000, para cobrir dois meses, janeiro e fevereiro, recordando que optamos por realizar demonstrações financeiras mensalmente. Nessa transação, podemos visualizar também o lado do proprietário que aluga o imóvel à Mobilfino, de maneira a aproveitarmos o mesmo exemplo.

A contabilização dessas transações no Diário origina os seguintes lançamentos, para cada uma das empresas envolvidas:

MOBILFINO

D – Aluguel Antecipado 3.000

C – Caixa 3.000

Pagamento de Aluguel relativo a janeiro e fevereiro de 2003.

Balanço Patrimonial encerrado em 31 de janeiro de 2003

	MOBILFINO				LOCADOR			
	ATIVO		Passivo	Patrimônio Líquido	ATIVO	PASSIVO	Patrimônio Líquido	
				Lucros Acumulados			Lucros Acumulados	
	Caixa	Aluguel Antecipado		Despesa de Aluguel	Caixa	Resultado de Exercícios Futuros	Receita	Despesa
Pagto. de aluguel antecipado por dois meses	(-) 3.000	(+) 3.000			(+) 3.000	(+) 3.000		
Pagto. feito pelo locador por Comissão da Imobiliária					(-) 300	(-) 300		
Aluguel consumido em janeiro		(-) 1.500		(-) 1.500		(-) 1.500	(+) 1.500	
Despesa de comissão						(+) 25		(-) 25

D – Despesa de Aluguel 1.500

C – Aluguel Antecipado 1.500

Serviço consumido por aluguel do mês de janeiro.

LOCADOR

D – Caixa 3.000

C – Receita de Aluguel Antecipado (REF) 3.000

Aluguel recebido antecipadamente (receita não obtida).

D – Despesa de Aluguel Antecipado (REF) 300

C – Caixa 300

Pagamento de comissão à imobiliária.

D – Receita de Aluguel Antecipado (REF) 1.500

C – Receita de Aluguel 1.500

Serviço de aluguel prestado em janeiro.

D – Despesa de Comissão de Aluguel 25

C – Despesa de Aluguel Antecipado (REF) 25

Reconhecimento mensal de comissão à imobiliária.

Nota-se que, mesmo sendo um lançamento de receita não obtida a curto prazo, ela é registrada na Conta de Resultados de Exercícios Futuros.

Do ponto de vista do proprietário do imóvel, a transação no primeiro lançamento no Diário reconhece o recebimento da receita antes de ela ser obtida. O saldo que aumenta a conta Caixa é lançado como um *Passivo (REF)*, porque o locador é obrigado a entregar os serviços de aluguel.

Observemos que a primeira transação, tanto da Mobilfino como do Locador, não afeta o Patrimônio Líquido. A receita é reconhecida (obtida) quando os lançamentos de ajustes são feitos ao final do mês. O efeito líquido ocasiona um aumento no Patrimônio Líquido no momento em que a receita é reconhecida.

Uma transação classificada como *receita não realizada* é a referente a Adiantamentos de Clientes pela aquisição de produtos e/ou serviços a serem entregues em uma data futura. A contabilização deve ser feita na conta Adiantamentos de Clientes, do Passivo, pois se constitui em uma obrigação até que o contrato seja finalizado e o produto e/ou serviço seja entregue ao cliente.

5.3 Provisões de Despesas Não Lançadas

Conforme foi explicado, os ajustes são feitos para atualizar cada conta de despesa (e o Passivo correspondente) até a data anterior àquela em que as demonstrações financeiras serão preparadas para, dessa maneira, obter as despesas exatas do período.

Um exemplo desse tipo de provisão pode ser visto quando a Mobilfino remunera seus empregados a cada mês trabalhado, realizando, com isso, um desembolso mensal de R$ 30.000. Essa despesa deverá ser registrada no Balanço Patrimonial no final de cada mês. Aqui e em todos os exemplos seguintes será considerado o período de 30 dias, da seguinte forma:

ATIVO		=	PASSIVO	PATRIMÔNIO LÍQUIDO
	Caixa			Despesas de Salários
Transação: Pagamento de Salários a Empregados	- 30.000			- 30.000

Vamos supor outra situação na qual a Mobilfino faça o pagamento a seus empregados com uma referência diária de R$ 1.000, dentro do período mensal que se inicia no dia 20 de cada mês e termina no dia 19 do mês seguinte, de tal forma que a folha de pagamento deverá ser fechada no dia 20 de cada mês. Como estamos considerando o mês com 30 dias para a preparação do Balanço Patrimonial, conseqüentemente a empresa ficará devendo dez dias de trabalho a seus empregados, que representam R$ 10.000 pelos últimos dias não remunerados.

Além disso, os empregados receberão seus salários no último dia do mês. No entanto, a demonstração que a Mobilfino está preparando deverá considerar apenas os valores do mês, como a transação referente ao pagamento de salários de R$ 30.000, a despesa incorrida nesse mês e também a transação de Provisão de Salários a Pagar, pelo valor de R$ 10.000 não pagos nesse mês, assim como a eliminação da Provisão de Salários a Pagar realizada no mês anterior. Os lançamentos decorrentes deverão ser:

D – Despesas de Salários 20.000
C – Caixa 20.000
Pagamento de salários a empregados.

D – Despesas de Salários 10.000
C – Provisão de Salários a Pagar 10.000
Saldo de salários do mês vigente.

D – Provisão de Salários a Pagar 10.000
C – Caixa 10.000
Pagamento do saldo de salários do mês anterior.

A seguir, demonstramos como essas transações se apresentam no Balanço Patrimonial no final do mês.

ATIVO		=	PASSIVO	PATRIMÔNIO LÍQUIDO
	Caixa		Provisão de Salários a Pagar	Despesas de Salários
Pagamento de Salários	(-) 20.000			(-) 20.000
Ajuste Referente a Salários Não Pagos			(+) 10.000	(-) 10.000
Pagamento de Salários Provisionados	(-) 10.000		(-) 10.000	
Efeito Líquido	(-) 30.000		0	(-) 30.000

Há que ser observado que o lançamento referente ao ajuste de salários não pagos mostra uma despesa que produz um aumento no Passivo, em vez de uma diminuição no Ativo.

5.3.1 Provisão de Juros

Há outros tipos de provisão, tais como: comissões sobre vendas, impostos sobre a propriedade, imposto de renda e os juros remuneratórios por empréstimos. Podemos conceituar "juros" como uma remuneração que se paga pelo tempo de uso do dinheiro emprestado. Os juros se acumulam conforme passa o tempo, independentemente de quando o dinheiro por essa remuneração é pago.

Retomando nosso exemplo da Mobilfino, lembremos que ela fez um empréstimo bancário no valor de R$ 200.000, em dezembro de 2002. Esse valor é chamado de *principal*, ao qual serão adicionados os juros referentes ao prazo de pagamento – neste caso um ano –, a uma taxa anual de 9% (a qual também poderia ser semestral, trimestral ou outro período, conforme estabelecido no contrato de empréstimo).

Como a Mobilfino recebeu o dinheiro em 31 de dezembro de 2002, em 31 de janeiro de 2003 ela deve ao banco pelo serviço de uso desse dinheiro por um mês. O valor é calculado da seguinte forma:

$$(1/12 \times 0{,}09) \times 200.000 = 1.500$$

O custo do uso desse recurso de terceiros é de R$ 1.500 durante o mês de janeiro. Portanto, isso gera a necessidade de fazer um ajuste nesse mês. Uma vez que esse montante não foi efetivamente pago no mês, ele deverá tornar-se um Passivo a ser considerado na conta Provisões de Juros a Pagar. Esse ajuste deverá ser efetuado da mesma maneira que a provisão de salários.

ATIVO	=	PASSIVO	+	PL
		Provisão de Juros a Pagar		Despesa de Juros
Ajuste para Provisionar os Juros Ainda Não Lançados	=	+ 1.500		- 1.500

O lançamento de ajuste no Diário é o seguinte:

D – Despesa de Juros 1.500

C – Provisão de Juros a Pagar 1.500

Juros sobre empréstimo relativos ao mês de janeiro.

Caso o lançamento de ajuste não seja feito, o Passivo ficará subestimado. Com o ajuste, a Mobilfino deverá ao banco, no final de janeiro, R$ 201.500, e não somente R$ 200.000 (o valor do principal). O lançamento de ajuste confrontará a Despesa de Juros no valor de R$ 1.500 com o período no qual ela foi incorrida.

5.4 Provisão de Receitas Não Lançadas

Conforme o princípio do reconhecimento de receitas, as receitas afetam o Patrimônio Líquido no período em que são obtidas, mas nem sempre, ainda, recebidas. A provisão de receitas não lançadas é a imagem oposta da provisão de despesas não lançadas. Os lançamentos de ajustes mostram o reconhecimento das receitas obtidas mas ainda não contabilizadas.

Voltemos ao exemplo do empréstimo bancário da Mobilfino. Em 31 de janeiro a empresa devia R$ 1.500 de juros, que ainda não pagou e por isso o banco obteve a receita do mesmo valor, mas não recebeu o dinheiro. Assim, os lançamentos de ajuste a serem efetuados nessa data são:

	BANCO					MOBILFINO			
	ATIVO	=	P	+	PL	A	=	PASSIVO	PL
	Provisão de Juros a Receber				Receita de Juros			Provisão de Juros a Pagar	Despesas de Juros
Janeiro									
Juros	+ 1.500	=			+ 1.500			+ 1.500	- 1.500

Os lançamentos dos ajustes no Diário são:

BANCO FORNECEDOR DE FUNDOS

D – Provisão de Juros a Receber 1.500

C – Receita de Juros 1.500

MOBILFINO

D – Despesa de Juros 1.500

C – Provisão de Juros a Pagar 1.500

As tarifas ou taxas não faturadas também fazem parte das provisões de receitas e das contas a receber. Por exemplo, os serviços prestados por advogados, contadores, médicos e agências de propaganda que recebem por hora ou durante um mês específico, mas não enviam a fatura até que o contrato seja cumprido na totalidade. Conforme o regime de competência, essas receitas devem ser registradas no mês no qual elas foram obtidas, e não em período posterior.

Para que fique mais claro este assunto, vamos supor que uma empresa de assessoria jurídica obtenha R$ 10.000 por serviços prestados durante janeiro, mas que serão faturados somente em 31 de março. Assim, antes de preparar as demonstrações financeiras do mês de janeiro, é necessário que se façam os lançamentos de ajuste por essa receita não faturada no mês:

ATIVO		=	PASSIVO	+	PL
	Honorários a Receber				Receita de Honorários
Ajuste de Honorários Obtidos	+ 10.000	=			+ 10.000

O lançamento de ajuste no livro Diário será:

D – Honorários a Receber (não faturados) 10.000

C – Receita de Honorários 10.000

Os ajustes apresentados até aqui trataram de exemplificar o processo de fechamento contábil considerando o período mensal. A seguir, vamos nos concentrar em um período mais amplo – o anual ou período fiscal.

5.5 Fechamento do Ciclo Contábil

OBJETIVO 2
Explicar os ajustes e registros no encerramento do ciclo contábil.

Para a elaboração das demonstrações financeiras relativas a cada período fiscal, é necessário que antes se cumpram as etapas do ciclo contábil. Nas demonstrações financeiras realizadas em períodos menores que o fiscal, devem ser efetuados os lançamentos de ajustes. Conseqüentemente, na preparação das demonstrações financeiras de encerramento do exercício fiscal, também é necessário realizar os lançamentos de ajustes para que reflitam a verdadeira situação financeira da empresa.

Para fixar os processos aqui discutidos, relacionamos os passos do ciclo contábil:

1. Balanço Patrimonial (balancete e razão geral) no início do período de referência.
2. Analisar e lançar as transações conforme elas ocorrem.
3. Registrar os lançamentos do livro Diário nas contas apropriadas do livro Razão.
4. Preparar um balancete não ajustado ou uma "folha de trabalho" (opcional).
5. Analisar, lançar e registrar ajustes (e correções).

6. Preparar um balancete de verificação ajustado.
7. Preparar as demonstrações financeiras formais.
8. Fechamento dos livros. Os saldos finais no Balanço Patrimonial tornam-se saldos iniciais para o próximo período.

5.6 Lançamentos de Ajustes no Diário e no Razão

Assim, no final de cada período fiscal, os lançamentos de ajustes que se apresentam na folha de trabalho são registrados no Diário e transferidos para o Razão, de forma que este último forneça dados consistentes para a preparação das demonstrações financeiras. Os lançamentos de ajustes são datados no último dia do período contábil. Portanto, o ciclo contábil tem seu fechamento com a preparação das demonstrações financeiras de encerramento do exercício fiscal.

É importante lembrar que, no caso das Sociedades Anônimas, antes de as demonstrações serem publicadas, elas devem, por força de lei, ser auditadas por auditor(es) independente(s), o que lhes confere maior credibilidade. As demais empresas são liberadas dessa obrigação, mas nada impede que elas também submetam suas demonstrações financeiras a uma auditoria independente, a fim de alcançar a mesma credibilidade.

Devemos recordar que as transações são registradas no Diário e transferidas para o Razão conforme elas ocorrem, e que, ao final do período, esses registros servem de base para a preparação do balancete de verificação. Entretanto, como já explicamos, há transações que se referem a eventos econômicos que serão reconhecidos posteriormente, por isso devem originar outros lançamentos de ajustes; quando estes são realizados, no final do período abrangido pelas demonstrações, é possível ter o *balancete de verificação ajustado.*

Para melhor entendimento dessa mecânica, podemos afirmar que sempre haverá lançamentos de ajustes – nas demonstrações financeiras abrangendo períodos menores que o período fiscal ou nas demonstrações financeiras de encerramento do exercício fiscal.

Assim sendo, os contadores realizam os lançamentos nos livros (Diário e Razão), depois preparam um balancete de verificação para comprovação da precisão dos dados lançados e logo fazem os ajustes e correções das contas para, então, preparar um novo balancete, já ajustado, daquele período. Esse novo balancete servirá de base para a preparação das demonstrações financeiras.

Essa rotina de efetuar os ajustes nos livros e no balancete de verificação é realizada quantas vezes forem necessárias, conforme o período em que a empresa necessitar das demonstrações financeiras. Portanto, também no final do período fiscal é necessário que sejam realizados os ajustes das contas para, só então, preparar as demonstrações financeiras desse período. Assim, ao fechar o período fiscal, também ocorre o correspondente fechamento nos livros, de forma a separá-lo das transações do próximo período contábil. Os saldos finais constantes no Balanço Patrimonial serão os saldos iniciais do próximo período contábil.

Podemos ilustrar, inicialmente, os registros contábeis de ajustes realizados no Diário para a Editora Céu Azul. Depois, faremos as transferências para o Razão, com base nas demonstrações financeiras.

Diário **Página 5**

DATA		Nº	DESCRIÇÃO	DÉBITO	CRÉDITO
			Lançamentos de Ajustes		
31	12	23	Despesas de Suprimentos	5 2 0 00	
		19	Suprimentos		5 2 0 00
31	12	34	Despesa de Aluguel	2 0 0 00	
		35	Aluguel Antecipado		2 0 0 00
31	12	36	Despesa de Depreciação	5 0 00	
		37	Depreciação Acumulada		5 0 00
31	12	29	Despesas de Salários	6 8 00	
		31	Salários a Pagar		6 8 00

5.6.1 Lançamentos de Fechamentos no Diário e no Razão

Conforme podemos observar em nosso exemplo, foram realizados lançamentos para ajustar as contas no final do período. Logo após isso, há que realizar o fechamento das contas, como explicaremos a seguir.

As contas de Receitas e Despesas são contas temporárias empregadas na classificação e resumo das mutações do Patrimônio Líquido durante o período contábil. Os saldos devem ser também removidos das contas temporárias, de forma que elas estarão prontas para uso em dados acumulados para o período contábil seguinte. Ambos os propósitos são realizados por uma série de lançamentos chamados *lançamentos de fechamento.*

A conta-T de Apuração do Resultado do Exercício comporta os saldos das contas Receitas e Despesas. Ela é utilizada somente no final do período contábil, e é aberta e fechada durante o processo de fechamento das contas do período.

Para ilustração, vamos, nesta oportunidade, focar uma empresa individual, para a qual são requeridos quatro lançamentos para fechar as contas temporárias no final do período:

1. Cada conta de receita é debitada pelo valor de seu saldo, e a conta de Apuração do Resultado do Exercício é creditada pelo mesmo valor.
2. As contas de despesas são creditadas pelos valores de seu saldo, e a conta de Apuração do Resultado do Exercício é debitada pelos mesmos valores das despesas. Havendo diferença entre débito e crédito, no caso de as receitas serem maiores, teremos de registrar essa diferença como lucro, para que se equilibre a conta-T.
3. A conta de Apuração do Resultado do Exercício é debitada pelo valor de seu saldo (lucro líquido), e a conta Lucros Acumulados é creditada pelo mesmo valor. Entretanto, se houver um prejuízo líquido, o débito e o crédito serão invertidos.
4. A conta Dividendos a Pagar é creditada pelo valor a ser distribuído (retirado), e a conta de Lucros Acumulados é debitada pelo mesmo valor.
5. A conta Dividendos a Pagar é debitada quando efetuado o pagamento do dividendo, e a conta Caixa é creditada.

Diário **Página 5**

DATA	Nº	DESCRIÇÃO	DÉBITO	CRÉDITO
		Lançamentos de Fechamento		
31/12	41	Receita de Vendas	4 5 4 0 00	
	66	Apuração do Resultado do Exercício		4 5 4 0 00
31/12	66	Apuração do Resultado do Exercício	3 4 7 8 00	
	29	Despesas de Salários		7 0 8 00
	23	Despesas de Suprimentos		5 2 0 00
	34	Despesa de Aluguel		2 0 0 00
	36	Despesa de Depreciação		5 0 00
	27	Custo dos Produtos Vendidos		2 0 0 0 00
	66	Apuração do Resultado do Exercício	1 0 6 2 00	
	68	Lucros Acumulados		9 0 3 00
	71	Imposto de Renda a Pagar	1 5 9 00	
	68	Lucros Acumulados	5 0 0 00	
	70	Dividendos a Pagar		5 0 0 00
	70	Dividendos a Pagar	5 0 0 00	
	10	Caixa		5 0 0 00

Continuando o processo de fechamento do ciclo contábil, realizamos os lançamentos de Fechamento das contas da Editora Céu Azul, no livro Razão:

Receita de Vendas	
4.540	1.960 2.580

Apuração do Resultado	
3.478 **159** **903**	**4.540**

Caixa	
500	

Dividendos a Pagar	
500	**500**

Lucros Acumulados	
500	903

Custo dos Produtos Vendidos	
2.000	**2.000**

Despesas de Salários	
320 320 68	**708**

Despesas de Suprimentos	
520	**520**

Despesa de Aluguel	
200	**200**

Despesas de Depreciação	
50	**50**

Imposto de Renda a Pagar	
	159

Após os lançamentos de fechamento das contas de resultado terem sido realizados, tanto no Diário como no Razão, o saldo na conta de Lucros Acumulados corresponderá aos valores registrados na Demonstração de Lucros ou (Prejuízos) Acumulados e no Balanço Patrimonial. Além disso, as contas de Receita, Despesa e Dividendos a Pagar serão fechadas (em equilíbrio).

Continuando com o processo do ciclo contábil, agora é necessário preparar o balancete de verificação, conforme exemplificado a seguir.

Balancete de Verificação dos lançamentos de fechamento
em 31 de dezembro de 2002

	DÉBITO	CRÉDITO
Caixa	1 0 6 2 00	
Contas a Receber	5 8 5 00	
Suprimento	3 3 3 00	
Aluguel Antecipado	4 0 0 00	
Equipamento	6 0 0 0 00	
Depreciação Acumulada		5 0 00
Contas a Pagar		1 4 0 0 00
Salários a Pagar		6 8 00
Imposto de Renda a Pagar		1 5 9 00
Lucros Acumulados		4 0 3 00
Capital Social		6 3 0 0 00
Total	8 3 8 0 00	8 3 8 0 00

A ilustração do processo de fechamento pode ser feita usando, como exemplo, as demonstrações financeiras da Editora Céu Azul, como a seguir:

Demonstração do Resultado do Exercício encerrado
em 31 de dezembro de 2002
Editora Céu Azul

Receita de Vendas		4.540
Custo das Mercadorias Vendidas		(2.000)
Lucro Bruto		2.540
Salários	708	
Suprimentos	520	
Aluguel	200	
Depreciação	50	
Despesas Totais		(1.478)
Lucro Antes do Imposto de Renda		1.062
Imposto de Renda		(159)
Lucro Líquido		903

Demonstração de Lucros ou Prejuízos Acumulados do
Exercício Encerrado em 31 de dezembro de 2002
Editora Céu Azul

Saldo em 1º de janeiro de 2002	--------
+ Lucro Líquido	903
(-) Dividendos	500
Saldo em 31 de dezembro de 2002	403

Balanço Patrimonial Encerrado em 31 de dezembro de 2002

Editora Céu Azul

ATIVO		
Circulante		
Caixa	1.062	
Contas a Receber	585	
Estoque (Suprimentos)	333	
Aluguel Antecipado	400	
Total do Ativo Circulante		2.380
Permanente		
Equipamento para Impressão	6.000	
(-) Depreciação Acumulada	50	
Total do Ativo Permanente		5.950
Total do Ativo		8.330

PASSIVO		
Circulante		
Fornecedores	1.400	
Provisão de Salários a Pagar	68	
Imposto de Renda a Pagar	159	
Total do Passivo Circulante		1.627
PATRIMÔNIO LÍQUIDO		
Capital Social		6.300
Lucros Acumulados		403
Total do Passivo e do PL		8.330

Quando iniciamos nosso estudo, explicamos que as demonstrações financeiras podem ser preparadas antes do término do exercício fiscal. Assim, elas podem ser permanentemente elaboradas durante o ciclo de vida do negócio. Com isso, durante o ano, a empresa pode preparar várias demonstrações financeiras abrangendo períodos de tempo curtos. Normalmente, após a primeira demonstração financeira, a preparação da segunda terá uma coluna adicional, destinada a relatar os saldos da demonstração anterior, para que esta sirva de base para a atual.

No Capítulo 6, vamos desenvolver a Demonstração de Fluxo de Caixa. Para um dos métodos, constataremos que, para sua elaboração, é necessária a informação relativa ao período anterior.

5.6.2 Fechamento Contábil por Meio Eletrônico

O avanço da tecnologia da informação tem proporcionado muitas facilidades para os profissionais da contabilidade. Existem vários programas de contabilidade disponíveis para os usuários de computador. Os programas fazem praticamente tudo o que os contadores podem fazer pelo sistema manual. O processo de lançamento das transações no Diário e no Razão é realizado pelo computador mediante um simples comando de entrada, e a verificação de erros também é feita automaticamente, conforme uma programação. Ainda, retomando o processo de "fechamento dos livros", há que enfatizar que ele se dá, em grande parte, para controlar os erros de registro. Portanto, com a contabilidade informatizada, esse processo é desnecessário.

Poderíamos deduzir que os métodos manuais de registrar as transações contábeis parecem estar ultrapassados. Entretanto, não compartilhamos totalmente dessa afirmação, por dois motivos. O primeiro, já mencionado: nem todos os contadores são usuários da informática e têm acesso a esses sistemas de contabilidade. O segundo, que acreditamos ser o mais representativo: apesar de todas as facilidades que a máquina e os softwares disponíveis nessa área possam oferecer, sempre haverá a necessidade de efetuar comandos específicos e precisos para que os programas desse tipo trabalhem corretamente. Para isso, é preciso que se conheça toda a rotina contábil, e não somente o que a tela do computador está exibindo, para tomar decisão correta.

Questões

Q.1 Quando ocorre a realização de receitas?

Q.2 Quando as receitas afetam o patrimônio líquido?

Q.3 Por que é necessário efetuar os ajustes contábeis na preparação das demonstrações financeiras?

Q.4 O que é provisão?

Problemas de Reforço

Balancete de Verificação antes dos Ajustes da Empresa ABC Ltda., em 31 de dezembro de 2003:

Código	Contas	Devedor	Credor
111.1	Caixa	69.720	
111.2	Banco Conta Movimento	19.000	
112.1	Duplicatas a Receber	51.000	
113.1	Estoques de Mercadorias	20.000	
114.1	Prêmios de Seguros a Vencer	3.000	
114.2	Aluguéis Antecipados	4.800	
132.2	Edifícios	8.000	
132.3	Depreciação Acumulada		320
132.4	Móveis e Utensílios	12.000	
132.5	Depreciação Acumulada		1.200
211.1	Fornecedores		13.000
211.2	Duplicatas a Pagar		7.000
211.5	Salários a Pagar		5.000
211.6	Empréstimos Bancários		60.000
231.1	Capital Social		50.000
231.5	Lucros Acumulados		2.000
31.1	Vendas de Mercadorias		100.000
32.3	Juros Recebidos		1.000
34.1	Custo das Mercadorias Vendidas	40.000	
41.1	Salários e Ordenados	5.000	
41.4	Comissões sobre Vendas	3.000	
41.5	Propaganda e Publicidade	4.000	
	Total	**239.520**	**239.520**

Pede-se:

1) Transportar os dados do Balancete de Verificação para os Razonetes.

2) Informações Adicionais para os Ajustes Contábeis no Diário e nos Razonetes:

   a) O Prêmio de Seguros a Vencer se refere ao período de um ano. O contrato do seguro foi efetuado em 01/04/2003 (considerar oito meses do exercício atual).

   b) Os Aluguéis Antecipados se referem ao período de 12 meses e foram pagos em 30/06/2003 (considerar seis meses do exercício atual).

   c) Os Edifícios são depreciados à taxa de 4% ao ano.

   d) Os Móveis e Utensílios são depreciados à taxa de 10% ao ano.

   e) Os Empréstimos Bancários foram efetuados em 01/07/2003, e o Banco cobra uma taxa de 5% ao mês (considerar cinco meses do exercício atual, e os juros serão pagos somente na data do vencimento do empréstimo).

f) Efetuar a Provisão para Créditos de Liquidação Duvidosa de 3% sobre as Duplicatas a Receber.
g) Contabilizar os Salários do mês de dezembro que serão pagos no início do mês seguinte.
h) Encerrar as receitas para Apuração do Resultado do Exercício.
i) Encerrar as despesas para a Apuração do Resultado do Exercício.
j) Neste exercício, considerar a Provisão de Imposto de Renda sobre o Lucro Líquido de 15%.
k) Efetuar a Provisão de Dividendos a Pagar de 10% sobre o Lucro Líquido do Exercício.

3) Elaborar o Balancete de Verificação após os Ajustes Contábeis.
4) Elaborar o Balanço Patrimonial em 31/12/2003.
5) Elaborar a DRE em 31/12/2003.
6) Elaborar a Demonstração de Lucros ou (Prejuízos) Acumulados em 31/12/2003.

Capítulo 6

Demonstração do Fluxo de Caixa

Objetivos do Capítulo

1. Explicar os objetivos da Demonstração do Fluxo de Caixa.
2. Uso da equação do Balanço Patrimonial para evidenciar os impactos no Caixa.
3. O método direto na preparação da Demonstração do Fluxo de Caixa.
4. O método indireto na preparação da Demonstração do Fluxo de Caixa.

O propósito da Demonstração do Fluxo de Caixa é reportar as entradas e saídas da conta Caixa durante um determinado período. As atividades operacionais, financeiras e de investimento geram modificações nessa conta, e, para conhecer os motivos dessas mudanças, é necessário elaborar a Demonstração do Fluxo de Caixa.

A Demonstração do Fluxo de Caixa tem as seguintes finalidades:

1) Auxiliar na :

   a) avaliação da geração e uso de caixa pela administração;

   b) predição dos fluxos de caixa futuros;

   c) determinação da habilidade que a empresa tem para pagar juros, dividendos e dívidas, na ocasião de seus vencimentos.

2) Demonstrar a relação do lucro líquido com as mudanças de Caixa no Balanço Patrimonial. Os saldos de Caixa podem diminuir mesmo que haja lucro líquido, e vice-versa.

OBJETIVO 1
Explicar os objetivos da Demonstração do Fluxo de Caixa.

Enquanto o Balanço Patrimonial demonstra a posição financeira de uma empresa em um determinado período, a Demonstração do Fluxo de Caixa e a Demonstração de Lucros ou Prejuízos Acumulados abrangem vários períodos e explicam o motivo das variações do Balanço patrimonial.

A DRE apresentada sob o regime de competência é usada para avaliar a gerência operacional das atividades do dia-a-dia que geram as receitas e as despesas.

Por outro lado, a administração financeira está preocupada em onde obter entradas de caixa (em atividades de financiamento) e como usar o Caixa (em atividades de investimento).

A Demonstração do Fluxo de Caixa reporta resultados tanto da administração financeira quanto da administração operacional, subdividindo-os em três categorias: atividades operacionais, atividades de investimento e atividades financeiras.

Atividades operacionais são as operações do empreendimento que afetam o Ativo Circulante e o Passivo Circulante, assim como a DRE.

Atividades de investimentos envolvem:

1) adquirir ou se desfazer de ativos produtivos de longo prazo, tais como terrenos, prédios e equipamentos;
2) fornecer dinheiro e cobrar esse serviço na qualidade de fornecedor desses fundos;
3) comprar títulos.

Atividades de financiamento envolvem a obtenção de recursos pela tomada de empréstimos de curto e de longo prazos, pela emissão de títulos de dívida de curto e longo prazos e de ações, bem como o pagamento de dividendos aos acionistas.

O quadro a seguir ilustra alguns exemplos de atividades comuns desenvolvidas na empresa e que afetam diretamente a conta Caixa.

Atividades operacionais	
Entradas de caixa	Saídas de caixa
Vendas à vista	Pagamentos a fornecedores
Cobrança de duplicatas a receber	Pagamentos a empregados
Juros e dividendos recebidos	Pagamento de juros e impostos
Outras entradas operacionais	Outros desembolsos operacionais
Atividades de investimento	
Entradas de caixa	Saídas de caixa
Venda de equipamentos, prédios e imóveis em geral	Compra de equipamentos e imóveis
Venda de títulos	Compra de títulos
Recebimento de pagamento por amortização de empréstimos	Desembolso de dinheiro para empréstimo
Atividades de financiamento	
Entradas de caixa	Saídas de caixa
Dinheiro advindo de empréstimo	Pagamentos de amortização de empréstimos realizados
Emissão de títulos de dívida	Pagamento por resgate de títulos de dívida e/ou ações
Emissão de ações	Pagamento de dividendos

A elaboração da Demonstração do Fluxo de Caixa é feita com base nas informações contidas no Balanço Patrimonial e na DRE. Portanto, a seguir, colocamos um exemplo dessas duas demonstrações para que possamos utilizar esses valores para ilustrar a estruturação da referida demonstração.

Balanço Patrimonial encerrado em 31 de dezembro de 2002
Ilustrações S.A.

ATIVO			PASSIVO E PATRIMÔNIO LÍQUIDO		
	2002	2001		2002	2001
Ativo Circulante			Passivo Circulante		
Caixa	16.000	32.000	Fornecedores	80.000	80.000
Estoque	130.000	50.000			
Ativo Permanente			Patrimônio Líquido		
Equipamento	314.000	118.000	Capital Social	380.000	120.000
Total do Ativo	460.000	200.000	Total do Passivo e Patrimônio Líquido	460.000	200.000

Demonstração do Resultado do Exercício encerrado
em 31 de dezembro de 2002
Ilustrações S.A.

Receita de Vendas		200.000
CMV	90.000	
Salários	10.000	
Depreciação	10.000	110.000
Lucro Líquido		90.000

6.1 Cálculo do Fluxo de Caixa das Atividades Operacionais: Método Direto e Método Indireto

Existem duas abordagens de cálculos que demonstram os efeitos de Caixa em transações que afetam a DRE. Na elaboração da Demonstração do Fluxo de Caixa, quando calculamos as cobranças menos os desembolsos operacionais, estamos utilizando o chamado *Método Direto.*

Quando realizamos a elaboração da Demonstração do Fluxo de Caixa pela abordagem do *Método Indireto*, tomamos como ponto de partida o valor demonstrado como Lucro Líquido na DRE. Assim, inicialmente, devemos considerar os valores que, na realidade, não representaram uma saída de caixa, como é o caso da depreciação, de maneira que o Lucro Líquido Acumulado deve ser ajustado pela adição do correspondente montante, para refletir o que ocorre exatamente no que se relaciona ao fluxo de caixa. Por outro lado, outros valores que representaram saídas de caixa ao serem aplicados em Ativos que incrementaram a respectiva conta do Ativo Circulante, mas que pelo regime de competência não puderam ser registrados como despesa por ainda não terem sido consumidos ou vendidos e se manterem em estoque, deverão ser lançados como deduções do Lucro Líquido, uma vez que na DRE eles não foram considerados para a apuração desse lucro, mas efetivamente foram desembolsados pelo Caixa. O mesmo ocorre com aqueles Ativos que, em algum momento, se transformarão em Caixa, como o Contas a Receber, cujos valores devem ser considerados como deduções do lucro líquido, pois ainda não ingressaram no Caixa, mas afetaram essa conta de alguma forma.

Esses ajustes são necessários para que se tenha informação do verdadeiro resultado das operações, considerando-se o que efetivamente ingressa no Caixa e o que efetivamente sai dessa conta.

Retomando as demonstrações da Ilustrações S.A., analisemos, a seguir, as contas que convergem ao Caixa para conciliar os conceitos acima expostos.

A conta Estoque do Balanço Patrimonial de 2002, comparada com 2001, indica uma elevação de R$ 50.000 para R$ 130.000, correspondendo a R$ 80.000. Observando também a conta Fornecedores, podemos visualizar que em 2002 houve uma obrigação adicional contraída pelo valor de R$ 80.000. Portanto, o saldo dessa conta não mudou de um ano para outro. Devemos, então, deduzir que a empresa pagou aos Fornecedores, durante 2002, um total de R$ 170.000, posto que ela terminou 2001 com um saldo de R$ 80.000 na conta Fornecedores, o qual deve ser somado com R$ 90.000 (R$ 80.000 + R$ 90.000 = R$ 170.000). Os R$ 90.000 representam os Custos das Mercadorias Vendidas, lançado na DRE.

No quadro a seguir, pode-se constatar, pelo cálculo por meio do método direto, que o fluxo de caixa decorrente das atividades operacionais de 2002 foi de R$ 20.000, que representam a diferença entre os valores recebidos por cobrança a clientes e os desembolsos de caixa efetuados para salários e fornecedores.

Para calcular o fluxo de caixa pelo método indireto, há a necessidade de reconhecer que a depreciação não constitui uma efetiva saída de caixa, de tal modo que devemos adicioná-la ao lucro líquido do período e, então, deduzir o pagamento no valor de R$ 80.000 do saldo devido aos Fornecedores referente a 2001, que evidentemente foi efetuado durante 2002. Como já foi exposto, tiramos essa conclusão da respectiva conta do Passivo Circulante desses períodos, seguindo o raciocínio de que, tratando-se de dívida de curto prazo, a quitação não poderia exceder o prazo de um ano.

MÉTODO DIRETO			MÉTODO INDIRETO	
Cobrança de Clientes		200.000	Lucro líquido	90.000
Pagamento de Salários	10.000		+ Depreciação	10.000
Pagamento a Fornecedores	170.000	180.000	(-) Fornecedores *	(80.000)
Caixa líquido gerado pelas atividades operacionais		20.000		20.000

* O pagamento para Fornecedores excedeu o valor de R$ 90.000, constante como despesa na DRE.

6.2 Preparação da Demonstração do Fluxo de Caixa

Para continuar com nossa discussão sobre a Demonstração do Fluxo de Caixa, vamos utilizar outras demonstrações um pouco mais detalhadas que nos fornecerão mais elementos de análise.

Balanço Patrimonial do encerramento do exercício em
31 de dezembro de 2002
Empresa Fluidos S.A. (em R$ Mil)

ATIVO			PASSIVO E PATRIMÔNIO LÍQUIDO		
	2002	2001	Passivo	2002	2001
Caixa	45	20	Fornecedores	55	21
Contas a Receber	225	46	Provisão de Salários	20	13
Estoque	28	12			
Total do Ativo Circulante	**298**	**78**	Total de Passivo Circulante	**75**	**34**
			Passivo Exigível a Longo Prazo	90	14
Ativos Permanentes Brutos	468	308			
(-) Depreciação Acumulada	(101)	(88)	Patrimônio Líquido		
Ativos Permanentes Líquidos	**367**	**220**	Capital Social	500	250
Total do Ativo	**665**	**298**	Total do Passivo e PL	**665**	**298**

Demonstração do Resultado do Exercício encerrado em 31 de dezembro de 2002
Empresa Fluidos S.A. (em R$ Mil)

Receita de Vendas		350
(-) Custo das Mercadorias Vendidas	150	
Lucro Bruto		200
Despesas de Salários	40	
Depreciação	13	
Juros	2	
(-) Total das Despesas		(55)
Lucro Antes do Imposto de Renda		145
(-) Imposto de Renda		(58)
Lucro Líquido		87

O ponto de enfoque da Demonstração do Fluxo de Caixa é que a mudança líquida refletida na conta Caixa é decorrente das entradas e saídas do caixa, geradas por atividades operacionais, de investimento e de financiamento. Para efeito, vamos considerar a conta Caixa das demonstrações de dois períodos, ilustrada anteriormente na variação das contas do Ativo, no qual se verifica um aumento líquido do Caixa no valor de R$ 25.000.

6.2.1 Prepararação da Demonstração do Fluxo de Caixa pelo Método Direto

OBJETIVO 2
Uso da equação do Balanço Patrimonial para evidenciar os impactos no Caixa.

O Balanço Patrimonial serve de marco conceitual para as demonstrações financeiras, incluindo a Demonstração do Fluxo de Caixa. Assim, a equação do Balanço Patrimonial

Ativo = Passivo + Patrimônio Líquido

pode ser reestruturada da seguinte maneira, para deixar em evidência a conta Caixa:

Caixa + Outros Ativos = Passivo + Patrimônio Líquido

Caixa = Passivo + Patrimônio Líquido - Outros Ativos

Usaremos as seguintes abreviaturas para representar os elementos que constituem esta última equação:

Caixa = P + PL - OA

Como já explicamos amplamente, o equilíbrio exigido pela equação implica que qualquer mudança no Caixa deve ser acompanhada pela mudança em um ou mais itens do lado direito da equação. Conseqüentemente, qualquer mudança no Caixa deve ser igual a qualquer mudança nas contas que não constituem Caixa. Com isso, a fórmula do Balanço Patrimonial em equilíbrio, considerando as mudanças, é a seguinte:

$$\Delta C = \Delta P + \Delta PL - \Delta OA$$

O lado esquerdo da equação mede o efeito das mudanças operadas no Caixa em um período determinado, as quais são geradas pelas mudanças ocorridas nas contas do lado direito da equação. O comportamento das contas, dentro dessa perspectiva, é o que fundamenta a Demonstração do Fluxo de Caixa.

Continuando com a explicação sobre a elaboração da Demonstração do Fluxo de Caixa, inicialmente precisamos fazer uma relação das transações que ocorreram no período para, então, revisar e identificar as que guardam semelhança entre si, a partir das contas do Razão, utilizando o exemplo da Empresa Fluidos S.A.:

1. Receita de Vendas: R$ 350.000
2. Cobrança dos Clientes: R$ 171.000
3. Reconhecimento do Custo das Mercadorias Vendidas: R$ 150.000
4. Compras de Estoque a Crédito: R$ 166.000
5. Pagamento a Fornecedores: R$ 132.000
6. Reconhecimento de Despesas de Salários: R$ 40.000
7. Pagamento de Salários: R$ 33.000
8. Reconhecimento de Juros Provisionados e Pagos: R$ 2.000
9. Reconhecimento e Pagamento de Impostos: R$ 58.000
10. Reconhecimento de Despesa de Depreciação: R$ 13.000
11. Aquisição de Ativos Permanentes em Dinheiro: R$ 160.000
12. Emissão de Título de Dívida de Longo Prazo: R$ 76.000
13. Declaração e Pagamento de Dividendos: R$ 50.000
14. Aumento do Capital Acionário Ordinário somado aos Lucros Acumulados: R$ 213.000

Já discutimos que a DRE representa os esforços operacionais da empresa, de tal forma que será necessário analisar suas contas quanto ao seu impacto na conta Caixa.

Contas relacionadas com Receitas

Geralmente, inicia-se com a identificação das Receitas de Vendas que, efetivamente, representaram caixa. Para isso, considera-se o valor total

OBJETIVO 3
O método direto na preparação da Demonstração do Fluxo de Caixa.

das Receitas de Vendas da DRE e as mudanças evidenciadas no Balanço Patrimonial.

O quadro a seguir ilustra as duas formas de obtenção do valor efetivo recebido dos clientes e que ingressou no Caixa – que, no caso específico da Empresa Fluidos, corresponde a R$ 171.000

CÁLCULO DETALHADO		CÁLCULO SINTÉTICO	
Vendas	350.000		
Contas a Receber iniciais	+ 46.000		
Cobranças potenciais	396.000	Vendas	350.000
Contas a Receber finais	-225.000	Diminuição (aumento) em Contas a Receber	(179.000)
Cobranças dos clientes	171.000	Cobranças dos clientes	171.000

Devemos apreciar, no cálculo detalhado, que consideramos o saldo das Contas a Receber do início do período adicionado às vendas ocorridas durante o período, e, a seguir, deduzimos o saldo final dessas Contas para, assim, obtermos o saldo de todas aquelas transações de vendas que se converteram em Caixa.

Outra forma de cálculo, o sintético, considera que Contas a Receber teve uma variação de R$ 179.000. Esse aumento em Contas a Receber significa que esse valor não ingressou no Caixa, de tal maneira que a quantia deve ser deduzida do total de Receitas de Vendas do período para que reflita a verdadeira situação do Caixa.

Contas relacionadas com Despesas

O seguinte item que consta na DRE se refere à conta Custo das Mercadorias Vendidas. No entanto, as contas relacionadas com essa despesa envolvem o valor comprado e efetivamente consumido no período.

Visualizando na DRE, R$ 150.000 são relativos ao Custo das Mercadorias Vendidas e registrados de acordo com o regime de competência. Outros R$ 28.000, que constam como saldo final do Estoque mostrado no Balanço Patrimonial, ainda permanecem como custo, indicando que o total de Estoque manejado durante o período foi de R$ 178.000. Além disso, como podemos observar na tabela abaixo, é necessário considerar o Estoque que havia no início do período para chegar ao valor que efetivamente foi comprado dentro do período.

Estoque no final do período	28.000
+ Custo das Mercadorias Vendidas	150.000
Estoque em conta	178.000
- Estoque inicial	(12.000)
Compras de Estoque	166.000

Até aqui, chegamos a identificar o valor de compras realizadas, correspondente a R$ 166.000. Devemos lembrar que, no início do período, havia um saldo de obrigação com Fornecedores, o qual, adicionado às compras do período, resulta no total dessas obrigações. Então, para determinar o valor que representou desembolso de Caixa pelo pagamento dessas mercadorias, será necessário confrontar com o saldo dessas obrigações no final do período, conforme o seguinte quadro:

Obrigação com Fornecedores início do período	21.000
+ Compras de Estoque do período	166.000
Total das Obrigações com Fornecedores	187.000
(-) Fornecedores – final do período	(55.000)
Pagamento a Fornecedores feito por Caixa	132.000

Conseqüentemente, as compras realizadas no período totalizaram R$ 166.000, dos quais foram efetuados pagamentos a Fornecedores no valor de R$ 132.000.

Os efeitos da conta Estoque de Mercadorias e da conta Fornecedores podem ser combinados da seguinte maneira:

Custo das Mercadorias Vendidas	150.000
Aumento (diminuição) em Estoque	16.000
Diminuição (aumento) na Conta Fornecedores	(34.000)
Pagamento a Fornecedores	132.000

O mesmo procedimento utilizado com a Conta Estoque deverá ser realizado com a conta Salários a Pagar, na qual se devem considerar os valores do início do período e o saldo no final do período.

Observamos no Balanço Patrimonial que havia uma Provisão de Salários a Pagar, no início do período, no valor de R$ 13.000. A esse saldo, foi acrescentado o valor correspondente às Despesas com Salários durante o período, totalizando R$ 40.000. No final do período, portanto, o valor de Salários a Pagar foi de R$ 53.000. Entretanto, foi realizado, por meio do Caixa, o pagamento correspondente a Salários, no valor de R$ 33.000, resultando em um saldo de R$ 20.000 no final do período – mostrado na Conta Provisão para Pagamento de Salários.

O pagamento com Caixa a empregados foi de apenas R$ 33.000 porque a Despesa de Salários, de R$ 40.000, ultrapassava nesse valor o aumento de R$ 20.000 na Conta de Provisão para Pagamento de Salários, conforme demonstrado no quadro a seguir.

Ainda contamos, nas atividades operacionais, com os valores referentes aos juros e aos impostos, os quais tiveram saldos zero no início do atual período e zero no final desse período. Disso se conclui que as Despesas de Juros, de R$ 2.000, e os Impostos a Pagar, de R$ 58.000, ambas adquiridas no atual período, foram pagas em 2002.

CÁLCULO DETALHADO		CÁLCULO SINTÉTICO	
Provisão para Pagamento de Salários – início do período	13.000		
+ Despesas com Salários	40.000		
Total a ser pago	53.000	Despesa de Salários	40.000
- Provisão para Pagamento de Salários – final do período	(20.000)	Diminuição (aumento) da Provisão para pagamento de Salários	(7.000)
Pagamentos efetuados por Caixa a empregados	33.000	Pagamentos efetuados por Caixa a empregados	33.000

Agora, com os dados obtidos, aplicamos a equação do Balanço Patrimonial, que evidencia a conta Caixa, e obtemos a demonstração das variações das contas no período, a partir das atividades operacionais, de investimento e financiamento.

Aplicação Conceitual da Fórmula do Balanço Patrimonial que Evidencia a Conta Caixa

	Δ CAIXA	=	ΔP	+ΔPL	-ΔAO
ATIVIDADES OPERACIONAIS:					
Vendas a Prazo		=		+350	-(+350)
Cobrança dos Clientes	+171	=			-(-171)
Custo das Mercadorias Vendidas		=		-150	-(-150)
Compra de Estoque a crédito		=	+166		-(+166)
Pagamentos a Fornecedores	-132	=	-132		
Despesas de Salários			+ 40	-40	
Pagamento de Salários	-33		-33		
Despesas de Juros	-2			-2	
Impostos	-58			-58	
Caixa Líquido gerado pelas atividades operacionais	**-54**				
Despesas que não saíram do caixa:					
Depreciação				-13	-(-13)
Lucro Líquido				+87	
ATIVIDADES DE INVESTIMENTO:					
Compras de Ativos Permanentes	-160[a]				-(+160)
ATIVIDADES DE FINANCIAMENTO:					
Emissão de dívida de longo prazo	+76		+76		
Nova emissão de ações ordinárias	+213[b]			+213	
Pagamento de Dividendos	-50			-50	
Mudanças líquidas	+25		+117	+250	-(+342)

[a] R$ Δ em ativos permanentes líquidos = compra de ativos alienação depreciação do período.
No caso da Empresa Fluidos, essa equação pode ser reescrita da seguinte forma:
Compra de ativos permanentes = R$ Δ em ativos permanentes líquidos + depreciação.
Compra de ativos permanentes = R$ 147 + R$ 13 = R$ 160.

[b]

R$Δ do Capital Social + Lucros Acumulados	=	Nova emissão de ações ordinárias	+	Lucro Líquido disponível aos acionistas ordinários	-	Dividendos
250	=	Nova emissão	+	87		50

250 - 87 + 50 = nova emissão de ações ordinárias.
Nova emissão de ações ordinárias = 213.

Nessa aplicação conceitual da equação do Balanço Patrimonial que evidencia a conta Caixa, visualizamos passo a passo a variação de R$ 25.000

no Caixa, de um período a outro, identificada no Balanço Patrimonial da Empresa Fluidos S.A.

Demonstração do Fluxo de Caixa
Empresa Fluidos S.A. (R$ Mil)
31 de dezembro de 2002

FLUXOS DE CAIXA DAS ATIVIDADES OPERACIONAIS		
Cobrança de Clientes		171
Pagamentos em dinheiro:		
Fornecedores	132	
Salários	33	
Juros	2	
Impostos	58	
Total de pagamentos em dinheiro		(225)
Caixa Líquido gerado pelas atividades operacionais		**(54)**
FLUXOS DE CAIXA DE ATIVIDADES DE INVESTIMENTO:		
Compras de Ativos Permanentes	(160)	
Caixa Líquido gerado pelas atividades de investimento		**(160)**
FLUXOS DE CAIXA DE ATIVIDADES DE FINANCIAMENTO:		
Recursos da emissão de dívida de longo prazo	76	
Recursos de emissão de ações ordinárias	213	
Pagamento de Dividendos	(50)	
Caixa Líquido gerado pelas atividades de financiamento		**239**
Aumento Líquido em Caixa		**25**
Caixa em 31 de dezembro 2001		**20**
Caixa em 31 de dezembro 2002		**45**

6.2.1.1 As Atividades Operacionais da Demonstração do Fluxo de Caixa

Pelo regime de competência, as despesas e as receitas são reportadas na DRE. A maioria delas está associada às contas do Ativo ou do Passivo; portanto, os efeitos dessas transações no Caixa dependem das mudanças nas respectivas contas do Balanço Patrimonial. O método indireto na perspectiva do regime de competência ajusta os valores dessas mudanças nos saldos das contas.

Agora que já conhecemos como a Demonstração do Fluxo de Caixa deve ser elaborada, vamos analisar a DRE enfocando os Ativos não relacionados com Caixa e os Passivos relacionados com essa conta.

DEMONSTRAÇÃO DO RESULTADO	ATIVOS RELACIONADOS QUE NÃO REPRESENTAM CAIXA	PASSIVOS RELACIONADOS COM CAIXA
Receita de Vendas	Contas a Receber*	Receita Não Obtida
Custo das Mercadorias Vendidas	Estoque de Mercadorias**	Fornecedores
Despesas de Salários	Salários Antecipados	Salários a Pagar
Despesa de Aluguel	Aluguel Antecipado	Aluguel a Pagar
Despesa de Seguro	Seguro Antecipado	Seguro a Pagar
Despesa de Depreciação	Instalações, Propriedade ou Equipamento	
Despesa de Amortização	Ativo Intangível	

O quadro anterior relaciona as contas que devem compor a DRE, de maneira geral. A seguir, vamos aplicar as contas que utilizamos nas demonstrações financeiras da Empresa Fluidos S.A.

DRE	2002	Δ Ativo - Aumenta + Diminui	ΔPassivo + Aumenta - Diminui	Dem. Fluxo Caixa
Receita de Vendas	350.000	(179.000)*		= 171.000
CMV	(150.000)	(16.000)**	34.000	= (-132.000)
Despesas de Salários	(-40.000)		7.000	= (-33.000)
Despesa de Juros	(-2.000)			= (-2.000)
Imposto de Renda	(58.000)			= (58.000)
Depreciação	(13.000)	13.000		
	87.000	(182.000)	41.000	= -54.000

6.2.1.2 Atividades de Investimento da Demonstração do Fluxo de Caixa

Outro item da Demonstração do Fluxo de Caixa se refere aos Fluxos relacionados com as atividades de investimento da empresa. Essas atividades envolvem as transações de compra e venda de instalações, propriedades, equipamentos e outros ativos de longa vida, que somente ingressam à conta Caixa quando o valor da venda é recebido ou quando há um desembolso de dinheiro para o pagamento da compra realizada.

Para preparar o fluxo de caixa das atividades de investimento, é preciso ter conhecimento das atividades do período. Às vezes, é necessário usar a informação incompleta disponível para, então, encontrar a parte desconhecida. Em nosso exemplo da Empresa Fluidos S.A., verificamos, por meio da lista das transações realizadas em 2002, que houve aquisição de Ativos Permanentes, pagos por caixa, no valor de R$ 160.000.

Por outro lado, qualquer incremento em Ativos Permanentes durante o período corresponderá ao valor de aquisição, desconsiderando-se a depreciação (a qual não afeta o Caixa). No entanto, caso haja alguma venda de Ativos Permanentes, o valor recebido pela transação deverá ser deduzido do saldo desses Ativos.

ATIVIDADES DE INVESTIMENTO		
Compras de Ativos Permanentes	(160)	
Caixa Líquido gerado pelas atividades de investimento		(160)

6.2.1.3 Atividades de Financiamento da Demonstração do Fluxo de Caixa

O fluxo de caixa das atividades de financiamento indica os incrementos ao Caixa provenientes de fornecedores de fundos e os desembolsos nessa conta destinados ao pagamento a esses fornecedores.

ATIVIDADES DE FINANCIAMENTO		
Recursos da emissão de dívida de longo prazo	76	
Recursos da emissão de ações ordinárias	213	
Dividendos pagos	(50)	
Caixa Líquido gerado pelas atividades de financiamento		239

Analisando o Balanço Patrimonial da Empresa Fluidos S.A., detectamos que a dívida de longo prazo aumentou em R$ 76.000, pois o período dessa obrigação iniciou com R$ 14.000 e finalizou com R$ 90.000.

O aumento de R$ 213.000 em recursos de emissão de ações ordinárias pode ser explicado por três fatores: 1) emissão de capital acionário, 2) lucro líquido (ou prejuízo) e 3) dividendos pagos. Portanto, esse aumento pode ser representado pela fórmula

Aumento no Capital Social adicionado aos Lucros Acumulados = Nova Emissão de Ações + Lucro Líquido - Dividendos Pagos

Observamos que tanto a emissão de novas ações como o pagamento de dividendos em moeda corrente são atividades de financiamento que afetam o fluxo de caixa.

6.2.2 Atividades de Investimento e de Financiamento que Não se Relacionam com Caixa

No exemplo que usamos, a Empresa Fluidos S.A. não teve nenhuma atividade de investimento e de financiamento que não estivesse relacionada com Caixa. Mas vamos supor que a empresa tenha realizado as seguintes atividades:

1. Aquisição de um galpão para instalação dos equipamentos, no valor de R$ 1.500.000, por meio da emissão de ações ordinárias.
2. A dívida de longo prazo de R$ 90.000 foi convertida em ações ordinárias em razão das cláusulas contratuais do Título de Dívida.
3. Aquisição de um equipamento, mediante a subscrição de títulos de dívida de longo prazo, pelo valor de R$ 300.000.

Esses tipos de transações e outras similares não se relacionam com a conta Caixa e aparecerão evidenciadas no Balanço Patrimonial do correspondente período, mas de nenhuma forma poderão ingressar na Demonstração do Fluxo de Caixa.

Nossa discussão a respeito do desenvolvimento da Demonstração do Fluxo de Caixa colocou em evidência as transações provenientes das atividades operacionais, das atividades de investimento e das atividades de financiamento que a empresa realizou durante o período. Dentro dessas atividades, ressaltamos os efeitos produzidos no Caixa.

6.3 Preparação do Fluxo de Caixa pelo Método Indireto

OBJETIVO 4
O método indireto na preparação da Demonstração do Fluxo de Caixa.

O método indireto de elaboração da Demonstração do Fluxo de Caixa trata da reconciliação do Lucro Líquido ao Caixa Líquido gerado pelas operações da empresa.

Quando analisamos o Balanço Patrimonial de uma empresa, podemos nos deparar com sua posição financeira, em uma data específica, com um saldo de Caixa drasticamente menor do que o constante no início do período. Já na DRE há a possibilidade de encontrarmos um resultado líquido bastante considerável. Uma pergunta fica por responder: se o lucro líquido da empresa foi alto, por que o caixa aparece com um volume tão baixo? A resposta não é muito simples: requer um certo raciocínio para entender como as contas se comportam durante o período e como seus saldos se apresentam. É necessário ter conhecimento de como os saldos dessas contas podem ser aplicados para melhorar o resultado financeiro da empresa.

Quando abordamos o lucro líquido, devemos recordar que esse volume de dinheiro pode ser usado para pagar os dividendos declarados, resgatar dívidas ou recomprar ações – transações que, apesar de diminuírem o saldo da conta Caixa, ajudam a empresa a ter um melhor posicionamento financeiro, uma vez que, com suas obrigações reduzidas, abrem-se maiores possibilidades para empreender qualquer expansão.

Outra observação importante repousa na Demonstração do Fluxo de Caixa, quando consideramos a depreciação como despesa. Na realidade, esse item não representa uma saída do Caixa, por isso deve ser adicionado ao Lucro Líquido quando elaboramos essa demonstração.

Se o saldo final de Caixa for menor que o saldo inicial, temos de analisar se houve aumentos em Ativos Circulantes ou outros que não o Caixa, tais como Estoques e Contas a Receber. Isso provoca uma diminuição no Caixa, mas não representa que a empresa está sem recursos; apenas indica que os recursos estão amarrados e, em um futuro próximo, se converterão em Caixa. Do mesmo modo, quando há diminuições nessas contas, é porque esses Ativos se converteram em dinheiro e, portanto, aumentaram o Caixa.

Se analisarmos o comportamento dos Passivos Circulantes, podemos fazer as seguintes afirmações:

- Aumentos em Passivo Circulante (como na conta Fornecedores) aumentam o Caixa, na medida em que não há um desembolso imediato para os fornecedores que, nesse momento, estão concedendo crédito à empresa.

- Diminuição no Passivo Circulante traz como efeito adicional uma diminuição no Caixa, pois este deve ser utilizado para pagar os fornecedores, o que afeta o seu saldo final.

Outras transações que afetam o saldo final da conta Caixa se relacionam com a compra e venda de Ativos Permanentes. A compra de um Ativo à vista diminui o Caixa, enquanto a sua venda à vista tem o efeito inverso, ou seja, aumenta o saldo dessa conta.

Ainda há que se lembrar dos títulos de dívida e das ações em circulação, os quais podem ser vendidos ou resgatados também por meio do Caixa. Uma nova emissão de títulos ou ações é utilizada para levantar fundos, os quais ingressam no Caixa e, portanto, aumentam o seu saldo.

Por outro lado, o saldo disponível em Caixa também pode ser usado para pagamento de dívidas e para recompra das ações, em cujos casos, evidentemente, teremos uma baixa no saldo final.

Essa interpretação dos saldos inicial e final do Caixa, reportados no Balanço Patrimonial, e do Lucro Líquido, constante na DRE, pode ser claramente visualizada na Demonstração do Fluxo de Caixa, pois nela são identificadas as transações, passo a passo, para que se possa encontrar os elos que não são facilmente visíveis nas outras demonstrações financeiras.

Desta forma, pelo método indireto, a preparação da Demonstração do Fluxo de Caixa começa evidenciando o Lucro Líquido. A seguir, os aumentos ou diminuições são feitos pelas mudanças ocorridas nos respectivos Ativos e Passivos, ou seja, pelos itens que afetam o Lucro Líquido e o Fluxo Líquido de Caixa. Para demonstrarmos essa reconciliação, vamos utilizar os dados da Empresa Fluidos S.A., com os quais já estamos familiarizados – por isso será mais fácil a assimilação dos conceitos.

Vamos começar revisando as variações nas contas apresentadas no Balanço Patrimonial da Fluidos S.A.:

Variação das contas do Ativo entre o início e o final do período:

ATIVO			
	VARIAÇÃO	2002	2001
Caixa	25	45	20
Contas a Receber	179	225	46
Estoque	16	28	12
Total do Ativo Circulante	220	298	78
Ativos Permanentes Brutos	160	468	308
(-) Depreciação Acumulada	(13)	(101)	(88)
Ativos Permanentes Líquidos	147	367	220
Total do Ativo	367	665	298

Variação das contas do Passivo e Patrimônio Líquido entre o início e o final do período:

PASSIVO E PATRIMÔNIO LÍQUIDO			
	VARIAÇÃO	2002	2001
Fornecedores	34	55	21
Provisão para Pagamento de Salários	7	20	13
Total do Passivo Circulante	41	75	34
Passivo Exigível a Longo Prazo	76	90	14
Capital Social	250	500	250
Total do Passivo e PL	367	665	298

Com as variações evidenciadas e considerando os dados constantes na DRE da Fluidos S.A., vamos elaborar a Demonstração do Fluxo de Caixa pelo método indireto, para o qual enfocaremos as transações que afetam o Caixa, dentro das atividades operacionais, de investimento e de financiamento, a partir do Lucro Líquido do período.

DEMONSTRAÇÃO DO FLUXO DE CAIXA PELO MÉTODO INDIRETO		
FLUXOS DE CAIXA DAS ATIVIDADES OPERACIONAIS		
Lucro líquido		**87**
Ajustes para reconciliar o lucro líquido ao caixa líquido gerado pelas atividades operacionais:		
Depreciação	13	
Aumento líquido em Contas a Receber	(179)	
Aumento líquido em Estoque	(16)	
Aumento líquido em Fornecedores	34	
Aumento líquido em Provisão para Pagamento de Salários	7	
Total de adições e deduções		(141)
Caixa líquido gerado pelas atividades operacionais		(54)
FLUXOS DE CAIXA DE ATIVIDADES DE INVESTIMENTO		
Compras de Ativos Permanentes	(160)	
Caixa líquido gerado pelas atividades de investimento		(160)
FLUXOS DE CAIXA DE ATIVIDADES DE FINANCIAMENTO		
Recursos da emissão de dívida de longo prazo	76	
Recursos de emissão de ações ordinárias	213	
Pagamento de Dividendos	(50)	
Caixa líquido gerado pelas atividades de financiamento		239
Aumento líquido em Caixa		25
Caixa em 31 de dezembro 2001		20
Caixa em 31 de dezembro 2002		45

Questões

Q.1 Quais os principais objetivos da demonstração do fluxo de caixa?

Q.2 Qual a principal finalidade da Demonstração do Resultado do Exercício?

Q.3 Relacione cinco eventos econômicos das atividades operacionais da demonstração do fluxo de caixa.

Q.4 Relacione três eventos econômicos das atividades de financiamento da demonstração do fluxo de caixa.

Q.5 Qual a diferença entre a demonstração do fluxo de caixa pelo método direto e indireto?

Problemas de Reforço

P.1 Prepare a Demonstração do Fluxo de Caixa, pelo método direto, da Brilho S.A., empresa fabricante de lâmpadas que apresenta no Balanço Patrimonial, em 31 de dezembro de 2001, um saldo de caixa de R$ 69.000 e um Lucro Líquido, em 31 de dezembro de 2002, de R$ 518.000. As transações que afetaram o Lucro ou o Caixa são as seguintes:

1. Venda a prazo no valor de R$ 2.000.000. Cobrança dos clientes representou R$ 1.875.000.
2. O Custo das Mercadorias Vendidas foi de R$ 1.000.000. A compra de Estoque totalizou R$ 1.063.000.
3. Realizou pagamento a Fornecedores no valor de R$ 1.031.000.
4. A Provisão de Salários foi de R$ 238.000. Pagamento de Salários em dinheiro representou R$ 250.000.
5. A Despesa de Depreciação foi de R$ 56.000.
6. Desembolso de Caixa para pagamento de juros: R$ 14.000.
7. Despesas de Aluguel: R$ 125.000.
8. Provisão para Impostos: R$ 50.000. Pagamento de Imposto de Renda: R$ 44.000.
9. Compra de Equipamento à vista: R$ 544.000.
10. Emissão de títulos de longo prazo: R$ 138.000.
11. Pagamento de Dividendos: R$ 49.000.

P.2 A empresa ABC apresentou o Balanço Patrimonial e a DRE:

Balanço Patrimonial – Companhia ABC (em R$ Mil)

BALANÇO PATRIMONIAL – COMPANHIA ABC (EM R$ MIL)		
ATIVO	**20x2**	**20x1**
Ativo Circulante	**150.000**	**107.500**
Disponível	**25.000**	**17.500**
Caixa	13.000	10.500
Bancos conta Movimentos	12.000	7.000
Direitos Realizáveis a Curto Prazo		
Duplicatas a Receber	50.000	30.000
Estoques		
Estoques de Mercadorias	75.000	60.000
Ativo Realizável a Longo Prazo	**28.000**	**19.000**
Contas a Receber	15.000	11.000
Empréstimos aos Sócios	13.000	8.000
Ativo Permanente	**225.000**	**200.000**
Investimentos		
Participações em Sociedades Controladas	22.300	21.000
Imobilizado	**202.700**	**179.000**
Imóveis	13.000	16.575
Móveis e Utensílios	197.775	165.525
(-) Depreciação Acumulada	(8.075)	(3.100)
Total Geral do Ativo	**403.000**	**326.500**

PASSIVO		
Passivo Circulante	**69.500**	**49.350**
Fornecedores	22.500	16.000
Impostos a Pagar sobre Vendas	1.500	900
Impostos a Pagar sobre Lucro	3.750	1.800
Empréstimos a Pagar	37.500	28.250
Dividendos a Pagar	4.250	2.400
Passivo Exigível a Longo Prazo		
Títulos a Pagar	28.000	19.000
Patrimônio Líquido	**305.500**	**258.150**
Capital Social	256.650	220.000
Lucros Acumulados	48.850	38.150
Total Geral do Passivo e PL	**403.000**	**326.500**

Demonstração do Resultado do Exercício – Companhia ABC (em R$ Mil)

Receita Bruta de Vendas	197.311
(-) Impostos sobre Vendas	(2.450)
Receita Líquida de Vendas	194.861
(-) Custo das Mercadorias Vendidas	(155.325)
Lucro Bruto	39.536
(-) Despesas com Vendas e Administrativas	(8.313)
(-) Despesas Financeiras	(5.312)
(+) Receitas Financeiras	2.400
(-) Despesas de Depreciações	(4.975)
(+) Receita de Participação Societária	3.275
Lucro Operacional Líquido	26.611
(+) Resultado Não Operacional	1.925
(-) Correção Monetária do Balanço	(9.500)
Lucro Antes do Imposto de Renda	19.036
(-) Imposto de Renda e Contribuição Social	(4.086)
Lucro Líquido do Exercício	14.950

Informações Adicionais

1. Mutações do Ativo Permanente

Saldo em 31/12/20x1	200.000
Correção Monetária do Ativo Permanente	25.750
Compras de Bens do Imobilizado	6.500
Equivalência Patrimonial	3.275
Dividendos de Sociedades Controladas	(1.975)
Imóvel Vendido (valor de venda 5.500)	(3.575)
Depreciações	(4.975)
Saldo em 31/12/20x2	225.000

2. Mutações do Patrimônio Líquido

Saldo em 31/12/20x1	258.150
Correção Monetária do Patrimônio Líquido	35.250
Realização de Capital (em dinheiro)	1.400
Lucro Líquido do Exercício	14.950
Dividendos Propostos	(4.250)
Saldo em 31/12/20x2	305.500

3. Mutações da Conta Empréstimos a Pagar

Saldo em 31/12/20x1	28.250
Variações Monetárias Passivas	3.250
Novos Empréstimos	15.500
Empréstimos Pagos	(9.500)
Saldo em 31/12/20x2	37.500

Pede-se:

1) Determinar o Fluxo de Caixa das Atividades Operacionais.
2) Determinar o Fluxo de Caixa das Atividades de Investimentos.
3) Determinar o Fluxo de Caixa das Atividades de Financiamento.
4) Elaborar a Demonstração do Fluxo de Caixa pelo Método Direto.
5) Elaborar a Demonstração do Fluxo de Caixa pelo Método Indireto.

Apêndice

Roteiro

Apresentamos um roteiro para determinar os valores das atividades:

1) Atividades Operacionais

a) Recebimento de Duplicatas a Receber

(+) Receitas Brutas de Vendas (DRE)
(+) Duplicatas a Receber em 31/12/20x1
(-) Duplicatas a Receber em 31/12/20x2
= Total dos recebimentos

b) Pagamento a Fornecedores de Estoques

(+) Custo das Mercadorias Vendidas (DRE)
(+) Fornecedores ou Duplicatas a Pagar em 31/12/20x1
(-) Fornecedores ou Duplicatas a Pagar em 31/12/20x2
(-) Estoques em 31/12/20x1
(+) Estoques em 31/12/20x2
= Total dos pagamentos

c) Pagamento de Impostos sobre Vendas

(+) Impostos sobre Vendas (DRE)
(+) Impostos a Pagar sobre Vendas em 31/12/20x1
(-) Impostos a Pagar sobre Vendas em 31/12/20x2
= Total dos pagamentos

d) Pagamento de Despesas com Vendas e Administrativas

(+) Despesas com Vendas e Administrativas (DRE)

(+) Dívidas relacionadas com as Despesas com Vendas e Administrativas em 31/12/20x1

(-) Dívidas relacionadas com as Despesas com Vendas e Administrativas em 31/12/20x2

= Total de pagamentos

e) Pagamento de Despesas Financeiras

(+) Despesas Financeiras (DRE)

(+) Juros a Pagar relacionados com as Despesas Financeiras em 31/12/20x1

(-) Juros a Pagar relacionados com as Despesas Financeiras em 31/12/20x2

(-) Variações Monetárias Passivas

= Total de Pagamentos

f) Recebimentos de Receitas Financeiras

(+) Receitas Financeiras (DRE)

(+) Rendimentos de Aplicações Financeiras a Receber em 31/12/20x1

(-) Rendimentos de Aplicações Financeiras a Receber em 31/12/20x2

(-) Variações Monetárias Ativas

= Total dos recebimentos

g) Recebimento de Dividendos de Sociedades Coligadas ou Controladas

(+) Valor dos Dividendos Recebidos (Mutações do Ativo Permanente)

(+) Dividendos a Receber de Sociedades Coligadas ou Controladas em 31/12/20x1

(-) Dividendos a Receber de Sociedades Coligadas ou Controladas em 31/12/20x2

= Total dos recebimentos

h) Pagamento de Imposto de Renda e Contribuição Social

(+) Imposto de Renda e Contribuição Social (DRE)

(+) Imposto de Renda e Contribuição Social a Pagar em 31/12/20x1

(-) Imposto de Renda e Contribuição Social a Pagar em 31/12/20x2

= Total dos pagamentos

2) Atividades de Investimentos

a) Recebimento de Vendas de Bens do Ativo Imobilizado

(+) Valor de Venda de Bens do Imobilizado (Mutações do Ativo Permanente)

(+) Contas a Receber relacionadas com a Venda de Bens do Imobilizado em 31/12/20x1

(-) Contas a Receber relacionadas com a Venda de Bens do Imobilizado em 31/12/20x2

= Total dos recebimentos

b) Pagamento de Compra de Bens do Ativo Imobilizado

(+) Valor de Aquisição de Bens do Imobilizado (Mutações do Ativo Permanente)

(+) Fornecedores ou Duplicatas a Pagar relacionadas com a compra de Bens do Imobilizado em 31/12/20x1

(-) Fornecedores ou Duplicatas a Pagar relacionadas com a compra de Bens do Imobilizado em 31/12/20x2

= Total dos pagamentos

c) Recebimento da Venda de Ações em Sociedades Coligadas ou Controladas

(+) Valor da Venda das Ações (Mutações da conta Investimentos)

(+) Contas a Receber da Venda de Ações em 31/12/20x1

(-) Contas a Receber da Venda de Ações em 31/12/20x2

= Total dos recebimentos

d) Pagamento da Compra de Ações em Sociedades Coligadas ou Controladas

(+) Valor da Compra das Ações (Mutações da conta Investimentos)

(+) Contas a Pagar relacionadas com a Compra de Ações em 31/12/20x1

(-) Contas a Pagar relacionadas com a Compra de Ações em 31/12/20x2

= Total dos pagamentos

3) Atividades de Financiamentos

a) Recebimentos de Empréstimos e Financiamentos

Valores dos Empréstimos e Financiamentos (Mutações da conta Empréstimos e Financiamentos)

b) Pagamentos de Empréstimos e Financiamentos

Valores dos Empréstimos e Financiamentos (Mutações da conta Empréstimos e Financiamentos)

c) Recebimentos de Integralização de Capital Social

Valores de Realização de Capital Social em dinheiro (Mutações do Patrimônio Líquido)

d) Pagamentos de Dividendos

(+) Valores dos Dividendos Propostos (Mutações do Patrimônio Líquido)

(+) Dividendos a Pagar em 31/12/20x1

(-) Dividendos a Pagar em 31/12/20x2

= Total dos pagamentos

Capítulo 7

Visão Detalhada das Contas: Receita de Vendas, Caixa e Contas a Receber

Objetivos do Capítulo

1. Preparar lançamentos das receitas de vendas, devoluções de mercadorias, descontos por prazo de pagamento e vendas a prazo.
2. Explicar como é realizada a administração do caixa.
3. Abordar as contas incobráveis e avaliar as Contas a Receber.
4. Estimar as Despesas com Devedores Duvidosos, usando o método da porcentagem de vendas; método da porcentagem do saldo de Contas a Receber e método da idade das contas.

Durante a operacionalização das vendas, a empresa obtém o seu resultado tanto em dinheiro como em promessa de pagamento posterior.

7.1 Reconhecimento das Receitas de Vendas

OBJETIVO 1
Preparar lançamentos das receitas de vendas, devoluções de mercadorias, descontos por prazo de pagamento e vendas a prazo.

De acordo com o princípio de confrontação, os custos dos itens vendidos são reportados no mesmo período no qual as receitas são reconhecidas. Como conseqüência, obtém-se o lucro líquido que resulta do excesso das receitas sobre o custo dos produtos vendidos e as despesas relacionadas.

O reconhecimento das receitas, considerando o critério contábil do regime de competência, requer: 1) os produtos e serviços devem ser entregues aos clientes (a receita é ganha); 2) caixa e outros ativos de conversibilidade à caixa, devem ser recebidos (*a receita é realizada*).

A maioria das receitas é reconhecida no momento da venda. Em outros casos, o reconhecimento não ocorre ao mesmo tempo; as receitas são geralmente reconhecidas somente quando atendem a esses requisitos.

No caso de assinatura de revistas, a realização ocorre quando a empresa recebe o pagamento. No entanto, trata-se de receitas *não-ganhas* até que a revista seja entregue. Conseqüentemente, o reconhecimento da receita é postergado até o momento da entrega.

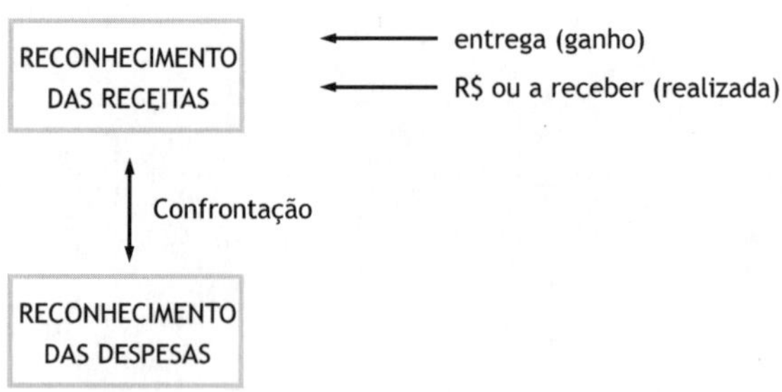

Ganho – Existem condições objetivas de atribuir uma saída ao nosso estoque de produtos.

7.1.1 Mensuração das Receitas de Vendas

Vendas à vista e a crédito

Após decidir quando a receita é reconhecida, os contabilistas devem determinar o montante da receita que tem de ser lançada. Em outras palavras, como a contabilidade deve medir as receitas? Geralmente, usa-se o valor líquido realizável do ativo entregue ao cliente, ou seja, a receita é medida em termos do valor presente equivalente em moeda corrente ao ativo entregue.

Venda à vista:

D – Caixa XXX

C – Receita de Vendas XXX

Venda a prazo:

D – Clientes ou Duplicatas a Receber XXX

C – Receita de Vendas XXX

Devoluções de mercadorias e abatimentos

Suponha que a receita seja reconhecida no ponto-de-venda e que, mais tarde, o cliente decida devolver a mercadoria em razão de vários motivos. O vendedor chama isso de "Devolução de Vendas", e o cliente, de "Devolução de Compras".

Imagine que, em vez de retornar a mercadoria, o cliente solicita uma redução no preço de vendas inicialmente acordado. A aceitação dessa proposta por parte do vendedor é chamada de "Abatimentos sobre Vendas", que é basicamente uma redução do preço de venda. O comprador chama essa redução do preço de "Abatimentos sobre Compras".

Devem-se deduzir da Receita de Vendas Brutas os montantes relacionados com retornos e abatimentos para, assim, obter as Vendas Líquidas. Um gerente de uma loja de varejo, no lugar de reduzir diretamente a Conta de Receita (Vendas), usa contas de retificação.

Consideremos o exemplo de uma loja de departamentos que possui Vendas Brutas de R$ 900.000, devoluções de vendas de R$ 60.000 e descontos de R$ 20.000.

1) Pelas vendas a prazo

Diário **página 5**

DATA	Nº	DESCRIÇÃO	DÉBITO	CRÉDITO
		Clientes	900.000,00	
		Receitas de Vendas		900.000,00

2) Pela devolução de vendas

Diário **página 5**

DATA	Nº	DESCRIÇÃO	DÉBITO	CRÉDITO
		Devoluções de Vendas	60.000,00	
		Clientes		60.000,00

3) Pelo abatimento sobre vendas

Diário **página 5**

DATA	Nº	DESCRIÇÃO	DÉBITO	CRÉDITO
		Abatimentos sobre Vendas	20.000,00	
		Clientes		20.000,00

Apuração das vendas líquidas

Vendas Brutas		900.000
Menos: Devoluções de Vendas	60.000	
Abatimentos sobre Vendas	20.000	
Vendas Líquidas		820.000

Descontos nos preços de venda

Desconto comercial ou incondicional equivale à redução no preço bruto de venda.

Há dois tipos principais de descontos: **desconto incondicional ou comercial e desconto condicional ou financeiro (pagamento antes do vencimento).** O desconto incondicional reduz o preço de venda que consta da nota fiscal ou fatura. Conseqüentemente, não decorre de um evento posterior à emissão da nota fiscal ou fatura.

Desconto condicionado ou financeiro é aplicado para acelerar o recebimento do pagamento.

O desconto comercial é aplicado em termos de uma ou mais reduções ao preço bruto de venda para uma particular classe de cliente, de acordo com as políticas de administração de uma empresa. Um exemplo deste tipo de desconto é conceder 2% a um cliente cujo valor da compra ultrapasse R$ 20.000.

O desconto para pagamento antecipado está relacionado com a aplicação de um desconto para acelerar a rapidez do pagamento. Normalmente, nas faturas se utiliza a descrição que vem a seguir.

Condições	Significado
0% de desconto para pagamento em 30 d.d.	O preço total faturado vence em trinta dias após a data da fatura.
1% de desconto para pagamento até 5 d.d.	1% de desconto pode ser aplicado se o pagamento se realiza até cinco dias após a data da fatura; de outra forma, o preço faturado deverá ser quitado em 30 dias.
Vencimento da fatura: 5º dia útil do mês	O valor total da fatura deve ser quitado, sem desconto, até essa data de vencimento.
0,5% de desconto para pagamento até o dia 30 do mês anterior	O desconto é praticado se o pagamento for feito dentro do mês da venda e após cinco dias.

Esse tipo de desconto deve ser aproveitado pelos compradores? A resposta geralmente é sim, mas a decisão depende do custo relativo dos juros, especialmente se a empresa precisa fazer empréstimos para cobrir esse pagamento. Se a empresa possuir fundos próprios, evidentemente, dependerá de ela obter um retorno maior durante o uso do período de vencimento da fatura e aproveitar uma fonte facilitada de crédito.

Considere o seguinte exemplo. Uma empresa vende R$ 50.000 em brinquedos à Brincar S.A. identificando na nota fiscal as condições 2%/10 d.d., e sem desconto em 60 d.d. Se a Brincar S.A. decidir aproveitar o desconto, pagará dentro dos primeiros dez dias posteriores à sua compra, a quantia de R$ 50.000 – (50.000 x 0,02) = R$ 49.000. De outra forma, pagará R$ 50.000 no vencimento, ou seja, em 60 dias após a venda.

Receita de vendas líquidas se refere ao montante da venda após as deduções e os abatimentos.

Contabilização das receitas de vendas líquidas

Descontos incondicionais ou comerciais, devoluções de mercadorias vendidas e abatimentos sobre vendas são registrados como *deduções das vendas brutas* e lançados na DRE da seguinte maneira:

Vendas Brutas .... R$ XXX

Deduções:

Devoluções de Vendas e Abatimentos X

Desconto Incondicional sobre Vendas XXX

Vendas Líquidas .... R$ XXX

Usando esse exemplo, podemos fazer a seguinte análise:

	A	=	P	+	PL
1) Venda					
2/10, n/60	+ 50.000 Contas a Receber	=			+ 50.000 Vendas
2) Recebimento no dia 8:					
	+ 49.000 Caixa	=			- 1.000 Desconto de Vendas
3) Recebimento no 60º dia:					
	+ 50.000 Caixa - 50.000 Contas a Receber	=			(sem desconto)

Contabilização dessas transações

1.
Diário **página 5**

DATA	Nº	DESCRIÇÃO	DÉBITO	CRÉDITO
		Contas a Receber	50.000,00	
		Receitas de Vendas		50.000,00

2.
Diário **página 5**

DATA	Nº	DESCRIÇÃO	DÉBITO	CRÉDITO
		Caixa	49.000,00	
		Desconto de Vendas	1.000,00	
		Contas a Receber		50.000,00

3.
Diário **página 5**

DATA	Nº	DESCRIÇÃO	DÉBITO	CRÉDITO
		Caixa	50.000,00	
		Contas a Receber		50.000,00

Registros de despesas bancárias

Despesas bancárias decorrem da obtenção de serviços bancários.

Descontos também acontecem quando se aceita pagamento com cartões de crédito. No entanto, os varejistas aceitam essas transações pelos seguintes motivos: a) atrair clientes que poderiam comprar em outro lugar; b) obter caixa imediatamente em vez de esperar que o cliente pague posteriormente; c) evitar custos de acompanhar contas de muitos clientes.

Exemplificando: vendas a crédito de R$ 20.000, com uma taxa de 3% pelos serviços da administradora do cartão, sobre os depósitos de comprovantes de operação de cartão de crédito, terão o seguinte impacto:

Vendas usando Mastercard

A	= P +	PL
+ 19.400 Caixa		+ 20.000 Vendas - 600 desconto venda c/ cartão

Contabilização:

Diário **página 5**

DATA	Nº	DESCRIÇÃO	DÉBITO	CRÉDITO
		Caixa	19.400,00	
		Descontos por pagamento com cartão (3%)	600,00	
		Receitas de Vendas		20.000,00

7.2 Administração do Caixa

OBJETIVO 2
Explicar como é realizada a administração do caixa.

Entende-se por caixa todos aqueles itens que são aceitos como depósito nos bancos. Assim, os itens podem ser numerários, ordens de pagamento e cheques. Ainda são considerados equivalentes a caixa os investimentos de curto prazo altamente líquidos. Muitos bancos demandam que as empresas mantenham saldos mínimos. Conseqüentemente, nem todo valor depositado está à disposição da empresa.

O administrador se concentra no caixa por muitas razões: 1) precisa acompanhar o fluxo de caixa; 2) em razão de o caixa ser o ativo mais líquido, o administrador deve assegurar-se de ter o necessário; 3) o caixa é necessário para o fluente funcionamento das operações; 4) caixa não é sinônimo de lucro, portanto, o mais importante é não ter um excesso de caixa.

Orçamento de caixa
Usado para a execução do planejamento e do controle financeiro da empresa a curto e a médio prazo.

O orçamento de caixa é um instrumento básico para execução do planejamento e do controle financeiro a curto e a médio prazo da empresa. O orçamento de caixa não indicará apenas o total dos empréstimos necessários à manutenção das operações da empresa, mas também o período em que deverão ser obtidos. Além disso, o orçamento de caixa serve como um ponto de referência na comparação dos valores planejados em relação aos realizados.

A empresa estima as necessidades de caixa como uma parte do orçamento geral ou do processo de previsão. Primeiro, ela prevê os requerimentos de vendas, ativos permanentes e estoque, e o tempo em que os pagamentos devem ser feitos. Esta informação é combinada com projeções sobre o atraso em cobrar contas a receber, datas de pagamentos de impostos, dividendos e datas de pagamentos de juros etc. Toda essa informação é resumida em um orçamento de caixa, o qual mostra as entradas e saídas de caixa projetadas durante um período específico. Geralmente, as empresas usam uma previsão de orçamento de caixa diário com projeção para um mês, um orçamento de caixa menos detalhado e projetando as necessidades mensais durante o ano. Os orçamentos de caixa mensais são usados para propósitos de planejamento, e os orçamentos de caixa diários ou semanais, para um efetivo controle de caixa. A seguir, apresentamos um exemplo de orçamento de caixa:

Exemplo

A Cia. Delta Ltda. apresentou os seguintes dados de previsão de vendas líquidas, recebimentos e pagamentos:

1) Vendas Líquidas Previstas

Novembro	R$ 300
Dezembro	R$ 300
Janeiro	R$ 400
Fevereiro	R$ 550
Março	R$ 600
Abril	R$ 500
Maio	R$ 400
Junho	R$ 450

2) As vendas à vista representam 20%.
3) No primeiro mês após a venda, a empresa recebe 60% de suas vendas.
4) Durante o segundo mês após a venda, a empresa recebe 20% de suas vendas.
5) Os pagamentos de Remunerações e Salários previstos são:

Janeiro	R$ 50
Fevereiro	R$ 50
Março	R$ 60
Abril	R$ 60
Maio	R$ 55
Junho	R$ 55

6) O pagamento de Aluguel é de R$ 20 de janeiro a junho.
7) Outras Despesas Operacionais ocorreram da seguinte forma:

Janeiro	R$ 5
Fevereiro	R$ 10
Março	R$ 30
Abril	R$ 20
Maio	R$ 40
Junho	R$ 15

8) Os impostos de R$ 50 e R$ 20 serão pagos em março e junho, respectivamente.

9) A empresa necessita efetuar um investimento de R$ 150 na construção da fábrica em abril.

10) A empresa deseja um saldo mínimo de caixa de R$ 5 de janeiro a junho.

Pede-se: montar o Orçamento de Caixa.

Entradas e saídas de caixa	Nov.	Dez.	Jan.	Fev.	Mar.	Abr.	Maio	Jun.
I. RECEITAS E AQUISIÇÕES								
(1) Vendas Líquidas	300	300	400	550	600	500	400	450
(2) À Vista: 20% das vendas do mês			80	110	120	100	80	90
(3) Cobrança no primeiro mês após a venda 0.6 (vendas do mês anterior)			180	240	330	360	300	240
(4) Durante o segundo mês/pós-venda 0.2 (vendas de dois meses atrás)			60	60	80	110	120	100
(5) Total de Cobranças (2 + 3 + 4) Compras			320	410	530	570	500	430
(6) 0.6 (vendas do próximo mês)		240	330	360	300	240	270	
II. GANHOS OU PERDAS DE CAIXA DO MÊS								
(7) Pagamentos (compras do mês anterior)			240	330	360	300	240	270
(8) Remunerações e salários			55	55	60	60	55	55
(9) Aluguel			20	20	20	20	20	20
(10) Outras despesas			5	15	30	20	40	15
(11) Impostos					50			20
(12) Pagto. por construção de fábrica						150		
(13) Total de pagamentos			320	420	520	550	355	380
(14) Ganhos (prejuízos) líquidos de caixa durante cada mês (linha 5, linha 13)			0	-10	10	20	145	50
III. REQUERIMENTO DE EMPRÉSTIMO OU CAIXA OU SUPERÁVIT								
(15) Caixa no início do mês se nenhum empréstimo for feito			10	10	0	10	30	175
(16) Caixa (caixa no início + ganhos ou perdas = linha 14 + linha 15)			10	0	10	30	175	225
(17) Saldo de Caixa alvo			5	5	5	5	5	5
(18) Superávit de caixa cumulativo (ou empréstimos requeridos) para manter o saldo de caixa alvo R$ 5 (linha 16, linha 17)			5	-5	5	25	170	220

Conciliação de conta bancária Compensação que pode ocorrer na mesma data da emissão do cheque.

Conciliação das contas bancárias

Existe o evento de compensação que pode ter a mesma data da emissão do cheque, dependendo da data em que é depositado. Isso se deve, em primeiro lugar, a quando o emitente não tem fundo suficiente para que a compensação se concretize. Em outros casos, quando os cheques são enviados por correio, dependerá de todo o processo de envio postal, recepção e compensação. Em conseqüência, quando a empresa realizar a conciliação de suas contas bancárias para verificar o seu saldo, ela deverá analisar a consistência entre o saldo bancário e os registros contábeis, considerando as peculiaridades antes mencionadas.

Os procedimentos gerais de controle interno podem incluir o seguinte:

1) a pessoa que recebe dinheiro para o Caixa nem sempre é a mesma que faz os desembolsos;
2) o indivíduo que maneja o Caixa não deve ter acesso aos registros contábeis;
3) os recebimentos em Caixa são imediatamente registrados e depositados e não são usados diretamente para fazer pagamentos;
4) os desembolsos são feitos por cheques numerados e seriados somente após a devida autorização dada por outra pessoa distinta daquela que preenche o cheque;
5) as contas bancárias são conciliadas diariamente, semanalmente ou mensalmente, conforme o tipo de controle – manual ou computadorizado.

7.3 Vendas a Crédito e Contas a Receber

Créditos de liquidação duvidosa Ocorre com o não-cumprimento do pagamento de vendas a crédito nas datas de vencimento do pagamento.

A concessão de crédito implica custos de contas incobráveis ou de *devedores duvidosos,* decorrentes de clientes que não conseguem pagar ou não querem pagar. Os contabilistas a chamam de *Despesas com Créditos de Liquidação Duvidosa*. O benefício de conceder crédito está no aumento das vendas, apesar da potencial improbabilidade de que os clientes incorram na satisfação de suas obrigações.

Decidir quando e como conceder crédito

Quando os benefícios marginais superam os custos marginais (incobráveis), a decisão de conceder crédito deve ser tomada.

7.3.1 Mensuração das Contas Incobráveis

O cálculo da média percentual pode ser abordado por meio de dois métodos, para lidar com os clientes que, ao final do período, não pagaram: o método de "dar baixa" e o método de "provisão para devedores duvidosos" (ou para crédito de liquidação duvidosa).

Método de "dar baixa"

Uma empresa que raramente experimenta uma conta incobrável pode usar o método específico de dar baixa, o qual pressupõe que todas as vendas são totalmente cobráveis até que se prove o contrário. Quando as mudanças de cobrança se apresentem em um determinado cliente, os valores são lançados em uma conta específica e as despesas são reconhecidas na conta de incobráveis.

OBJETIVO 3
Abordar as contas incobráveis e avaliar as Contas a Receber.

Dar Baixa
Quando o cliente efetivamente não cumpre com sua obrigação de pagar, há a necessidade de reconhecimento desse fenômeno econômico.

Pelo fato de que nenhum cliente específico foi considerado como devedor duvidoso que não cumprirá com sua obrigação de pagamento, em 31 de dezembro de 2001 a empresa apresentará em seu Balanço Patrimonial o valor total das Contas a Receber.

Agora, pressuponha que no ano seguinte, 2002, dois clientes do período anterior sejam identificados como devedores duvidosos e, então, os valores correspondentes precisem ser registrados em suas contas específicas para dar baixa e ser reconhecida a Despesa com Créditos de Liquidação Duvidosa.

Contabilização

Diário **página 5**

DATA	Nº	DESCRIÇÃO	DÉBITO	CRÉDITO
		Despesas com Crédito de Liquidação Duvidosa	5.000,00	
		Contas a Receber – Caixa Preta		3.600,00
		Contas a Receber – Coração de Aço		1.400,00

	A	=	P +	PL
2001 Vendas Contas a Receber	+250.000	=		+250.000 Vendas
2002 Baixa	-5.000	=		-5.000 Despesas de Contas Incobráveis

Nos últimos cinco anos, a empresa teve valores de incobráveis sempre ao redor de R$ 5.000, pelo que ela pode usar esse valor estimado como referência para as baixas futuras.

Esse método tem sido criticado porque falha na aplicação do princípio de confrontação. Os principais argumentos em favor do método estão baseados no custo-benefício e na materialidade. O método é simples e não haverá grandes erros na medição do lucro se o valor das contas incobráveis for pequeno e similar de um ano para outro.

Método de provisão para créditos de liquidação duvidosa[1]

> **OBJETIVO 4**
> Estimar as Despesas com Devedores Duvidosos, usando o método da porcentagem de vendas; método da porcentagem do saldo de Contas a Receber e método da idade das contas.

Esse método usa estimativas de contas incobráveis que podem ser confrontadas com a receita com a qual estão relacionadas. Para calcular a provisão para créditos de liquidação duvidosa, devem ser considerados os antecedentes a seguir.

Uma empresa pode conhecer a porcentagem de vendas que nunca cobra; no entanto, esta não é exatamente identificada dentro das Contas a Receber no fim do ano. O contabilista pode, então, reconhecer as despesas com créditos de liquidação duvidosa no final do ano, antes que os clientes específicos que não honraram suas obrigações sejam identificados pelo uso do método de provisão para créditos de liquidação duvidosa. Esse método se baseia em dois pressupostos:

1) na estimativa do montante de vendas que não será pago;
2) existência de uma conta de retificação que registra uma estimativa que é deduzida de Contas a Receber. Essa conta de retificação geralmente é chamada de "Conta de Provisão para Créditos de Liquidação Duvidosa".

Operacionalização da estimativa:

A	=	P	+	PL
2001 Vendas +250.000 Aumento em Contas a Receber	=			+250.000 Venda Aumento em Vendas
2001 Provisão -5.000 Aumento na Conta de Provisão para Créditos de Liquidação Duvidosa	=			-5.000 Aumento em despesas de contas incobráveis
2002 Baixa +5.000 Diminuição na Conta de Provisão Créditos de Liquidação Duvidosa -5.000 Diminuição em Contas a Receber	=			Sem efeito

1 Até o ano-calendário de 1996, eram dedutíveis como despesa, para fins de apuração do lucro real, as importâncias necessárias à formação de provisão para créditos de liquidação duvidosa, observados certos limites.
A partir do ano-calendário de 1997, para efeito de apuração do lucro real, a sistemática de provisão constituída com base em percentual aplicável sobre o total dos créditos a receber foi substituída pelo regime de dedução direta de perdas ocorridas no recebimento de créditos. (Ver artigos 9º a 14 da Lei nº 9.430/96 - Artigos 340 a 343 do RIR/99 - Artigos 24 a 28 da IN SRF nº 93/97).

Contabilização em 2001:

1) Pelas vendas realizadas

página 5

DATA	Nº	DESCRIÇÃO	DÉBITO	CRÉDITO
		Contas a Receber	250.000,00	
		Receitas de Vendas		250.000,00

2) Pela provisão das perdas

página 5

DATA	Nº	DESCRIÇÃO	DÉBITO	CRÉDITO
		Despesas com Crédito de Liquidação Duvidosa	5.000,00	
		Provisão para Créditos de Liquidação Duvidosa		5.000,00

Contabilização em 2002:

1) Pela baixa dos valores perdidos

página 5

DATA	Nº	DESCRIÇÃO	DÉBITO	CRÉDITO
		Provisão para Crédito de Liquidação Duvidosa	5.000,00	
		Contas a Receber – Caixa Preta		3.600,00
		Contas a Receber – Coração de Aço		1.400,00

O principal argumento em favor desse método é sua superioridade na medição do lucro acumulado contábil em um dado período.

O método está baseado em experiência histórica e presume que as condições do ano atual sejam similares às do ano anterior, em termos de circunstâncias econômicas. As estimativas são revisadas quando as condições mudam.

Aplicação do Método de Provisão para Créditos de Liquidação Duvidosa usando uma porcentagem das Contas a Receber

O método da porcentagem de Contas a Receber usa a experiência histórica, mas estima as contas incobráveis com base na relação histórica de incobráveis das Contas a Receber dos três anos anteriores.

Anos considerados	Contas a Receber no final do ano	Devedores duvidosos incobráveis e dados de baixa
1998	100.000	3.500
1999	80.000	2.450
2000	90.000	2.550
Total dos três anos	270.000	8.500
Média (total/3)	90.000	2.833
Porcentagem média de incobráveis = (2.833/90.000) x 100 = **3,15%**		

No final de 2001, estima-se que o total das Contas a Receber seja de R$ 200.000; assim, teremos os seguintes procedimentos e resultados:

1) Dividir a média de incobráveis (2.833) pela média das Contas a Receber (90.000) = 3,15%, que corresponde ao percentual médio de incobráveis.
2) Aplicar a porcentagem de incobráveis no saldo estimado das Contas a Receber em 2001 e, com isso, determinar a provisão para créditos de liquidação duvidosa.

   3,15% x R$ 200.000 = R$ 6.300.
3) Suponha que os livros apresentem um saldo credor de R$ 1.000 na conta de Provisão para Créditos de Liquidação Duvidosa no final de 2001. Então, o lançamento de ajuste para 2001 será de R$ 6.300 - R$ 1.000 = R$ 5.300, a ser lançado como Despesas com Créditos de Liquidação Duvidosa.

Contabilização:

página 5

DATA	Nº	DESCRIÇÃO	DÉBITO	CRÉDITO
		Despesas com Crédito de Liquidação Duvidosa	5.300,00	
		Provisão para Créditos de Liquidação Duvidosa		5.300,00
		Nível de devedores duvidosos com base na experiência dos últimos três anos (a partir de 01/01/1998)		

Aplicação do Método de Provisão usando a idade de Contas a Receber

Um refinamento da abordagem do método da porcentagem de Contas a Receber é o Método da Idade das Contas a Receber, que considera a composição de Contas a Receber no final do ano. A empresa analisa a idade de suas Contas a Receber para propósitos de administração de crédito e incorpora essa evidência nas estimativas de Provisão para Créditos de Liquidação Duvidosa.

Por exemplo, o saldo de R$ 200.000 de Contas a Receber, em 31 de dezembro de 2001, pode ser classificado da seguinte maneira:

Nome da Empresa-Cliente	Total	1-30 Dias	31-60 dias	61-90 dias	Acima de 90 dias
A	R$ 50.000	R$ 40.000			
B	15.000	15.000			
C	30.000	25.000	R$ 5.000		
D	56.000		36.000	R$ 20.000	
E	9.000			R$ 6.000	R$ 3.000
Outras	40.000	30.000	6.000	4.000	2.000
TOTAL	200.000	110.000	47.000	30.000	5.000
(%) Média histórica de devedores duvidosos		1%	1,5%	3,15%	95%
Provisão para Créditos de Liquidação Duvidosa	R$ 7.500	R$ 1.100	+R$ 705	+R$ 945	+R$ 4.750

Contabilização:

página 5

DATA	Nº	DESCRIÇÃO	DÉBITO	CRÉDITO
		Despesas com Crédito de Liquidação Duvidosa	7.500	
		Provisão para Créditos de Liquidação Duvidosa		7.500

Recuperação de Créditos Baixados Anteriormente na Conta de Provisão

Poucas contas são baixadas como incobráveis. Mas, quando a cobrança acontece em uma data posterior, ocorre uma recuperação de conta incobrável, a baixa deve ser revertida (reversão de devedores duvidosos) e a cobrança manejada como um recebimento normal.

Referindo-nos aos exemplos antes citados, a conta do cliente "Coração de Aço" foi baixada por R$ 1.400, em fevereiro de 2002 e, posteriormente, recuperada em outubro de 2002. Os seguintes lançamentos são registrados nas Contas a Receber – Coração de Aço:

1) Pela baixa em fevereiro de 2002

página 5

DATA	Nº	DESCRIÇÃO	DÉBITO	CRÉDITO
		Provisão para Crédito de Liquidação Duvidosa	1.400	
		Contas a Receber		1.400

2) Pela reversão da baixa em outubro de 2002

página 5

DATA	Nº	DESCRIÇÃO	DÉBITO	CRÉDITO
		Contas a Receber	1.400,00	
		Provisão para Crédito de Liquidação Duvidosa		1.400,00

3) Pelo registro do recebimento

página 5

DATA	Nº	DESCRIÇÃO	DÉBITO	CRÉDITO
		Caixa	1.400,00	
		Contas a Receber		1.400,00

Suponha que a dívida seja paga em janeiro de **2003 e não em 2002**. O lançamento contábil será apenas o seguinte:

página 5

DATA	Nº	DESCRIÇÃO	DÉBITO	CRÉDITO
		Caixa	1.400,00	
		Recuperação de créditos ou despesas*		1.400,00

* Conta classificada na DRE dentro de Outras Receitas Operacionais.

Avaliação do nível das Contas a Receber

É importante ter controle sobre o nível de Contas a Receber, pois a empresa precisa aumentar as vendas sem um crescimento excessivo dos incobráveis. Uma forma de saber a capacidade que a empresa tem para recuperar o dinheiro decorrente de suas vendas a crédito e conhecer o número de dias em que seu dinheiro fica sem ser recebido é por meio do **giro de contas a receber**, o qual é calculado dividindo-se as vendas a prazo pela média de Contas a Receber durante o período em que as vendas foram realizadas:

$$\text{Giro de Contas a Receber} = \frac{\text{Vendas a Prazo}}{\text{Média de Contas a Receber}}$$

Vamos supor que as vendas a crédito (ou a prazo) em 2002 tenham sido de R$ 2.000.000, e as Contas a Receber, no início e no final, de R$ 430.000 e R$ 324.000, respectivamente.

$$\text{Giro de Contas a Receber} = \frac{2.000.000}{0,5\ (430.000 + 324.000)} = 5,31$$

Os administradores de crédito, os de empréstimos bancários e os auditores avaliam as tendências nesse índice. Eles podem compará-los com índices de empresas do setor, similares e de mesmo porte. As diminuições no giro de Contas a Receber geralmente não são bem vistas.

Por outro lado, as Contas a Receber podem ser avaliadas em termos do tempo que se leva para cobrá-las. Neste caso, **o período médio de cobrança** é calculado pela divisão entre os 365 dias e o giro. Por exemplo:

$$\frac{365}{5{,}31} = 68{,}8 \text{ dias}$$

No exemplo, o período médio de cobrança é alto, mas a avaliação somente será completa quando o compararmos com o período médio do setor. Supondo que o setor realiza as cobranças em média de 45 dias, a empresa está recuperando seu dinheiro de forma muito lenta, precisando rever sua política de crédito para que possa gerar resultados, pelo menos, próximos aos do setor.

Questões

Q.1 Quando a receita deve ser reconhecida?

Q.2 Qual a diferença entre desconto comercial e desconto financeiro?

Q.3 Por que uma empresa necessita elaborar o orçamento de caixa?

Q.4 Como a contabilidade deve mensurar as receitas?

Q.5 O que são receitas de vendas líquidas?

Q.6 Cite quatro razões para a administração da empresa efetuar o orçamento de caixa.

Problemas de Reforço

P.1 A empresa ABC iniciou seu movimento em 02/01/2003 com os seguintes saldos:

Caixa 7.000 e Contas a Receber 14.000

Espera-se que os seguintes fatos aconteçam em 2003:

a) Receitas projetadas de vendas (todas a prazo) de: 20.500, 43.000, 35.000 e 23.000 do primeiro ao quarto trimestre, respectivamente.
b) 75% das Contas a Receber recebidas durante o trimestre, os restantes 25% sendo cobrados no trimestre seguinte.
c) Compras de matérias-primas de 40.000 serão divididas em partes iguais nos trimestres, sendo 60% pagas no trimestre corrente, os 40% serão pagos no trimestre seguinte.
d) Salários de 36.000 serão divididos igualmente em todos os trimestres.
e) Despesas administrativas de 44.000 serão divididas igualmente em todos os trimestres.
f) Pagamento de despesas de juros de 2.000 será feito em dezembro.
g) Despesas com propaganda de 16.000 serão divididas em 20%; 30%; 40% e 10% do primeiro ao quarto trimestre, respectivamente.
h) A empresa adquirir um equipamento de 12.000 em março e outro de 10.000 em agosto.
i) A empresa distribuir dividendos de 5.000 em dezembro.
j) Os impostos de 6.000 serem divididos do primeiro ao quarto trimestre em partes iguais.
l) A empresa manter um saldo final de caixa de no mínimo 15.000 em cada trimestre e os empréstimos bancários contraídos no trimestre serem pagos no trimestre seguinte com juros de 12% no trimestre.

Pede-se: elaborar o orçamento de caixa trimestral para o ano de 2003.

P.2 As receitas de vendas e compras previstas da empresa Realidade Ltda. para janeiro a abril são apresentadas a seguir:

MÊS	VENDAS	COMPRA
Jan.	17.000	14.000
Fev.	16.000	10.000
Mar.	14.000	8.000
Abr.	18.000	11.000

a) 40% das vendas são à vista, e 60% são recebidas 30 dias após.
b) A empresa paga à vista 20% de suas compras e 80% após 60 dias.

c) Um financiamento de 5.000 vence em abril.
d) Impostos de 2.000 devem ser distribuídos de janeiro a abril.
e) A empresa pretende fazer um investimento de capital, comprando um veículo por 15.000 em março.

Sabe-se que a empresa tem um saldo inicial de Caixa de 8.000. Determine o orçamento de caixa de janeiro a abril, sabendo que a empresa pretende manter um saldo final de caixa em abril de, no mínimo, 19.000.

P.3 A empresa ABC não tem nenhum cliente específico, considerado como devedor duvidoso que não cumprirá sua obrigação de pagamento. Em 31 de dezembro de 2002, a empresa apresentou em seu Balanço Patrimonial o valor total das Contas a Receber de R$ 10.000.

No ano de 2003, dois clientes do período anterior (Cliente – Alfa Ltda. R$ 2.500, e Cliente – Beta Ltda. R$ 3.100) são identificados como devedores duvidosos.

Pede-se: Efetuar os registros contábeis, utilizando o método de "dar baixa".

P.4 A empresa Alfa Ltda. apresentou os seguintes dados:

Anos considerados	Contas a Receber no final do ano	Devedores duvidosos incobráveis e dados de baixa
2000	100.000	2.500
2001	60.000	1.450
2002	80.000	1.550
Total dos três anos	240.000	5.500
Média (total/3)	80.000	1.833
Porcentagem média de incobráveis = (1.833/80.000) x 100 = **2,29%**		

No final de 2003, estima-se que o total das Contas a Receber seja de R$ 250.000. Qual o valor e o registro da provisão para créditos de liquidação duvidosa?

P.5 O saldo de R$ 180.000 de Contas a Receber, em 31 de dezembro de 2002, pode ser classificado da seguinte maneira:

Empresa Delta Ltda.	Total	1-30 Dias	31-60 dias	61-90 dias	Acima de 90 dias
A	R$ 50.000	R$ 50.000			
B	45.000		45.000		
C	60.000			60.000	
D	25.000				25.000
TOTAL	180.000	50.000	45.000	60.000	25.000
(%) média histórica de devedores duvidosos		2%	2,5%	4,5%	5,5%
Provisão para Créditos de Liquidação Duvidosa	R$ 6.200	R$ 1.000	+R$ 1.125	+R$ 2.700	+R$ 1.375

Pede-se: efetuar o registro da provisão para crédito de liquidação duvidosa.

P.6 Em 31/12/2002, foi calculado que os valores incobráveis da empresa Beta Ltda. nos últimos três anos eram de 4%. O saldo da Provisão para Créditos de Liquidação Duvidosa, antes de ser ajustado, era de R$ 8.400. O valor das Duplicatas a Receber no final de 2002 era de R$ 320.000.

Durante o ano de 2003, ocorreram os seguintes fatos:

a) 10/03/2003 – A empresa Alfa Ltda. comunicou à empresa Beta que não pagaria o seu débito de R$ 2.700.

b) 15/04/2003 – A empresa KLM Ltda. pagou o valor de R$ 1.900. Sua Duplicata a Receber havia sido considerada incobrável e baixada em 2002.

Pede-se: efetuar os registros contábeis para ajustar a conta Provisão para Créditos de Liquidação Duvidosa em 31/12/2003.

Capítulo 8

Detalhamento das Contas: Estoque, Custo das Mercadorias (Produtos) Vendidas e Lucro Bruto

Objetivos do Capítulo

1. Discutir a medição e a contabilização do estoque.
2. Diferenciar o sistema de estoque permanente do sistema de estoque periódico.
3. Detalhar os componentes do custo das mercadorias adquiridas.
4. Explicar os principais métodos de avaliação de estoque e seus impactos na medição dos ativos e do lucro líquido.
5. Discutir a importância do uso da margem bruta de lucro e das medidas de giro de estoque na lucratividade.

OBJETIVO 1
Discutir a medição e a contabilização do estoque.

8.1 A Contabilidade do Estoque

Dois dos cálculos mais importantes em uma transação mercantil certamente são o de custos das mercadorias vendidas (CMV) e o de custo dos produtos vendidos (CPV), uma vez que eles afetam diretamente o resultado final da empresa. Para entender melhor essa afirmação, é oportuno tomar como exemplo o ramo de atividade da nossa empresa modelo Mobilfino na seguinte situação: suponha que ela organize seu estoque utilizando diversos modelos de poltronas reclináveis com diferentes cores. Como a época era propícia para esse artigo por ocasião do Dia dos Pais, as vendas superaram os pedidos realizados ao seu fornecedor durante o ciclo operacional da empresa, o que consumiu também parte do estoque remanescente do período anterior. Após um ano, esse desempenho nas vendas precisa ser mensurado, o que é feito por meio da DRE. Esse é o momento de contabilizar a mercadoria que se encontra em estoque no final desse período. Quando essa avaliação de estoque é realizada no final do período, tem-se o denominado Estoque Final (EF). Essa avaliação do EF é feita com base no seu custo histórico ou no custo do mercado, dos dois o menor, pelo qual deverá ser registrado. Para obter o estoque final, deve-se proceder à contagem física do saldo das mercadorias existentes no final do período. Voltemos ao exemplo da Mobilfino. Ela obteve a contagem física de 20 poltronas remanescentes no final do ano. O custo histórico unitário foi determinado em R$ 100, totalizando o valor do estoque final de R$ 2.000. As compras realizadas durante o período foram de R$ 10.000, correspondente a cem poltronas. Suponha que a Mobilfino tenha começado a venda desse produto este ano, portanto não tinha estoque no início do período. Como custo das mercadorias vendidas, tem-se: R$ 8.000 = R$ 10.000 – R$ 2.000. Dessa forma, o custo das mercadorias vendidas será o valor comprado no período menos o valor do estoque final.

Na prática, esse processo não é simples. A complexidade aumenta de várias formas.

8.1.1 Sistemas de Estoque (Inventário): Periódico e Permanente

OBJETIVO 2
Diferenciar o sistema de estoque permanente do sistema de estoque periódico.

Os procedimentos de controle de estoque de mercadoria requerem uma contagem física de cada item que está sendo mantido em estoque no mínimo anualmente, nos sistemas periódico e permanente. Para simplificar a contagem e avaliação do estoque, as empresas freqüentemente escolhem períodos fiscais contábeis como o final do ano, quando os estoques estão baixos, sendo muitas vezes obrigadas a "fechar para inventário". Apesar de a contagem física ser um processo valioso, ela também consome tempo e é dispendiosa. Mas esses pontos negativos são amplamente superados pela importante informação que ela oferece.

Assim, o estoque físico é importante para a determinação dos custos das mercadorias vendidas e, conseqüentemente, do lucro obtido no período. Algumas firmas de auditores contratam a assistência de especialistas. Por exemplo, avaliar o estoque de uma galeria de arte pode requerer o auxílio de peritos para atestar a autenticidade das obras, a idade delas e, portanto, o seu valor, como também as imperfeições ou danos que possam diminuir o valor.

No exemplo anterior, a Mobilfino utilizou, para avaliação do seu estoque, o sistema de estoque periódico, mas deve ser enfatizado que também se utiliza o sistema de estoque permanente, conforme o caso.

Para ficar mais claro, vamos detalhar, a seguir, as duas abordagens de modo a diferenciar quando cada uma delas é utilizada e em quais condições. Conforme mencionado, praticam-se duas formas de registros de estoques de mercadorias: 1) o *sistema de estoque permanente* e 2) o *sistema de estoque periódico.*

Sistema de Estoque Permanente: nesse sistema, os registros são realizados continuamente, sendo o estoque e o custo das mercadorias vendidas registrados diariamente. Esse procedimento auxilia no controle dos níveis de estoque e, ao mesmo tempo, na preparação das demonstrações financeiras. Para maior precisão desses registros, a checagem física do estoque deve ser realizada, no mínimo, uma vez por ano.

No **Sistema de Estoque Permanente**, os registros do estoque e das mercadorias vendidas são feitos diariamente.

Situando o estoque dentro da estrutura do Balanço Patrimonial, podemos representar desta maneira seu ciclo:

	ATIVO	=	PASSIVO	+	PATRIMÔNIO LÍQUIDO
Compra a Prazo	+ Aumento em Estoque de Mercadorias	=	+ Aumento em Fornecedores		
Venda	+ Aumento em Contas a Receber	=			+ Aumento em Receita de Vendas
CMV	- Diminuição em Estoque de Mercadorias	=			- Aumento em CMV

Contabilização do Estoque dentro do Sistema de Estoque Permanente:

1) Quando o estoque é comprado

Diário **página 5**

DATA	Nº	DESCRIÇÃO	DÉBITO	CRÉDITO
		Estoque de Mercadorias	XXXXX	
		Fornecedores		XXXXX

2) Quando o estoque é vendido

Diário **página 5**

DATA	Nº	DESCRIÇÃO	DÉBITO	CRÉDITO
		Contas a Receber (ou Caixa)	XXXXX	
		Receita de Vendas		XXXXX
		CMV	XXXXX	
		Estoque de Mercadorias		XXXXX

No sistema de estoque permanente, a venda e a redução do estoque são registradas simultaneamente.

Sistema de Estoque Periódico: ao contrário do sistema permanente, os registros são realizados somente no final do período contábil, mediante a contagem física das mercadorias remanescentes. Nesse sistema, o cálculo do custo das mercadorias vendidas é obtido considerando-se o estoque mantido no início do período, as compras realizadas durante o período e o estoque existente no final do período. A diferença entre a soma do estoque inicial com o que foi comprado e o estoque final gera o custo das mercadorias vendidas.

No **Sistema de Estoque Periódico** os registros são feitos no final do período, mediante contagem física.

Com isso, pode-se dizer que o sistema de estoque periódico calcula o custo das mercadorias vendidas como um *valor residual*. Primeiro, o estoque inicial é adicionado às compras para obter o **custo total das mercadorias disponíveis para venda**. Assim que o estoque final é apurado e o seu custo é deduzido do custo das mercadorias disponíveis para venda, obtém-se o CMV.

Aproveitando o exemplo da Mobilfino, vamos agora supor que ela tenha iniciado o período com um estoque de 20 poltronas, saldo do período anterior, equivalente a R$ 2.000. Nesse caso, o cálculo do CMV é o seguinte:

CMV	=	Estoque Disponível para Venda	- Estoque Remanescente
Custo das Mercadorias Vendidas	=	Estoque Inicial + Estoque Comprado	- Estoque Final
10.000	=	2.000 + 10.000	- 2.000

Vimos, por esse detalhamento, que o CMV sob o sistema de estoque permanente é calculado instantaneamente, assim que as mercadorias são vendidas. Entretanto, sob o sistema periódico, o cálculo do CMV é postergado para o final do período.

8.1.2 Comparação entre os Dois Sistemas

O uso de um ou outro sistema de estoque gera resultados semelhantes na ocasião da elaboração das demonstrações financeiras do período. A implicação em termos de análise financeira repousa na obtenção de informação gerencial importante na composição do preço ou no nível de pedido a ser realizado ao fornecedor quando o método utilizado for o permanente. O uso de sistemas computadorizados tem melhorado a precisão na checagem das contas e diminuído os custos mediante equipamentos de *scanner*. Entretanto, o sistema permanente não elimina a necessidade de contagem física e avaliação do estoque, uma vez que ele levanta informações sobre as mercadorias compradas e vendidas, mas é a contagem que possibilita ao administrador anular o estoque de mercadoria danificada ou obsoleta. Ainda, a contagem revela a discrepância entre os valores registrados e o estoque existente. Essa diferença entre o estoque registrado e o fisicamente contado pode ser motivada por roubos, quebras e perdas, que são fatores substanciais em uma empresa.

Se a contagem física difere do montante de estoque permanente, o seguinte resultado pode ser obtido:

Registro de estoque permanente

Poltrona A	50 unidades x R$ 100 =	R$ 5.000

Contagem física

Poltrona A	48 unidades x R$ 100 =	R$ 4.800

Diferença:

2 unidades x 100 = R$ 200 desapareceram sem serem lançadas como CMV. Então, o lançamento de ajuste no Diário deverá ajustar o Estoque de R$ 5.000 a R$ 4.800.

Diário **página 5**

DATA	Nº	DESCRIÇÃO	DÉBITO	CRÉDITO
		Diferença em Estoque	200,00	
		Estoque de Mercadorias		200,00
		Para ajustar o estoque final a seu saldo por contagem física		

Continuando a comparação entre os dois sistemas de estoque, é relevante frisar que no sistema de estoque periódico, o estoque final é avaliado tomando-se por base o custo das últimas unidades compradas, supondo-se que as primeiras adquiridas também tenham sido as primeiras vendidas, mesmo que a apuração do CMV seja realizada só ao final do período, com a contagem física do estoque. Ainda, o sistema periódico é menos preciso especialmente para a elaboração de demonstrações financeiras mensais e trimestrais. Esse sistema é menos custoso se considerarmos que ele não exige processamento diário das informações para obtenção do CMV. Entretanto, se durante o período ocorrerem roubos, quebra ou obsolescência de mercadorias, esse sistema de controle de estoque pode tornar-se muito custoso a longo prazo.

Pelo sistema de Estoque Permanente, a apuração do Custo das Mercadorias Vendidas é feita imediatamente após a venda.

Por outro lado, há vantagens no uso do sistema de estoque permanente, pois ele acompanha, o tempo todo, os eventos ocorridos diariamente, apurando de imediato o CMV a cada operação de venda, o que o outro sistema não faz.

8.2 Custo da Mercadoria Adquirida

OBJETIVO 3
Detalhar os componentes do custo das mercadorias adquiridas.

Um assunto a ser tratado com certo cuidado está relacionado com o cálculo do custo da mercadoria adquirida, uma vez que, primeiro, é preciso identificar quais eventos devem realmente compor o custo da mercadoria. Assim, no cálculo desse custo devem ser incluídos o preço constante na fatura de compra excluídos os descontos, quando se tratar de pagamento à vista, o ICMS e o IPI, quando esses tributos forem recuperáveis e registrados como crédito na escrituração fiscal da empresa, as despesas realizadas com o transporte desde o fornecedor até a empresa compradora, quando esses custos forem suportados pela adquirente; gastos com desembaraço aduaneiro em caso de mercadoria importada e seus correspondentes tributos; o custo de manuseio e armazenagem – enfim, todos os custos diretamente identificáveis.

No entanto, devemos lembrar que há outros custos envolvidos no processo de aquisição e que são gerados pelo departamento que realizou o pedido de compra, pelo departamento responsável pelo recebimento das mercadorias e por outros que também originam despesas indiretas relacionadas com a mesma compra. Todos esses custos não são incorporados ao preço de custo da mercadoria, mas são tratados como custos do período e aparecem na DRE.

Agora, tratando-se de mercadoria adquirida e que logo é devolvida por defeito ou por não corresponder à ordem de pedido, ou ainda de mercadoria com direito a abatimento ou desconto no preço para pagamento à vista, a contabilização mediante o sistema de estoque periódico é justamente o espelho de suas contrapartidas de vendas. Para melhor ilustração, suponha que as compras brutas da Mobilfino correspondam ao valor de R$ 1.500.000 e que o montante relativo a devoluções no período seja R$ 200.000. O lançamento desses eventos no diário devem ser da seguinte forma:

Diário **página 5**

DATA	Nº	DESCRIÇÃO	DÉBITO	CRÉDITO
		Compras	1.500.000,00	
		Fornecedores		1.500.000,00
		Fornecedores	200.000,00	
		Devolução de Compras		200.000,00

Agora, imaginemos uma situação com um desconto de R$ 1.900 concedido após o pagamento, ao fornecedor, do valor da fatura com o abatimento por devolução. A posição da conta Fornecedores seria: 1.500.000 – 200.000 = 1.300.000, que foi o valor efetivamente pago. Mas, considerando a nova ocorrência do desconto de R$ 1.900, esse valor deverá ser lançado assim no Diário:

Diário **página 5**

DATA	Nº	DESCRIÇÃO	DÉBITO	CRÉDITO
		Fornecedores	1.300.000,00	
		Descontos sobre Compras		1.900,00
		Caixa		1.298.100,00

É necessário recordar que, para a apuração do custo das mercadorias vendidas, os valores constantes nas contas *Descontos sobre Compras, Devoluções de Compras* e *Abatimentos* deverão ser deduzidos da conta Compras de Estoque.

Todos os impactos relacionados com a aquisição de mercadorias podem ser mais bem visualizados por meio da seguinte simulação do cálculo do Lucro Bruto relativo ao período encerrado em 31/12/2003:

Vendas Brutas			3.500.000
Deduções: Devoluções de Vendas e Abatimentos	200.000		
Descontos sobre Vendas	100.000		300.000
Vendas Líquidas			3.200.000
(-) CMV			
Estoque em 31/12/2002 (A)		100.000	
Compras (brutas)	1.500.000		
(-) Devoluções de Compras	200.000		
(-) Abatimentos sobre Compras	1.900		201.900
Compras Líquidas			1.298.100
Despesas com Frete			110.000
Custo Total da Mercadoria Adquirida (B)			1.408.100
Custo da Mercadoria disponível para venda (A + B)			1.508.100
(-) Estoque em 31/12/2003			8.100
Custo das Mercadorias Vendidas			1.500.000
Lucro Bruto			1.700.000

8.3 Principais Métodos de Avaliação de Estoque

OBJETIVO 4
Explicar os principais métodos de avaliação de estoque e seus impactos na medição dos ativos e do lucro líquido.

Qualquer que seja o sistema de estoque utilizado, a determinação dos custos individuais das mercadorias, por itens, deve ser realizada por algum método de avaliação de estoque. Sob a consideração do sistema permanente, deve ser designado um custo para cada item vendido; pelo sistema periódico, o custo a ser medido é o dos itens remanescentes no final do período, representado pelo preço de venda diminuído da margem de lucro (somente quando o estoque se tratar de mercadorias para revenda).

A avaliação do estoque pode ser executada por meio de vários métodos. Se não houvesse flutuação dos preços, todos os métodos poderiam demonstrar os mesmos resultados. Entretanto, isso não ocorre em razão das mudanças dos preços, para cima ou para baixo, que alteram no mesmo sentido o resultado relativo ao custo das mercadorias vendidas, afetando o custo do estoque (medição do ativo) e o CMV (medição do lucro).

Os principais métodos de avaliação do estoque são:

- ***FIFO (PEPS – Primeiro a Entrar, Primeiro a Sair):*** considera que as primeiras unidades compradas para estoque são as primeiras a serem usadas ou vendidas.
- ***LIFO (UEPS – Último a Entrar, Primeiro a Sair):*** considera que as últimas unidades de estoque adquiridas são usadas ou vendidas primei-

ro. Entretanto, a legislação brasileira do imposto de renda não admite o método de avaliação LIFO.

- *CMP* **(Custo Médio Ponderado)** ou *PMP* **(Preço Médio Ponderado):** calcula o custo unitário dividindo o custo total de aquisição de todos os itens disponíveis para venda pelo número de unidades disponíveis para venda. O método da média ponderada produz, inicialmente, um lucro bruto em algum ponto entre o que é obtido pelos métodos PEPS e UEPS.

Assim, as empresas que utilizam o sistema de estoque permanente, para revenda, podem optar pelo método de avaliação FIFO (PEPS) ou do método do CMP.

O método FIFO pode também ser interpretado como se os primeiros custos representassem as mercadorias vendidas e as últimas mercadorias adquiridas ainda estivessem disponíveis para venda. Portanto, na avaliação do montante de estoque feita no final do período, esses últimos custos são os que mais se aproximam do valor atual de mercado do estoque na data do Balanço Patrimonial. Quando ocorrem aumentos de preço durante o período, o FIFO conduz a lucros líquidos mais altos, o que pode modificar favoravelmente as atitudes dos investidores com relação à empresa. Ainda, quando são reportados lucros mais altos, a tendência é de a empresa pagar salários mais altos, melhores bonificações ou elevar o *status* da sua administração.

Ocorrendo aumentos de preço durante o período, o método **FIFO (PEPS)** gera lucros líquidos mais altos.

Para uma compreensão melhor sobre o comportamento do método FIFO e seu efeito sobre o lucro da empresa, apresentamos uma comparação com o método LIFO, pressupondo que uma empresa tenha a seguinte seqüência de aquisição de mercadorias para venda:

Compra de mercadorias em:

1ª compra: janeiro	8 unidades	R$ 40/unidade
2ª compra: fevereiro	10 unidades	R$ 56/unidade
3ª compra: março	10 unidades	R$ 60/unidade

	LIFO	FIFO
Vendas	98	98
CMV	60	40
Lucro Bruto	38	58
Avaliação do Estoque Final	40/unidade	60/unidade

Se a opção da empresa for pela utilização do Método de Avaliação do CMP, poderá obter o resultado empregando a seguinte fórmula:

$$\text{Média ponderada} = \frac{\text{Custo das mercadorias disponíveis para venda}}{\text{Unidades disponíveis para venda}}$$

Estoque Final de mercadorias em:

1ª compra: janeiro	R$ 40/unidade	8 unidades
2ª compra: fevereiro	R$ 56/unidade	10 unidades
3ª compra: março	R$ 60/unidade	10 unidades

$$\text{Média ponderada} = \frac{[(8 \times 40) + (10 \times 56) + (10 \times 60)]}{28}$$

$$\text{Média ponderada} = 52{,}86$$

O Custo Médio Ponderado poderá ser utilizado tanto na avaliação do estoque remanescente no final do período como para a determinação do custo das mercadorias vendidas.

8.4 Critério do Menor Custo de Mercado

Aplica-se o teste do preço de mercado para o uso do método do custeio do estoque. Nesse sentido, o preço atual de mercado é comparado com o custo histórico, permitindo a opção de uso entre os dois métodos de avaliação: PEPS e CMP. O menor dos dois – valor atual de mercado ou custo histórico – é conservadoramente selecionado como uma base para a avaliação dos produtos em uma data específica do inventário. Quando o valor de mercado for menor mesmo utilizando também o menor valor entre o PEPS e o CMP para avaliar o estoque final, gerará um aumento no montante reportado pelos custos dos produtos vendidos. O conservadorismo tem sido criticado por ser inconsistente.

8.5 Papel do Custo de Reposição

A flutuação dos preços de mercado provoca ajustes no valor do estoque final. Se o preço corrente for menor que o de aquisição, registra-se essa redução do valor do estoque como uma perda.

Outro detalhe importante a ser analisado na questão da determinação de custos é o referente à flutuação dos preços correntes de mercado. Quando o preço de mercado apresenta-se menor que o preço de aquisição, o raciocínio lógico da contabilidade nos faz pensar que é necessária a realização de ajustes ao valor do estoque final para trazê-lo aos níveis dos preços de mercado. A escrituração contábil deverá registrar a redução do valor do estoque como perda. Para ilustrar a ocorrência, suponhamos que, em novembro de 2002, a Mobilfino tenha adquirido cem unidades de cadeiras a um custo unitário de R$ 10. Porém, em dezembro de 2002, o preço unitário de mercado dessa mercadoria caiu para R$ 7. A flutuação de preço (10 – 7 = 3) deverá ser registrada assim:

Diário **página 5**

DATA	Nº	DESCRIÇÃO	DÉBITO	CRÉDITO
		Perdas sobre redução de valor do estoque (ou custo das mercadorias vendidas)	300,00	
		Estoque Para reduzir o valor do estoque de 1.000 para o custo de mercado de 700		300,00

Conforme pode ser verificado no exemplo, a redução do valor do estoque conduz a um aumento de R$ 300,00 no custo dos produtos vendidos. A redução do valor do estoque final tem como conseqüência fundamental uma diminuição também no poder de geração de receitas, uma vez que, havendo queda no preço de mercado, isso conduz também a uma queda no preço de venda dessas unidades remanescentes.

Se os *preços de venda* não são reduzidos para acompanhar a queda dos preços de compra para reposição, o poder de geração de receita do estoque será mantido e nenhuma redução para ajustar o valor do estoque existente poderia ser justificada. Isso significa que, se os preços de venda estimados não caem como os custos de reposição, não será necessário nenhum ajuste no custo do estoque. Diferentemente, se for realizada uma redução nos preços de venda praticados, em decorrência da redução dos custos de reposição, é plenamente justificável o ajuste do valor do estoque, usando o custo atual de reposição.

Se uma redução de valor ocorrer, a nova avaliação do custo de reposição de R$ 7 será, para efeitos contábeis, o custo não expirado de estoque. Mas, se os preços de reposição subseqüentemente aumentarem para R$ 8,00 por unidade em janeiro 2003, nenhum reajuste de valor em dezembro será permitido. Em resumo, o método do custo menor ou custo de mercado pode referir-se ao custo de R$ 7 em 31 de dezembro de 2002 como o "novo custo histórico" do estoque. Em conformidade com os princípios contábeis geralmente aceitos, o custo histórico é a base para avaliação.

8.6 A Importância do Relacionamento do Lucro Bruto com o Custo das Mercadorias Vendidas

Como já foi explicado em capítulos anteriores, na DRE de uma empresa é encontrado um item chamado Lucro Bruto, o qual é o resultado das operações da empresa em um determinado período. Quando relacionado com as vendas líquidas, esse resultado é conhecido como *margem de contribuição* ou *margem bruta,* índice que serve de referencial na avaliação da lucratividade, sinalizando quanto esse específico nível de lucro contribui no desempenho do resultado da empresa. Essa porcentagem segue padrões, segundo o setor e, ainda, segundo a natureza da atividade da empresa: atacadista ou varejista.

Margem Bruta

$$\frac{\text{Lucro Bruto}}{\text{Vendas Líquidas}} \times 100$$

Para as empresas que apenas realizam transações de compra e venda de mercadorias, o lucro bruto é obtido mediante a confrontação do custo total das mercadorias vendidas com as receitas líquidas de vendas. Conseqüentemente, esse cálculo está intrinsecamente relacionado com o montante de estoque que a empresa mantém disponível para venda.

Após a transação de venda, o CMV ou CPV deve figurar na DRE como despesas que, ao serem deduzidas das Vendas Líquidas, conduzem ao Lucro Bruto ou RCM.

O montante obtido como receitas líquidas de vendas deve ser suficiente não só para cobrir os custos das mercadorias vendidas, mas também para cobrir todos os demais custos envolvidos na gestão atual do negócio, tais como: despesas para consolidar vendas, marketing, despesas administrativas e outros custos não operacionais. Ainda, essas receitas devem ser suficientes para cobrir os gastos incorridos com pesquisa e desenvolvimento de produtos/serviços que gerarão receitas em operações futuras.

Conforme já foi estudado, as mercadorias mantidas em estoque são registradas no Balanço Patrimonial como um ativo circulante. Quando a transação de venda é realizada, o custo desse ativo passa a figurar na DRE como uma despesa, denominada *Custo das Mercadorias Vendidas (CMV)* ou *Custo dos Produtos Vendidos (CPV)*[1]. Essa despesa é deduzida das Vendas Líquidas (ou receitas líquidas de vendas, conforme explicado no Capítulo 7) para determinar o *Lucro Bruto,* que corresponde ao resultado obtido com as mercadorias (RCM). Este, dividido pelo valor das vendas líquidas, conduz à identificação do índice chamado *margem de contribuição.* Desse nível de lucro ainda são deduzidas todas as outras despesas, operacionais e não-operacionais para, assim, apurar o *Lucro Líquido.*

1 A terminologia *CPV* é utilizada quando se trata de produtos vendidos cujo estoque sofreu transformação desde a matéria-prima até o produto acabado.

Da mesma forma que o Lucro Bruto gera a margem de contribuição, o Lucro Líquido do Exercício, por sua vez, quando confrontado com as vendas líquidas, fornece a *margem líquida*, índice que avaliará qual a proporção de lucro líquido contida nas vendas líquidas correspondentes.

Pelo exposto, fica evidente como os distintos custos têm impactos específicos na apuração dos resultados da empresa. Cada um deles fornece oportunidade de se obter a mensuração dos diferentes níveis de lucratividade da empresa em um determinado período.

Margem Líquida

$$\frac{\text{Lucro Líquido}}{\text{Vendas Líquidas}} \times 100$$

8.7 Estimativa de Lucro Bruto e Estoque entre Períodos

Os saldos exatos de estoque final, geralmente, não ficam disponíveis mensalmente ou trimestralmente. A contagem física, requerida para uma contagem exata do estoque e uma exatidão no cálculo do custo dos produtos vendidos, pode ser muito custosa para obter-se em períodos menores que um ano, em razão das características do produto, da variedade e do elevado número deles. Portanto, para que uma estimativa possa ser levada a efeito, pode ser usada a seguinte equação, sabendo-se que as vendas esperadas serão de R$ 1.500:

OBJETIVO 5
Discutir a importância do uso da margem bruta de lucro e das medidas de giro de estoque na lucratividade.

VENDAS - CMV = LUCRO BRUTO

LB/V = 30% (% margem bruta relacionada com as últimas vendas)

1.500 - CMV = % x V

1.500 - CMV = 0,3 x 1.500

1.500 - CMV = 450

1.500 - 450 = CMV

1.050 = CMV

Em que: % = margem bruta

Assim, uma estimativa do estoque final pode ser obtida com o uso da seguinte equação:

Estoque Inicial + Compras Líquidas – Estoque Final = CMV

EI + CL – EF = CMV

EI + CL – CMV = EF

Considere um estoque inicial de R$ 200 e as compras líquidas alcançando o nível de R$ 1.300. Substituindo esses valores na equação anterior, poderemos estimar o estoque final em R$ 450:

200 + 1.300 - EF = 1.050

1.500 - EF = 1.050

1.500 - 1.050 = EF

EF = 450

8.8 Porcentagem de Lucro Bruto e Giro do Estoque

Os varejistas freqüentemente tentam aumentar o seu lucro total incrementando o seu nível de vendas. Eles baixam o preço e esperam, com isso, incrementar seu lucro bruto ao vender seu estoque mais rapidamente, reabastecendo-se, vendendo de novo, e assim por diante. Os administradores falam de melhorar seu giro de estoque, o qual é definido como o *custo dos produtos vendidos dividido pelo estoque médio mantido durante um dado período.* O estoque médio é geralmente a *soma do estoque inicial e o estoque final dividido por dois,*

$$\text{Giro} = \frac{\text{Custo dos produtos vendidos}}{\text{Estoque médio}}$$

$$\text{Estoque Médio} = \frac{\text{Estoque Inicial + Estoque final}}{2}$$

8.8.1 Análise do Comportamento da Margem Bruta

A porcentagem de lucro bruto, ou a margem bruta, é utilizada pelos auditores e analistas para conhecer a precisão com que os registros contábeis são realizados. Para essa finalidade, é importante contar com uma série temporal de resultados, pelo menos de três períodos. Como ilustração dessa utilidade da margem bruta, apresentamos o seguinte exemplo:

	2003	2002	2001
Vendas Líquidas	500	450	400
CMV	280	190	180
Lucro Bruto	220	260	220
Margem Bruta (%)	44%	58%	55%

Se, na seqüência dos períodos abordados, a margem bruta apresentar elevação, a empresa analisada terá uma apreciação favorável por parte de seus analistas e investidores. Entretanto, um declínio nessa porcentagem, conforme demonstra nosso exemplo, poderá ser interpretado da seguinte forma:

1. Presença de uma acirrada concorrência, resultando em guerra de preços que, por sua vez, pode ter provocado a redução dos preços de venda.
2. O mix de produtos vendidos pode ter mudado para produtos de margens brutas mais baixas.
3. Possibilidade de roubos ou desvios de dinheiro não registrados pela contabilidade e que, portanto, ficaram fora do controle da empresa.
4. A administração não soube acompanhar a mudança nos preços de venda em decorrência da elevação dos custos, talvez motivada pelos fatores descritos no item 1 ou por carência de uma boa gestão.

Questões

Q.1 Qual a diferença entre o sistema de estoque periódico e o sistema de estoque permanente?

Q.2 Quais fatores compreendem o custo da mercadoria adquirida?

Q.3 Quais os principais métodos de avaliação de estoques?

Q.4 O que a empresa deve fazer quando o preço de mercado da mercadoria é menor que o custo de aquisição?

Q.5 Como se calcula o custo das mercadorias pelo sistema de estoque periódico?

Problemas de Reforço

P.1 A Cia. Aliança Ltda. utiliza o sistema de estoque periódico. Durante o mês de julho de 2003, foram extraídos os seguintes dados dos livros contábeis:

Estoque de Mercadorias em 30/06/2003	R$ 120.000
Compras de Mercadorias	R$ 250.000
Fretes sobre Compras de Mercadorias	R$ 5.000

Devolução de Compras	R$ 16.000
Gastos com Desembaraço Aduaneiro	R$ 14.000
Gastos com Armazenagem	R$ 8.000
Seguros sobre Compras	R$ 3.000
Abatimento sobre Compras	R$ 19.000
Estoque de Mercadorias em 31/07/2003	R$ 85.000

Pede-se:

a) O custo das compras líquidas.

b) O custo das mercadorias vendidas.

P.2 A Cia. Aliança Ltda. utiliza o sistema de estoque periódico. Durante o mês de agosto de 2003 foram extraídos os seguintes dados dos livros contábeis:

Estoque de Mercadorias em 31/07/2003	R$ 150.000
Compras de Mercadorias	R$ 290.000
Fretes sobre Compras de Mercadorias	R$ 5.000
ICMS Recuperável (18%)	R$ 52.200
Gastos com Desembaraço Aduaneiro	R$ 17.000
Gastos com Armazenagem	R$ 12.000
Seguros sobre Compras	R$ 6.000
IPI Recuperável (10%)	R$ 29.000
Estoque de Mercadorias em 30/08/2003	R$ 145.000
Receitas de Vendas	R$ 370.000

Pede-se:

a) O custo das compras líquidas.

b) O custo das mercadorias vendidas.

c) Qual o lucro bruto? Demonstre o resultado.

P.3 A Cia. ABC compra e vende refrigerantes. A empresa utiliza o sistema de estoque permanente. Em setembro, ocorreram os seguintes fatos:

1) 30/08/03 – Saldo de Estoques 50 unidades a R$ 19,20/unidade.

2) 05/09/03 – Compra de 70 unidades a R$ 24,00/unidade.

3) 08/09/03 – Compra de 120 unidades a R$ 26,40/unidade.

4) 10/09/03 – Venda de 100 unidades a R$ 30,00/unidade.
5) 15/09/03 – Compra de 150 unidades a R$ 28,80/unidade.
6) 20/09/03 – Venda de 200 unidades a R$ 35,00/unidade.

Pede-se:

a) Ficha de controle de estoques – método PEPS.
b) Ficha de controle de estoques – método UEPS.
c) Ficha de controle de estoques – CMP.
d) Faça um quadro comparativo dos três métodos (Receitas de Vendas, Custo das Mercadorias Vendidas, Lucro Bruto e Custo do Estoque Final).

P.4 A Cia. Comercial Bom Repouso Ltda. compra e vende sofás. A empresa utiliza o sistema de estoque permanente. Em março de 2003 ocorreram os seguintes fatos:

1) 05/03/03 – Compra de 30 unidades a R$ 1.000/unidade (ICMS 18%).
2) 10/03/03 – Compra de 40 unidades a R$ 1.050/unidade (ICMS 18%).
3) 15/03/03 – Venda de 25 unidades a R$ 1.400/unidade (ICMS 18%).
4) 20/03/03 – Compra de 20 unidades a R$ 1.100/unidade (ICMS 18%).
5) 25/03/03 – Venda de 32 unidades a R$ 1.500/unidade (ICMS 18%).

Pede-se:

a) Ficha de controle de estoques – método PEPS.
b) Ficha de controle de estoques – método UEPS.
c) Ficha de controle de estoques – CMP.
d) Faça um quadro comparativo dos três métodos (Receitas de Vendas, Custo das Mercadorias Vendidas, Lucro Bruto e Custo do Estoque Final).

P.5 A Cia. ABC compra e vende produtos importados. A empresa utiliza o sistema de estoque permanente. Em maio ocorreram os seguintes fatos:

1) 30/04/03 – Saldo de Estoques – 40 unidades a R$ 50/unidade.

2) 05/05/03 – Compra de 60 unidades a R$ 54/unidade.
3) 05/05/03 – Fretes sobre compras de R$ 5/unidade.
4) 05/05/03 – Gastos aduaneiros de R$ 3/unidade.
5) 08/05/03 – Compra de 70 unidades a R$ 58/unidade.
6) 08/05/03 – Fretes sobre compras de R$ 6/unidade.
7) 08/05/03 – Gastos aduaneiros de R$ 7/unidade.
8) 10/05/03 – Venda de 120 unidades a R$ 110/unidade.
9) 15/05/03 – Compra de 150 unidades a R$ 60/unidade.
10) 15/05/03 – Fretes sobre compras de R$ 2/unidade.
11) 15/05/03 – Gastos aduaneiros de R$ 9/unidade.
12) 20/05/03 – Venda de 180 unidades a R$ 130/unidade.

Pede-se:

a) Ficha de controle de estoques – método PEPS.
b) Ficha de controle de estoques – método UEPS.
c) Ficha de controle de estoques – CMP.
d) Faça um quadro comparativo dos três métodos (Receitas de Vendas; Custo das Mercadorias Vendidas; Lucro Bruto e Custo do Estoque Final).

Capítulo 9

Visão Detalhada das Contas: Ativo Permanente, Depreciação e Outras Recuperações de Custo

Objetivos do Capítulo

1. Diferenciar os ativos tangíveis dos intangíveis.
2. Medir o custo de aquisição dos ativos tangíveis.
3. Identificar a depreciação dos ativos tangíveis.
4. Explicar como a depreciação afeta o fluxo de caixa.
5. Calcular ganhos e perdas na alienação de ativos permanentes.
6. Explicar como contabilizar a amortização.
7. Descrever como contabilizar a exaustão de recursos naturais.

O principal assunto está relacionado com o custo de ativos de vida longa e quando deve ser lançado nos livros contábeis como sendo uma recuperação do custo que "passa a ser reconhecida como despesa" na demonstração de resultados.

9.1 Ativo Permanente (De Longa Vida)

OBJETIVO 1
Diferenciar os ativos tangíveis dos intangíveis.

Os ativos permanentes são ativos de longa vida que são agrupados nos subgrupos de contas: Investimento, Imobilizado e Diferido.

As aplicações de recursos em bens e direitos em participações permanentes em outras empresas, mediante ações ou quotas e que não se destinam à manutenção da atividade da empresa, são ativos que pertencem à conta Investimento do Ativo Permanente. Podem ser citados como exemplos de itens do Investimento:

Os ativos permanentes são agrupados em Investimento, Imobilizado e Diferido.

a) as participações em empresas coligadas ou controladas;
b) as provisões para perdas;
c) as obras de arte;
d) os imóveis que não são de uso nas operações.

Os ativos permanentes da conta Imobilizado referem-se às aplicações realizadas com o capital da empresa em bens de uso que lhe fornecem benefícios econômicos por um longo tempo, ao facilitar a produção de produtos/serviços e a geração de receita mediante venda aos clientes. Assim, pertencem ao Imobilizado bens tais como equipamentos, móveis e utensílios, imóveis, veículos, instalações e outros que são destinados à manutenção das operações da empresa ou exercidos com essa finalidade. Ainda é preciso lembrar que também devem ser classificados como ativos do imobilizado todos os custos relacionados com as imobilizações em andamento, bem como os adiantamentos realizados a fornecedores por conta de fornecimento de bens do imobilizado.

Ativo Permanente Diferido é constituído pelos recursos aplicados na empresa que contribuirão para os resultados de exercícios futuros.

As aplicações de recursos em despesas, as quais deverão onerar a empresa e contribuirão na formação do resultado de exercícios futuros, são agrupadas na conta do Ativo Permanente como Diferido. Exemplos de itens do Diferido:

1) despesas de implantação e pré-operacionais tais como: a) gastos de organização e administração (abertura de firma e honorários de constituição, seleção e treinamento de funcionários); b) estudos, projetos e

detalhamentos; c) encargos financeiros; d) juros a acionistas durante a fase de implantação;

2) pesquisa e desenvolvimento de produtos;
3) gastos de reorganização;
4) gastos de implantação de sistemas e métodos.

Os itens do *Ativo Permanente* também são classificados, de acordo com sua natureza, em duas categorias:

a) Ativos tangíveis: bens físicos que podem ser vistos ou tocados, tais como: terrenos, recursos naturais, prédios e equipamentos.
b) Ativos intangíveis: são os direitos ou benefícios econômicos tais como franquias, patentes, marcas registradas, direitos de cópia e fundos de comércio.

Apesar de sua denominação de permanentes, esses ativos de longa vida se desgastam pelo uso ou por causas naturais, ou ainda se tornam obsoletos, pelo que há necessidade de reconhecer o valor econômico desses eventos ao longo do tempo durante o qual a empresa se beneficia de seu uso.

Esse reconhecimento do desgaste como despesa chama-se recuperação de custo. Assim, a expressão *recuperação de custo* é aplicada para a redução sistemática do valor de aquisição do bem a partir da data de sua entrada em operação ou funcionamento, e deve ser usada para descrever qualquer alocação do custo de aquisição do ativo de longa vida aos períodos de seu uso. Na prática, diferentes palavras são usadas para descrever a alocação de custos através do tempo. Em se tratando de ativos tangíveis, a recuperação de custo do ativo é chamada de *depreciação*. Entretanto, há ativos tangíveis para os quais a depreciação não se aplica:

- terrenos, salvo em relação aos melhoramentos ou construções;
- prédios ou construções não alugados nem utilizados pelo proprietário na produção dos seus rendimentos ou destinados a revenda;
- bens que normalmente aumentam de valor com o tempo, como obras de arte ou antigüidades;
- bens para os quais seja registrada quota de exaustão.

Quanto aos recursos naturais, esses ativos utilizam a exaustão como sistema de recuperação de seus custos. Para os ativos intangíveis, usa-se por convenção o sistema de *amortização*, como alocação de custos nos períodos nos quais a empresa se beneficia deles.

ATIVO PERMANENTE	TANGÍVEL	INTANGÍVEL	RECUPERAÇÃO DE CUSTO	DRE
Imobilizado	X		Terreno	--------------
	X		Prédio em uso nas operações	Depreciação
	X		Prédio não alugado e sem uso	--------------
	X		Equipamento	Depreciação
	X		Exploração de recursos naturais	Exaustão
		X	Marcas e patentes	Amortização
Diferido		X	Despesas pré-operacionais	Amortização
		X	Fundo de comércio	Amortização
		X	Pesquisa e desenvolvimento de produtos	Amortização

9.2 Custo de Aquisição de Ativos Tangíveis

Compra de Terreno

Quando uma empresa adquire um terreno, precisa incluir no custo de aquisição desse ativo tangível os custos relacionados com a compra, tais como: a pesquisa, honorários legais, títulos de propriedade, comissão do corretor de imóveis, imposto de transferência imobiliária e até custos de demolição. Entretanto, mesmo com o passar do tempo, o custo histórico ou valor contábil se manterá ao valor original, mas a reavaliação do ativo para preço de mercado deverá ser contabilizada em conta separada.

OBJETIVO 2
Medir o custo de aquisição dos ativos tangíveis.

Para ilustrar, suponha que a Indústria ABC adquira um terreno para suas instalações, pagando R$ 100.000 pelo terreno, R$ 2.500 pela escritura pública, R$ 3.000 em comissões para o vendedor e R$ 4.000 pelo imposto de transferência imobiliária. O registro contábil do terreno no subgrupo do Imobilizado deve ser de R$ 109.500.

Compra de Terreno com Edifício

Compra em cesta
Refere-se à aquisição de vários ativos por um preço global.

No caso de compra de ativos de longa vida, como terrenos e edifícios ao mesmo tempo, isso significa que se realizou uma aquisição de dois tipos de ativos por um único montante de custo. Isso, algumas vezes, é chamado de **compra em cesta** (compra global de diversos bens, geralmente por um preço redondo). Neste caso, a alocação do custo deve ser realizada com base no justo valor de cada item, como se tivessem sido adquiridos individualmente. A alocação do custo de uma compra global aos ativos individualmente pode afetar significativamente as futuras demonstrações de resultados se a vida útil desses vários ativos for diferente.

Por outro lado, quando o valor do terreno não estiver separado do valor do edifício, deverá ser realizado o respectivo destaque para que seja admitida a dedução da depreciação do valor da construção ou do edifício. Para tanto, deverá ser providenciado um laudo pericial para determinar qual parcela do valor contabilizado corresponde ao valor do edifício ou construção, de maneira a poder aplicar o respectivo coeficiente de depreciação.

Quando o valor do terreno não estiver separado do valor do edifício, deverá ser realizado o respectivo destaque para efetuar o cálculo da depreciação.

Por exemplo, uma empresa comprou um edifício no valor de R$ 1.000.000. O laudo pericial de uma empresa especializada avaliou o valor do terreno em R$ 120.000. Portanto, o custo do edifício para efeito de cálculo de depreciação é de R$ 880.000.

Compra de Edifícios e Equipamentos

Os edifícios e os equipamentos são ativos que se desgastam com o tempo e se tornam obsoletos, convertendo-se em despesas que devem ser devidamente contabilizadas ao longo da vida útil do bem. Por ocasião da aquisição desses ativos, podem haver gastos adicionais ao valor do ativo, denominados *gastos de capital.* Isso ocorre quando aumentam a capacidade produtiva ou melhoram a eficiência e a segurança do ativo imobilizado, permitindo seu pleno funcionamento. Portanto, esses gastos são reconhecidos como *custos* e devem ser adicionados na conta do ativo correspondente. Contrariamente, os gastos cujo fato gerador não é necessário para que ocorram o uso e o funcionamento do ativo devem ser lançados como despesas.

Da mesma forma, à medida que outros gastos são incorridos após o ativo entrar em funcionamento ou em uso, eles também devem sempre ser reconhecidos como despesas quando não se tratar de melhoria no aumento da vida útil ou da capacidade produtiva do ativo. Mas, se essas últimas condições se apresentarem, os custos incorridos deverão ser adicionados ao valor do bem.

Para ilustrar, suponha que a empresa Delta adquira um equipamento com os seguintes dados: preço de compra do equipamento, R$ 20.000; custos de transportes, R$ 1.200; custos de instalação, R$ 1.500; e custos de reparação antes do uso, R$ 2.500. O valor base para o cálculo da depreciação é de R$ 25.200.

O custo total da compra é registrado no ativo permanente, na conta Equipamentos do Imobilizado, constituindo-se no valor histórico ou valor bruto do bem.

Também há a possibilidade de a empresa adquirir um conjunto de equipamentos e instalações por um único valor, sem que seja discriminado na transação o valor individual de cada um dos bens adquiridos. Esta também é uma transação de *compra em cesta*, cujo custo deve ser distribuído entre os ativos.

9.3 Métodos de Depreciação

É oportuno retomar, aqui, o conceito de depreciação como recuperação do custo incorrido na aquisição de ativos tangíveis. Ainda é interessante interpretar como essa recuperação ocorre dentro dos procedimentos contábeis e financeiros da empresa. Para isso, é preciso lembrar que a despesa de depreciação tem implicações sob o regime de competência. O reconhecimento do custo como despesa ocorre somente após o uso ou consumo do bem, durante os períodos de sua vida útil, tomando-se por base os turnos de uso e as taxas anuais relacionadas a essa vida útil, cuja tabela foi inserida no Apêndice do Capítulo 3 desta obra.

OBJETIVO 3
Identificar a depreciação dos ativos tangíveis.

É um equívoco considerar a depreciação como uma técnica de avaliação que aproxima o valor atual de mercado do ativo a valores tais como valor de custo de reposição ou de revenda. Ao contrário, pode-se conceituar, sob o prisma contábil, que a depreciação deve ser entendida apenas como uma alocação do custo do ativo aos períodos correspondentes à sua vida útil.

Contabilmente, a depreciação deve ser entendida como uma alocação do custo do ativo aos períodos correspondentes à sua vida útil.

Conforme foi exemplificado no item anterior, há a necessidade de determinar o custo total de aquisição do ativo, pois é esse valor que corresponde ao *valor depreciável*. Consideremos que a empresa incorreu em um custo total de R$ 950.000 na aquisição do equipamento e que, em um primeiro momento, pretende depreciá-lo totalmente. O valor depreciável, portanto, será de R$ 950.000.

Um executivo da empresa, no entanto, acredita que, em decorrência de sua experiência e da posição competitiva da empresa, pode estimar um valor residual de R$ 150.000 para o ativo. Portanto, a empresa poderia adotar esse critério e resolver não depreciar o custo total de aquisição do ativo, gerando um resíduo pela diferença entre o *valor depreciável* e o respectivo custo de aquisição. Essa diferença seria o

Valor Residual
É a diferença entre o valor depreciável e o custo de aquisição.

valor residual estimado, montante que se espera receber ao se desfazer de um ativo de longa vida no final de sua vida útil. Sinônimos de valor residual são: valor terminal, valor de baixa, valor de sucata. Exemplo:

Custo total de aquisição do equipamento	950.000,00
Valor residual	150.000,00
Valor depreciável	800.000,00
Vida útil para fins de depreciação:	dez anos

A depreciação aloca o valor depreciável como despesa, distribuindo-o em parcelas iguais entre os períodos nos quais são elaboradas as DREs durante a vida útil do ativo.

Lembremos que a despesa afeta o lado direito do Balanço Patrimonial, pelo que será necessário recuperar o equilíbrio e, portanto, também diminuir o lado esquerdo do balanço. Assim, os custos relativos à depreciação de ativos nos respectivos períodos serão sucessivamente adicionados ao serem registrados na conta retificadora denominada Depreciação Acumulada. Conseqüentemente, o Balanço Patrimonial, além de apresentar o valor histórico do bem dentro da conta do Ativo Permanente, também registra o valor acumulado das depreciações do bem. Dessa forma, a confrontação do custo histórico com a depreciação acumulada em cada período contábil permite conhecer o custo atual ou valor contábil ou o valor líquido do ativo.

Exemplo:

Ativo Permanente	
Equipamento	950.000,00
(Depreciação acumulada)	95.000,00
Custo atual ou Valor contábil (valor líquido)	855.000,00

A alocação do custo como despesa de depreciação é feita mediante a utilização da tabela de taxas de depreciação anual fixadas pela legislação do imposto de renda, na qual constam os percentuais que devem ser aplicados ao montante do custo total de aquisição para a determinação do valor da depreciação a ser realizada em cada ano da vida útil do ativo.

Existem vários métodos pelos quais os ativos podem ser depreciados: método das taxas fixas, método das taxas variáveis, método da depreciação decrescente, método das unidades produzidas, método da linha reta e outros. Entretanto, o método utilizado e aceito pela legislação fiscal brasileira é o da linha reta.

9.3.1 Depreciação pelo Método da Linha Reta

O método linear considera o valor depreciável em quotas constantes, durante a vida útil do ativo.

A depreciação em linha reta lança o valor depreciável, em quotas constantes, durante a vida útil do ativo. Nesse método, contabiliza-se como despesa de depreciação a parcela do custo total de aquisição correspondente à taxa anual permitida pela legislação para o tipo de bem.

Depreciação Anual (normal)	=	Taxa Pertinente ao Tipo de Bem	x	Custo Total de Aquisição do Bem

A taxa de depreciação é calculada pela divisão de 100% pelo prazo estimado de vida útil do bem, seja ele em meses, trimestres ou anos, e, assim, obtém-se a taxa mensal, trimestral ou anual a ser aplicada.

Para ilustrar isso, suponha que em 10 de janeiro de 2000, a empresa Castro Ltda. tenha comprado uma máquina de triturar resíduos plásticos que tem uma vida útil estimada de dez anos, pelo custo total de aquisição de R$ 950.000. De acordo com a tabela fixada pela legislação fiscal, esse custo de aquisição deverá ser depreciado durante dez anos à taxa anual constante de 10%. Assim, o valor a ser lançado como despesa de depreciação será obtido da seguinte forma:

100%/10 anos = 10% (taxa anual de depreciação)

950.000,00 x 10% = 95.000,00 (valor da depreciação anual)

	CÁLCULO SEM VALOR RESIDUAL VLR DEPRECIÁVEL = 950.000,00		CÁLCULO COM VALOR RESIDUAL VR = 150.000,00 VLR DEPRECIÁVEL = 800.000,00	
ANO	DEPRECIAÇÃO	VALOR ACUMULADO	DEPRECIAÇÃO	VALOR ACUMULADO
1	95.000,00	95.000,00	80.000,00	80.000,00
2	95.000,00	190.000,00	80.000,00	160.000,00
3	95.000,00	285.000,00	80.000,00	240.000,00
4	95.000,00	380.000,00	80.000,00	320.000,00
5	95.000,00	475.000,00	80.000,00	400.000,00
6	95.000,00	570.000,00	80.000,00	480.000,00
7	95.000,00	665.000,00	80.000,00	560.000,00
8	95.000,00	760.000,00	80.000,00	640.000,00
9	95.000,00	855.000,00	80.000,00	720.000,00
10	95.000,00	950.000,00	80.000,00	800.000,00

Esses R$ 95.000 representam o valor de cada quota anual a ser lançada como despesa de depreciação durante os próximos dez anos. O quadro da página anterior ilustra as quotas anuais para a despesa de depreciação calculada sem e com o valor residual.

O exemplo anterior considerou uma depreciação normal, em que o equipamento seria usado durante uma jornada normal de trabalho equivalente a oito horas. No entanto, a legislação brasileira do imposto de renda reconhece um maior desgaste experimentado pelo equipamento quando ele é utilizado em dois turnos diários de operação, o que corresponde a 16 horas trabalhadas. Há casos em que a jornada se triplica, passando para 24 horas o período de uso do equipamento.

Esse aumento do uso do equipamento justifica uma depreciação em um período menor que o estabelecido pela tabela. Essa é a chamada *depreciação acelerada*, calculada mediante a multiplicação da taxa anual normal correspondente ao ativo por 1,5 no caso de operação de dois turnos e por 2,0, caso o equipamento funcione durante as 24 horas ininterruptamente.

	TAXA NORMAL		PARA 2 TURNOS		PARA 3 TURNOS	
			COEFICIENTE	TAXA	COEFICIENTE	TAXA
EQUIPAMENTO	10%	X	1,5	15%	2,0	20%

Para melhor fixação desse tipo de cálculo de depreciação acelerada, vejamos o exemplo a seguir:

Em qualquer modalidade, seja pelo método de depreciação em linha reta ou pela depreciação acelerada, o montante acumulado das quotas de depreciação não poderá ultrapassar o custo de aquisição do bem.

Apesar de a legislação fiscal ter fixado os percentuais a serem aplicados para a depreciação de cada espécie de bem dependendo de sua vida útil estimada, é facultado às empresas aplicar percentual superior sempre e quando faça prova da adequação dessa quota mediante laudo do Instituto Nacional de Tecnologia ou de outra entidade oficial de pesquisa científica ou tecnológica.

Se, dependendo da utilização do bem, for aplicada uma depreciação acelerada, esse reconhecimento do custo em menor período que o normal, em razão de um maior desgaste, reduzirá o lucro operacional passível de tributação pelo imposto de renda e, conseqüentemente, haverá uma redução no valor desse imposto a pagar quando da apuração do lucro real. Em alguns países, as autoridades de imposto de renda permitem que se aplique a depreciação total do valor do equipamento no mesmo ano de sua aquisição. Vale recordar que a depreciação acelerada exige a presença de requisitos especiais, prescritos por lei; por isso não pode ser aplicada segundo a vontade da empresa.

A depreciação acelerada exige requisitos especiais, prescritos por lei; por isso, não pode ser aplicada segundo a vontade da empresa.

9.3.2 Depreciação Proporcional

Dificilmente a aquisição de ativos para uso da empresa é realizada exatamente no início do ano, ou do exercício. Conseqüentemente, a depreciação a ser realizada deverá considerar a data em que o ativo efetivamente entrou em operação. Por exemplo, a empresa comprou uma máquina em março e somente em maio começou a usá-la. A depreciação deverá ser considerada a partir do mês de maio, e a contabilização do valor de depreciação obedecerá ao método de duodécimo, ou seja, será calculada em termos de quotas mensais, obtidas dividindo-se por 12 a quota anual de depreciação. Assim, o valor da quota de depreciação mensal será contabilizado a partir de maio, do que se depreende que no final do ano a depreciação acumulada será equivalente a oito meses de consumo, ou oito quotas mensais.

A depreciação proporcional é realizada quando o consumo do bem refere-se apenas a parte do ano. Calcula-se pelo método de duodécimo.

Portanto, a depreciação referente ao consumo por partes do ano acumulará, no final do ano, o total referente a tantas quotas quantas tiverem sido consumidas pelo uso do bem.

As empresas podem elaborar suas demonstrações financeiras conforme suas necessidades de informação. Assim, se as demonstrações forem elaboradas em período menor que um ano, o cálculo de depreciação se regerá por esse mesmo período, conforme demonstrado a seguir.

Depreciação realizada mensalmente

CÁLCULO SEM VALOR RESIDUAL VLR DEPRECIÁVEL = 950.000,00			
TAXA ANUAL	DEPRECIAÇÃO ANUAL	TAXA TRIMESTRAL	DEPRECIAÇÃO TRIMESTRAL
10%	95.000,00	10%/4 = 2,5%	23.750

Depreciação realizada trimestralmente

CÁLCULO SEM VALOR RESIDUAL VLR DEPRECIÁVEL = 950.000,00			
TAXA ANUAL	DEPRECIAÇÃO ANUAL	TAXA TRIMESTRAL	DEPRECIAÇÃO TRIMESTRAL
10%	95.000,00	10%/44 = 2,5%	23.750

Contabilização

Diário **página 5**

DATA		Nº	DESCRIÇÃO	DÉBITO	CRÉDITO
31	08		Despesas com Depreciação - Máquina	23.750,00	
			Depreciação Acumulada		23.750,00
			Depreciação correspondente ao 3º trimestre		

9.4 Depreciação e Fluxo de Caixa

OBJETIVO 4
Explicar como a depreciação afeta o fluxo de caixa.

É preciso salientar que, na elaboração da DRE, o valor relativo à depreciação de um bem durante sua vida útil é considerado uma despesa a ser deduzida do lucro operacional (EBITDA - lucro antes dos juros, imposto de renda, depreciação e amortização). Se todas as despesas são saídas de caixa, o valor referente à depreciação também é? A resposta é não. Entretanto, quando o mesmo valor é aumentado na conta Depreciação Acumulada, aí sim ele gera caixa? A resposta continua sendo não. O que ocorre é que a depreciação simplesmente aloca uma parcela do custo original de um ativo depreciável a períodos nos quais ele é usado. E essa alocação somente é verificada nos livros contábeis e não implica entrada ou saída de valor monetário.

A depreciação não gera caixa, uma vez que não há incidência de entrada ou saída de valor monetário.

O valor acumulado de depreciação apenas identifica o montante do custo de aquisição do bem que foi reconhecido como despesa e, portanto, o valor consumido até então. Ao final da vida útil do bem, a depreciação acumulada deverá somar, no máximo, o mesmo valor do custo original de aquisição, caso não se tenha considerado nenhum valor residual. Então, depreciação acumulada não é uma acumulação de caixa esperando ser usada. Ainda deve ser observado que, apesar do benefício fiscal decorrente, a redução que ela opera no lucro real e, posteriormente, o acréscimo que ela realiza em sua conta acumulada só servem para o equilíbrio das contas e não representam movimentação de fundos. Portanto, o valor de depreciação de bens nem entra nem sai do caixa. Ele funciona para traduzir a posição contábil dos ativos que fazem parte da operação da empresa.

Para ilustrar que a depreciação não gera caixa, considere uma empresa que inicia atividades com capital e seu correspondente de caixa de R$ 250.000. No mesmo dia, um equipamento foi adquirido à vista por R$ 100.000, com uma vida útil de dez anos, sem valor residual. O primeiro ano de operações gerou caixa decorrente de vendas, no valor de R$ 500.000, e as despesas operacionais de caixa somaram R$ 100.000. Usando o método de depreciação da linha reta, o valor depreciável anual

	Depreciação em linha reta	Depreciação Acelerada
Vendas	500.000	500.000
Despesas operacionais	100.000	100.000
Lucro = aumento líquido de caixa	400.000	400.000
(-) Depreciação	10.000	20.000
Valor tributável para I.R.=	390.000	380.000

será 100% /10 de R$ 100.000 = R$ 10.000. Na depreciação acelerada, com uso de três turnos, será 2,0 x 10% x R$ 100.000 = R$ 20.000.

Conforme exposto, a depreciação não representa entrada ou saída de caixa, mas constitui uma recuperação de custo de um investimento inicial realizado no ativo correspondente, que gera um benefício fiscal e que, dessa maneira, tem impacto na apuração do Lucro Líquido do período.

Uma análise do resultado da empresa no período pode ser realizada pelo cálculo do seu fluxo de caixa. Para esse propósito, é necessário um ajuste do lucro líquido de maneira a incorporar a esse resultado as receitas e as despesas que efetivamente não representam dinheiro, ou caixa.

Como enfocado no item anterior, a depreciação representa o valor econômico estimado do consumo de vida útil dos bens utilizados na operação da empresa durante o período base. Esse valor implica redução do lucro líquido e conseqüente diminuição do imposto de renda a pagar. Porém, como já explicado, a depreciação é uma despesa que não sai do caixa, mas que, para efeito de cálculo do lucro líquido, é deduzida do montante de vendas do período.

Uma análise do resultado da empresa no período pode ser realizada pelo cálculo do seu fluxo de caixa.

Para refletir o verdadeiro fluxo de caixa da empresa no período, é preciso realizar um ajuste e novamente adicionar o valor da depreciação ao lucro líquido anteriormente calculado, porque esse valor foi deduzido como despesa, mas, efetivamente, não saiu da empresa.

Aproveitando o último exemplo sobre a aquisição de um equipamento, suponha que as despesas de depreciação não sejam consideradas, o lucro esteja superestimado e o imposto seja também muito mais alto. Portanto, a despesa de depreciação normal anual de R$ 10.000 é deduzida da receita de vendas, juntamente com outros custos tais como mão-de-obra e matérias-primas, totalizando R$ 100.000, para, então, determinar o lucro antes do imposto de renda.

Note, no entanto, que os R$ 100.000 foram de fato incorridos e saíram da empresa embutidos no custo das mercadorias vendidas, enquanto a despesa de depreciação não representa nenhuma saída de caixa da empresa. Assim, neste exemplo, o lucro operacional foi de R$ 400.000 e sofre a dedução relativa à depreciação equivalente a R$ 10.000, gerando o Lucro Antes do Imposto de Renda – Lair de R$ 390.000, do qual será deduzido o imposto de renda (35%) de R$ 136.500, resultando em um lucro líquido de R$ 253.500. Contudo, para calcular o fluxo de caixa do período, é preciso acrescentar o valor da depreciação de R$ 10.000 que foi deduzido, adicionando-o novamente ao lucro líquido para, assim, obter o fluxo de caixa de R$ 263.500.

9.5 Reparação e Manutenção *Versus* Benfeitorias de Capital

Os ativos permanentes são passíveis de desgastes e de se danificarem ao longo do tempo durante sua utilização. A questão dos desgastes foi tratada com a depreciação. Porém, os gastos realizados com reparações de danos ou manutenção regular dos ativos que fazem parte do processo produtivo da empresa devem ter um tratamento distinto, pois se constituem em outras despesas operacionais, diferentes da depreciação.

Tanto os gastos incorridos em reparações como os relacionados com a manutenção regular de modo a manter os ativos em condições de pleno funcionamento devem ser considerados despesas do período corrente e lançados em conta única. Entretanto, algumas vezes faz-se distinção entre reparação e manutenção. A primeira inclui custos eventuais incorridos de modo a devolver a condição normal de operação do ativo. A manutenção tem o caráter preventivo, mas, da mesma forma que a reparação, a sua finalidade é manter o ativo em condições de operação durante sua vida útil. Essa diferenciação entre os gastos não é de maior preocupação para a contabilidade, uma vez que os valores correspondentes são sempre reconhecidos como despesas operacionais.

Gastos incorridos em reparação e manutenção de ativos devem ser contabilizados como despesas do período corrente.

Há, no entanto, outro item a ser considerado e que merece atenção na hora de seu reconhecimento. Trata-se das benfeitorias realizadas nos ativos com a intenção de melhorar sua eficiência ou aumentar a sua vida útil, adicionando benefício futuro ao diminuir o seu custo operacional e passível de depreciação.

Geralmente, as benfeitorias são capitalizadas. Isso ocorre ao ser adicionado o valor da benfeitoria, no ano em que ela ocorre, ao saldo da depreciação, o que diminui o valor residual mostrado no período. Dessa maneira, o total obtido será dividido pelo número de anos de vida útil remanescente.

Exemplificando, a empresa KLM adquiriu um edifício em 02/01/2000 por R$ 200.000. A depreciação acumulada nos exercícios de 2000 e 2001 (4% ao ano) equivale a R$ 16.000. Durante o exercício de 2002, a empresa construiu uma benfeitoria no edifício no valor de R$ 40.000, alterando o tempo de vida útil do bem para 25 anos (23 anos restantes + 2 anos de alteração). Assim, o valor da depreciação a partir do exercício de 2002 será de R$ 8.960 a cada exercício contábil. A seguir, demonstra-se o cálculo: Custo de Aquisição de R$ 200.000 menos Depreciação Acumulada de R$ 16.000 = Valor Contábil de R$ 184.000 + Custo da Benfeitoria de R$ 40.000 = Custo do Edifício para depreciação de R$ 224.000 x 4% = R$ 8.960.

9.6 Ganhos e Perdas na Venda de Ativos Permanentes

A qualquer momento e dependendo das necessidades e conveniência, a empresa pode alienar seus ativos permanentes. Assim, a venda de propriedades, fábricas, equipamentos pode resultar em ganhos ou perdas, dependendo do valor atribuído ao bem no ato da transação, quando confrontado com o valor contábil. Se a diferença entre a entrada de caixa e o valor contábil for positiva, produz-se um ganho, mas, ao contrário, quando o valor contábil for superior ao valor de venda do bem, a transação gerou uma perda para a empresa.

OBJETIVO 5
Calcular ganhos e perdas na alienação de ativos permanentes.

De qualquer forma, se os ganhos ou as perdas forem valores insignificantes, deverão integrar a DRE como *receitas ou despesas não operacionais.* Se eles constituírem valores representativos, deverão, de igual maneira, figurar como *receitas não operacionais,* porém, com explicação detalhada de sua natureza (ganho/perda) e origem (venda de ativo).

O seguinte exemplo considera o equipamento depreciado em sua totalidade. No último ano, entretanto, apresentou-se um mercado para esse bem, com um comprador que esteve disposto a pagar R$ 200.000.

Valor residual (mercado final)	200.000
Custo inicial em 2000	950.000
Base depreciável em 2000	950.000
Valor Contábil em 2009	95.000
Ganhos de capital	105.000
Lucro normal (prejuízo)	0
Imposto de renda (35%)	36.750
Valor residual líquido (Valor residual - Impostos)	163.250

Utilizando a equação do Balanço Patrimonial, vejamos o que acontece na transação de alienação do equipamento:

Ativo			=	P	+ PL
Caixa	Equipamento	Depreciação acumulada		Prov. p/IR	Ganho na venda de equipamento
+ 200.000	- 950.000	+ 855.000		+36.750	+105.000

A DRE respectiva deverá apresentar também os valores decorrentes do imposto de renda, assim como o resultado dessa transação.

9.7 Amortização de Ativos Intangíveis

A alocação dos custos de ativos tangíveis é feita mediante a depreciação constante em quotas iguais, durante a vida útil do ativo. Agora, em se tratando de ativos intangíveis, a alocação dos custos de aquisição é realizada por meio do método de amortização.

OBJETIVO 6
Explicar como contabilizar a amortização.

É oportuno lembrar que os ativos intangíveis não possuem uma natureza física. Eles são direitos de benefícios esperados decorrentes da aquisição ou possessão contínua, como as patentes, os direitos de cópia, o fundo de comércio etc.

Em razão da obsolescência, a vida econômica dos ativos intangíveis tende a ser menor que sua vida legal.

Ainda é bom lembrar que a amortização se refere à eliminação gradual e periódica do custo do ativo de uma empresa, como encargos do exercício, das imobilizações financeiras ou imateriais. Assim, a amortização se constitui em recuperação econômica do capital aplicado em:

I – Despesas que contribuem para a formação do resultado de mais de um exercício social. Exemplos: despesas pré-operacionais, despesas com pesquisa e desenvolvimento de novos produtos.

II – Direitos cuja existência ou exercício tem duração limitada ou bens cuja utilização tem prazo legal ou contratual limitado e desde que em nenhuma hipótese caiba indenização, como:

a) bens intangíveis ou direitos de uso, como patentes de invenção, fórmulas e processos de fabricação;

b) investimento em bens que, nos termos da lei ou contrato que regule a concessão de serviço público, devem reverter ao poder concedente, ao final do prazo de concessão;

c) direitos autorais, licenças, autorizações para exploração de determinada atividade econômica, concessões para exploração de serviços públicos, bem como o custo de aquisição, prorrogação ou modificação de contratos de qualquer natureza, inclusive de exploração de fundos de comércio;

d) custo das construções e benfeitorias em bens locados, arrendados ou cedidos por terceiros;

e) o valor dos direitos contratuais de exploração de florestas.

A taxa anual de amortização será fixada tendo em vista o número de anos restantes de existência do direito ou o número de exercícios sociais em que deverão ser usufruídos os benefícios das despesas registradas no ativo diferido.

A amortização dos componentes do ativo diferido sujeita-se a dois prazos:

a) um mínimo de cinco anos, para fins fiscais;
b) um máximo de dez anos, aplicável a todas as pessoas jurídicas que possuam escrituração contábil regular.

A taxa anual de amortização será fixada tendo em vista o número de anos restantes de existência do direito e o número de períodos de apuração em que deverão ser usufruídos os benefícios decorrentes das despesas registradas no ativo diferido. É calculada da seguinte forma:

$$\text{Amortização do período} = \frac{\text{Valor do direito}}{\text{N° de períodos de duração}}$$

$$250.000 = \frac{2.500.000}{10 \text{ anos}}$$

Contabilização

Diário **página 5**

DATA		Nº	DESCRIÇÃO	DÉBITO	CRÉDITO
31	12		Amortização - despesa	250.000,00	
			Amortização Acumulada		250.000,00
			Pelo uso de marca durante o 1º ano		

Como característica de diferenciação, o ativo intangível é apresentado no Balanço Patrimonial somente se os direitos sobre alguns benefícios que ele fornece forem comprados pela empresa.

Exemplos de Amortização de Ativos Intangíveis

Patentes

A concessão de patentes, pelo governo federal, ao responsável pela inovação é realizada para que, com base nela, possa ser produzido e vendido o produto apenas pelo detentor dessa propriedade. Para ilustrar, suponha que uma empresa compre a patente do inventor pelo valor de R$ 1.000.000. No entanto, em razão das rápidas mudanças tecnológicas, a vida econômica da patente é diminuída dos 20 anos originais da concessão para oito anos apenas. Havendo uma diminuição dos benefícios em relação ao valor legal do direito concedido, é necessário trazer esse fenômeno econômico a seu valor real e isso é possível com o emprego da amortização.

No caso, a amortização do custo do direito de patente seria:

R$ 1.000.000/8 anos = R$ 125.000 por ano em lugar de
R$ 1.000.000/20 anos = R$ 50.000 por ano

Direito de cópia

Referem-se aos direitos exclusivos de reprodução ou venda de livros, composições musicais, filmes e similares. Para que possam ser exercidos, deverão estar registrados devidamente por órgão federal, sendo garantida a sua proteção. O valor pago ao governo pelos direitos é nominal, mas a empresa pode pagar preço diferente ao proprietário deles.

Marca registrada

É preciso adquirir os direitos relacionados com a marca particular para que seja utilizada em produto e/ou serviço como nome, sinal, logotipo, emblema ou *slogan*. O custo pago por esses direitos deve ser amortizado com o transcorrer do tempo.

Licença de franquia

Direitos adquiridos para fabricar, distribuir ou vender produtos e/ou serviços sob condições específicas. Esses direitos também podem perder seu valor econômico ao longo do tempo e, portanto, o seu custo deve ser amortizado conforme previsão legal.

Fundo de comércio

Com o funcionamento e operação contínua, a empresa acumula um valor identificado como fundo de comércio, que é definido como o valor que excede o justo preço de mercado de todos os seus ativos, deduzido o passivo. Como esse direito também está sujeito a deterioração, a empresa deverá amortizar o seu custo.

9.8 Exaustão de Recursos Naturais

Com o transcorrer do tempo, a exploração de recursos naturais diminui conforme eles vão se esgotando até sua completa exaustão. Essa diminuição implica perda de valor do ativo, e o custo de aquisição pela exploração deve ser alocado pelo método da exaustão, cujas quotas obedecem aos princípios da depreciação.

OBJETIVO 7
Descrever como contabilizar a exaustão de recursos naturais.

O montante da quota de exaustão será determinado tendo em vista o volume da produção no período e sua relação com o tipo de posse mantido ou de acordo com o prazo de concessão do direito de exploração.

São objetos de exaustão os direitos de exploração de recursos minerais ou florestais e, ainda, os bens utilizados nessa exploração. Ficam fora desse mecanismo de exaustão os direitos de exploração de jazidas minerais inesgotáveis ou de exaurimento de difícil determinação, como as de água mineral.

O cálculo da quota de exaustão é o seguinte:

a) $$\text{Taxa de Exaustão Anual} = \frac{\text{Custo da aquisição}}{\text{Potencial de exploração da possança}} \times 100$$

ou

b) $$\text{Exaustão Anual} = \frac{\text{Custo da aquisição}}{\text{Prazo estimado para esgotamento}}$$

ou

c) $$\text{Valor da exaustão por tonelada explorada} = \frac{\text{Custo da aquisição}}{\text{Potencial de exploração}}$$

Por exemplo, considere uma pedreira adquirida por R$ 10.000.000. O potencial estimado de exploração total é de 200 milhões de toneladas. A taxa de exaustão será calculada assim:

a) Considerando o custo de aquisição e o volume de produção estimado para o total esgotamento do recurso:

$$\frac{\text{R\$ } 10.000.000}{200.000.000 \text{ t}} \times 100 = 5\% \text{ taxa anual de amortização}$$

Quota anual de exaustão = 5% x R$ 10.000.000 = R$ 500.000

b) Considerando que o prazo estimado de esgotamento total da pedreira é de 20 anos. Assim, o cálculo da quota anual de amortização é o seguinte:

$$\frac{\text{R\$ } 10.000.000}{20 \text{ anos}} = \text{R\$ } 500.000 \text{ por ano}$$

c) $\frac{\text{R\$ 10.000.000}}{\text{200.000.000 t}}$ = R$ 0,05 por tonelada

Suponha que, no primeiro ano, sejam explorados apenas 8 milhões de toneladas. A exploração efetiva será igual a:

8.000.000 x 0,05 = R$ 400.000

Contabilização

Diário **página 5**

DATA	Nº	DESCRIÇÃO	DÉBITO	CRÉDITO
31 12		Exaustão – despesa	400.000,00	
		Exaustão Acumulada		400.000,00
		Pelo uso de marca durante o 1º ano		

Da mesma forma que os valores de depreciação e amortização, a exaustão também se constitui em despesa e, como tal, é apresentada na DRE, provocando os mesmos efeitos redutores no lucro e no imposto de renda.

Questões

Q.1 Qual a diferença entre ativos tangíveis e intangíveis?

Q.2 Como se divide o ativo permanente?

Q.3 Quais os bens que podem ser depreciados?

Q.4 Qual a diferença entre depreciação e exaustão?

Q.5 Como deve ser tratada a depreciação quando se elabora a Demonstração do Fluxo de Caixa?

Problemas de Reforço

P.1 A empresa Beta Ltda. adquiriu um veículo, em janeiro de 2001, por R$ 28.000. A taxa de depreciação do veículo é de 20% ao ano. Em junho de 2002, o veículo foi vendido por R$ 20.000.

Qual o ganho ou perda na venda do veículo?

P.2 A empresa Vale Verde Ltda. adquiriu uma jazida de minério por R$ 500.000.000. O potencial de exploração foi estimado em 25.000.000 de toneladas de minério. No exercício de 2003, a empresa extraiu 2.100.000 toneladas de minério.

Qual o custo de exaustão do exercício de 2003?

P.3 A empresa Bela Vista comprou, em janeiro de 2001, uma máquina por R$ 180.000. A vida útil da máquina foi estimada para fabricar 360.000 peças durante dez anos.

A máquina produziu:

1º ano	40.000 peças
2º ano	38.000 peças
3º ano	35.000 peças

Qual a depreciação dos três anos da máquina?

P.4 A empresa Radiante Ltda. comprou um equipamento, em março de 2002, por R$ 40.000. A vida útil do equipamento é de dez anos, e o valor residual está estimado em R$ 5.000.

Qual o valor da depreciação acumulada no quinto ano de uso do equipamento?

P.5 A empresa Campos Gerais Ltda. comprou, em setembro de 2001, um equipamento por R$ 60.000. A vida útil do equipamento é de dez anos. Em junho de 2003, o equipamento quebrou e foi vendido como sucata por R$ 11.000.

Qual o ganho ou perda na venda do equipamento?

P.6 A empresa Cataratas Ltda. comprou instalações por R$ 18.000 em maio de 2002. A vida útil das instalações é de cinco anos.

Qual a depreciação de cada ano durante os cinco anos de vida útil?

Capítulo 10

Passivos e Juros

Objetivos do Capítulo

1. Conceituar e apresentar as características do Passivo.
2. Esclarecer sobre a contabilização do Passivo Circulante.
3. Descrever o perfil do Passivo Exigível de Longo Prazo.
4. Exemplificar a avaliação dos Títulos de Dívida de Longo Prazo.
5. Explicar a contabilização das etapas da Dívida de Longo Prazo.
6. Apresentar a estrutura de alguns índices que envolvem o uso de dívida por parte da empresa.

O Passivo é composto por obrigações de pagar em dinheiro ou de fornecer bens ou serviços em razão de adiantamento ou sinais recebidos por conta de vendas a outras empresas. O excesso de dívida ou impossi-

OBJETIVO 1
Conceituar e apresentar as características do Passivo.

bilidade para pagá-la pode gerar vários problemas para a empresa. Dependendo do tipo de obrigação, os credores podem forçar a venda de um artigo específico, acionar o Conselho de Administração ou até forçar a empresa a sair do negócio.

O Passivo, também denominado de Passivo Exigível, subdivide-se em Passivo Circulante e Passivo Exigível de Longo Prazo. O Passivo Circulante compõe-se de obrigações com vencimento dentro do ano seguinte ou no prazo do ciclo normal de operações, se este for maior que um ano. O Passivo Exigível de Longo Prazo são obrigações que têm vencimento posterior ao ano ou ciclo no qual o Balanço Patrimonial é apresentado. Algumas obrigações de longo prazo são pagas gradualmente, em parcelas anuais ou mensais. Por exemplo, uma dívida com prazo de vencimento de três anos poderá ser saldada em parcelas mensais, semestrais ou anuais, até sua liquidação ao final do terceiro ano.

10.1 Passivo Circulante

OBJETIVO 2
Esclarecer sobre a contabilização do Passivo Circulante.

Abrange as contas que representam obrigações que a empresa deverá pagar no exercício social seguinte, com vencimento em um ano ou após o ciclo operacional, caso este seja superior a um ano. As contas do Passivo Circulante, geralmente, são:

- Fornecedores
- Salários a Pagar
- Impostos a Recolher
- Encargos Sociais a Recolher
- Provisão para Imposto de Renda e outras Provisões
- Obrigações Financeiras (Empréstimos e Financiamentos a Pagar)
- Outras Obrigações (por exemplo, adiantamentos de clientes ou sinais recebidos por conta de vendas)

É preciso entender o significado de cada uma dessas contas.

- Dentro da Conta *Fornecedores* devem ser anotados os valores relacionados com as compras de matérias-primas para industrialização ou produtos acabados a serem comercializados, cujos montantes são devidos aos fornecedores que concederam crédito nessas compras.
- A Conta *Salários a Pagar* é constituída pelo valor total devido aos empregados da empresa, a ser pago até o quinto dia útil do mês subseqüente.

- Dentro da Conta *Impostos a Recolher* estão os impostos incidentes na venda de produtos ou na prestação de serviços e que ainda não foram recolhidos pela empresa aos cofres públicos.
- A Conta *Encargos Sociais a Recolher* se refere às despesas com impostos decorrentes da Folha de Pagamento, tais como INSS, FGTS, PIS, entre outros. Geralmente, esses encargos devem ser recolhidos aos cofres públicos em datas especificadas pela Secretaria da Receita Federal.
- Na Conta *Provisão para Imposto de Renda e outras Provisões*, deve ser registrado o percentual do Lucro apurado no encerramento do exercício, a ser recolhido aos cofres do governo federal no ano subseqüente. Também deverá ser realizada a provisão do *Imposto de Renda Retido na Fonte* (*IRRF*), referente à tributação com base na remuneração mensal do empregado e ao número de dias de férias ao qual já tiver direito na época do Balanço Patrimonial.

  Evidentemente, se no cálculo da provisão para o IRRF considera-se o montante relativo ao direito adquirido de férias, é preciso também realizar uma provisão na Conta *Outras Provisões*, com relação ao pagamento de férias ao empregado. Igualmente, essas provisões podem integrar as proporções a serem reconhecidas relativas a gratificações a empregados, décimo terceiro salário, contingências, entre outras.
- A Conta *Obrigações Financeiras*, constituída por *Empréstimos e Financiamentos a Pagar*, se refere às operações de crédito para obtenção de fundos de curto prazo, realizadas junto às instituições financeiras, formalizadas por títulos (notas promissórias ou letras de câmbio) mantidos pelo banco que concedeu o crédito ou por outros credores. Exemplo desse último tipo de concessão de crédito pode ser representado pelas operações realizadas pelas sociedades anônimas, para captação de fundos, em que são emitidas notas promissórias (*commercial paper*) por prazo mínimo de 30 dias e máximo de 180 dias, a serem negociadas publicamente, com a assistência de um banco de investimento. Nesses casos, os credores são os adquirentes desse tipo de título.

  Ainda, no processo de captação de recursos financeiros, a empresa pode aumentar seu capital de giro mediante o *Desconto de Duplicatas a Receber* junto a instituições financeiras que realizam operações de *Factoring*.
- Podem ser registrados na Conta *Outras Obrigações* os valores recebidos pela empresa como sinal ou adiantamento devido a uma venda realizada para entrega posterior. Esse montante é considerado uma obrigação porque, enquanto o produto ou o serviço não é entregue, mantém-se a

obrigação com o fornecedor dos valores. Caso não haja o cumprimento da entrega pela empresa, devolve-se o dinheiro recebido.

Os adiantamentos serão considerados obrigações enquanto o produto ou serviço não for entregue.

Pelo regime de competência, a contabilidade reconhece as despesas quando elas pertencem a operações de um dado período, independentemente de serem pagas à vista. A empresa poderá alocar, como custo ou despesa operacional de cada exercício, os valores provisionados anteriormente descritos.

10.1.1 Contabilidade do Passivo Circulante

Para que a contabilidade do Passivo Circulante seja entendida, primeiro é necessário apresentar as definições das principais contas desse grupo.

Fornecedores – são obrigações decorrentes de compras de produtos e serviços a crédito.

Empréstimos bancários – são obrigações contraídas com os bancos, representadas por um título de crédito, geralmente nota promissória, emitido em favor do fornecedor de fundos. O documento em questão é uma promessa escrita de pagar o valor monetário recebido, chamado de principal, mais os juros remuneratórios pelo uso do dinheiro recebido em empréstimo, em uma data futura predeterminada. Somente os títulos de crédito que devem ser pagos dentro do próximo ano ou período contábil são classificados como Passivo Circulante. Muitas empresas combinam, em uma única conta, os empréstimos bancários com outras obrigações originadas em outras fontes de recursos de curto prazo.

Somente as obrigações com vencimentos dentro do ano ou período contábil são consideradas Passivo Circulante.

As notas promissórias freqüentemente resultam de uma linha de crédito, concedida mediante convênio com um banco para que este forneça empréstimos de curto prazo até um valor preestabelecido. Em cada desembolso, a empresa beneficiária deve emitir uma nota promissória em favor do banco, discriminando o valor correspondente à obrigação.

Salários a pagar – são obrigações contraídas com os empregados e lançadas como despesas incorridas e reconhecidas no período coberto pelo Balanço Patrimonial, mas que ainda não foram pagas.

As empresas possuem contas separadas para identificar *salários a pagar, encargos sociais a recolher* e *impostos a recolher*. Como ilustração, vejamos o exemplo a seguir.

Suponha que a Folha de Pagamento mensal da Empresa Nobre Ltda. totalize R$ 400.000, com R$ 60.000 correspondentes a impostos a recolher e R$ 44.000 ao INSS descontado dos empregados. O lançamento a ser feito no Diário será:

Diário **página 5**

DATA		Nº	DESCRIÇÃO	DÉBITO	CRÉDITO
			Despesas com Salários	400.000,00	
			Salários a Pagar		296.000,00
			Imposto de Renda a Recolher		60.000,00
			Encargos Sociais a Recolher		44.000,00

Vale ressaltar que, sobre a folha de pagamento, incidem os encargos sociais (20% de INSS da empresa; 5,8% de Terceiros; 3% de Seguro de Acidentes; e 8,5% de FGTS). O registro contábil será:

Diário **página 5**

DATA		Nº	DESCRIÇÃO	DÉBITO	CRÉDITO
			Despesas com Encargos Sociais	149.200,00	
			Encargos Sociais a Pagar		149.200,00

A empresa deve pagar o imposto de renda com base em um percentual de seus lucros. Para isso, é preciso explicar que existem vários regimes de tributação do imposto de renda de pessoa jurídica, tais como o Lucro Real e o Lucro Presumido. Se a contribuição da empresa tiver como base o Lucro Real, a contabilização será a seguinte:

Diário **página 5**

DATA		Nº	DESCRIÇÃO	DÉBITO	CRÉDITO
			Resultado do Exercício	70.000,00	
			Provisão para IR (15%)		70.000,00

- Imposto de renda de 15% sobre o lucro de até R$ 240.000.
- Imposto de renda de 10% adicional sobre o lucro acima de R$ 240.000.

Caso a empresa tenha receitas que sofreram retenção de imposto na fonte, o valor retido poderá ser compensado e abatido da provisão para imposto de renda, por meio do seguinte lançamento:

Diário **página 5**

DATA	Nº	DESCRIÇÃO	DÉBITO	CRÉDITO
		Provisão para IR (15%)	70.000,00	
		IR Fonte Compensável		70.000,00

Caso a empresa faça uso da sistemática de apuração mensal do imposto por média de estimativa, o mencionado imposto retido na fonte deverá ser deduzido já nos pagamentos mensais relativos à própria estimativa e, com isso, será zerado. Se isso não ocorrer, o saldo será aplicável ao último lançamento.

Quando realizar pagamento superior ao devido no período, a empresa poderá efetuar a compensação do valor excedente ao fazer o recolhimento no período seguinte. Conseqüentemente, as obrigações acumuladas no final do ano por imposto de renda geralmente são menores que a despesa de imposto de renda anual.

Quando o lucro antes do imposto de renda for maior que o estimado, a empresa deverá registrar, como imposto de renda a pagar, a diferença existente entre o valor estimado e o valor efetivo.

Imposto sobre Vendas

Na realização das vendas, são identificados os valores brutos correspondentes à **Receita Bruta das Vendas e Serviços**, quer sejam para o mercado interno ou com destino à exportação. Essa receita bruta compõe-se do preço de venda dos bens ou serviços, e é sobre ela que incidem os seguintes tributos: ICMS (Imposto sobre Circulação de Mercadorias e Prestação de Serviços de Transportes Interestadual e Intermunicipal e de Comunicação), ISS (Imposto sobre Serviços de Qualquer Natureza), IE (Imposto de Exportação) e IVV (Imposto sobre Vendas a Varejo de Combustíveis Líquidos e Gasosos). Enquadram-se também, nesse rol de contribuições sobre a Receita Bruta, as taxas que guardam proporcionalidade com o preço de venda – por exemplo, a Contribuição para o Financiamento da Seguridade Social (Cofins) e o Programa de Integração Social (PIS).

Após a aplicação da dedução relativa aos impostos incidentes sobre as vendas brutas, e da diminuição dos valores correspondentes às vendas canceladas e aos descontos concedidos incondicionalmente, tem-se, como valor resultante, a **Receita Líquida das Vendas e Serviços**.

O preço de venda será composto pelo valor do produto/serviço acrescido do imposto correspondente.

Quando cobra os impostos sobre as vendas, a empresa faz o papel de agente de retenção do governo, seja federal, estadual ou municipal. Dessa maneira, ao realizar a venda, a empresa compõe o preço de venda com o valor do bem ou serviço, acrescido da alíquota percentual relativa ao tributo correspondente, o qual será, a seu devido tempo, repassado ao governo. Por exemplo, se dez produtos tiverem preço unitário de R$ 100 e o valor dos impostos incidentes totalizar R$ 28, o preço bruto das vendas corresponderá a (100 + 28) x 10 = R$ 1.280. A seguir, podemos visualizar o impacto dessa transação na equação patrimonial:

ATIVO	=	PASSIVO	+	PATRIMÔNIO LÍQUIDO
Contas a Receber		Provisão de Impostos a Pagar sobre Vendas		Lucros Acumulados
+1.280,00	=	+280,00		+1.000,00
				Aumento em Vendas

Os Impostos a Pagar sobre Vendas aparecem no Balanço Patrimonial como Passivo Circulante até serem recolhidos ao governo. O volume de vendas apresentado na DRE será o valor bruto de R$ 1.280, menos os impostos incidentes sobre as vendas, evidenciando, desta forma, a receita líquida na DRE. Os lançamentos correspondentes no Diário serão:

Diário **página 5**

DATA	Nº	DESCRIÇÃO	DÉBITO	CRÉDITO
		Caixa ou Contas a Receber	1.280,00	
		Receitas de Vendas		1.280,00
		Imposto sobre Vendas	280,00	
		Imposto a Pagar sobre Vendas		280,00

10.1.1.1 Vencimentos do Exigível de Longo Prazo no Período do Balanço Patrimonial

Mesmo dentro da modalidade de Dívida de Longo Prazo pode existir parcela dessa dívida cujo vencimento ocorre em data inferior a um ano em relação ao período contábil subseqüente e, portanto, essa obrigação deve figurar, dentro do Balanço Patrimonial, como Dívida de Curto Prazo. Para que isso se concretize, é preciso reclassificar essa parcela de dívida de forma a incorporá-la, dentro do período, como Passivo Circulante.

> Parcela de Empréstimo e Longo Prazo cujo vencimento ocorre dentro do período contábil é reclassificada como Passivo Circulante.

O lançamento no diário, reclassificando um Passivo Não Circulante, para reconhecer aquela porção atual de Dívida de Longo Prazo como um Passivo Circulante, deve ser:

Diário **página 5**

DATA	Nº	DESCRIÇÃO	DÉBITO	CRÉDITO
		Obrigações de Longo Prazo	94.000,00	
		Exigível de Curto Prazo		94.000,00

Para explicar melhor a posição contábil anterior, é preciso enfatizar que todos os empréstimos realizados pela empresa, cujo prazo entre a data da assinatura do contrato e seu pagamento final seja superior a um ano, são contabilizados primeiro como Exigível de Longo Prazo para, depois, na data do Balanço Patrimonial, serem transferidos para o Passivo Circulante se nessa ocasião o período a transcorrer até o vencimento da dívida, ou parte dêla, for inferior a um ano.

10.2 Provisão para Contingências de Produtos Vendidos

Alguns Passivos Circulantes não são medidos com o mesmo grau de exatidão dos exemplos anteriores.

Deve-se entender, por contingências, as incertezas sobre a ocorrência de eventos futuros que afetam a posição econômico-financeira da empresa. O efeito de perdas contingenciais pode decorrer do dever de assumir uma obrigação ou o comprometimento de um ativo. Ao contrário, os ganhos contingenciais são aqueles que podem resultar na aquisição de um ativo ou redução de um passivo. Uma modalidade de perdas contingenciais é a que se refere a alguns tipos de garantias de produtos vendidos. As provisões para contingências se relacionam com a ocorrência do fato gerador – neste caso, a venda do produto – cujas conseqüências econômicas são certas, embora seu valor não seja ainda formalmente constituído.

> Contingências são as incertezas sobre eventos futuros que afetam a posição econômico-financeira da empresa.

Assim, as provisões para contingências têm por finalidade dar cobertura a perdas ou despesas cujo fato gerador já ocorreu, não havendo, ainda, o correspondente desembolso ou perda.

Para ilustrar, pode ser citada a obrigação que surge de um programa que oferece garantias aos produtos vendidos pela empresa. Se as obrigações são materiais, elas devem ser provisionadas e acumuladas à medida que os produtos são vendidos, pois isso gera uma expectativa de obrigação futura, e não quando o evento incerto se concretiza, exigindo a cobertura da garantia pelo cliente.

O montante apropriado como *Provisões para Contingências dos Produtos Vendidos* é calculado mediante estimativa das despesas de garantia, geralmente baseadas na experiência passada para produtos de reposição e reparação. Conseqüentemente, qualquer diferença entre o valor estimado e o resultado atual é geralmente adicionada ou subtraída da conta de despesa de garantia. A contabilização no momento da venda é a seguinte:

Diário **página 5**

DATA	Nº	DESCRIÇÃO	DÉBITO	CRÉDITO
		Despesa de Garantia	240.000,00	
		Obrigações por Garantias		240.000,00
		Registrar estimativa de obrigações por garantias decorrentes das atuais vendas. A provisão de 2% sobre as vendas atuais de 12 milhões ou (240.000)		

Quando a reclamação de uma garantia se apresenta e a empresa devolve o dinheiro ao cliente, o lançamento é o seguinte:

Diário **página 5**

DATA	Nº	DESCRIÇÃO	DÉBITO	CRÉDITO
		Obrigações por Garantias	120,00	
		Caixa		120,00
		Reparação de Produto em Garantia		

No caso de substituição de produto danificado, o registro contábil é o seguinte:

Diário **página 5**

DATA	Nº	DESCRIÇÃO	DÉBITO	CRÉDITO
		Despesas de Garantia	1.000,00	
		Estoque		1.000,00
		Substituição de Produto em Garantia		

10.2.1 Receitas Não Ganhas

O vendedor deverá entregar os produtos ou serviços ou estará obrigado a restituir na totalidade o que recebeu antecipadamente. Constituem receitas não ganhas as assinaturas periódicas de revistas ainda não entregues, a aquisição de passagens aéreas a serem utilizadas, a aquisição antecipada de bilhetes de espetáculos, o adiantamento para serviços de reparação e outros similares. Se os produtos adquiridos não forem entregues ao cliente ou consumidos, os seus respectivos valores deverão ser devolvidos ao comprador. Portanto, as receitas não ganhas geram obrigações de fazer ou entregar. Segue exemplo de contabilização do recebimento antecipado para fabricação de cadeiras:

Receitas não ganhas são provenientes de recebimentos de dinheiro por vendas contratadas, mas que ainda não foram entregues ao cliente.

Diário **página 5**

DATA	Nº	DESCRIÇÃO	DÉBITO	CRÉDITO
		Caixa	5.200,00	
		Receitas de Venda não Ganhas		5.200,00
		Registro de cobrança antecipada ao cliente, referente a 10% do contrato para fabricação de cadeiras		

No prazo determinado, a empresa realiza a entrega das cadeiras fabricadas sob encomenda. Com relação ao valor recebido por antecipação, a contabilização será a seguinte:

Diário **página 5**

DATA	Nº	DESCRIÇÃO	DÉBITO	CRÉDITO
		Receitas de Venda não Ganhas	5.200,00	
		Vendas		52.000,00
		Registro de receitas de vendas de cadeiras entregues ao cliente que fez adiantamento pela encomenda		
		Caixa	46.800,00	

10.3 Passivo Exigível de Longo Prazo

OBJETIVO 3
Descrever o perfil do Passivo Exigível de Longo Prazo.

Para entender a contabilidade do Exigível de Longo Prazo, é preciso entender os princípios dos *juros compostos* e os termos relativos ao valor do dinheiro no tempo, ao valor futuro e ao valor presente.

Natureza do Exigível de Longo Prazo – O Exigível de Longo Prazo, geralmente, é o registro do valor presente de todos os pagamentos cujos vencimentos ocorrerão no futuro, descontados a uma taxa de juros de mercado contratada na ocasião em que a obrigação foi assumida. Considere um empréstimo para um carro novo, com o custo de R$ 34.000, a ser comprado em 1º de janeiro de 2000. A empresa tem disponível, atualmente, apenas R$ 8.000 para essa finalidade. Conseqüentemente, precisará tomar emprestado R$ 26.000. A taxa de juros cotada é de 20% ao ano, e estimam-se quatro pagamentos, a cada 31 de dezembro, de R$ 10.043,52.

OBJETIVO 4
Exemplificar a avaliação dos Títulos de Dívida de Longo Prazo.

O total de pagamentos é 4 x 10.043,52 = 40.174,07. No entanto, o valor presente dos pagamentos, à taxa anual de 20%, é (Tabela 3 do Apêndice) 2,5887 x 10.043,52 = 26.000. Qual é a medida adequada da obrigação em 1º de janeiro de 2000? Ela é de R$ 26.000, que representam o valor presente dos futuros pagamentos, e não a soma total desses pagamentos.

Tabela de Amortização do Empréstimo para Financiamento de Veículo

ANO	VALOR INICIAL	Pagamento Anual	Juros = 20%	Pagamento do Principal	Saldo Remanescente
2000	26.000,00	10.043,52	5.200,00	4.843,52	21.156,48
2001	21.156,48	10.043,52	4.231,30	5.812,22	15.344,26
2002	15.344,26	10.043,52	3.068,85	6.974,67	8.369,59
2003	8.369,59	10.043,51*	1.673,92	8.369,59	0

* O último pagamento sofreu uma redução equivalente a 0,01 para ajustar o cálculo que gera diferenças em razão dos arredondamentos.

As empresas tomam dinheiro emprestado, a várias fontes, com vencimentos a longo prazo, e emitem notas promissórias, letras de câmbio ou outro título de crédito para consolidar a obrigação para com os seus credores. Essas emissões são conhecidas como "colocações privadas", porque são mantidas e negociadas de forma direta entre o fornecedor e o tomador dos fundos. Esses tipos de obrigações são classificados como Exigíveis de Longo Prazo. Os mais comuns são: notas promissórias, letras de câmbio e títulos de dívida.

As empresas de capital aberto necessitam tomar emprestados elevados montantes de dinheiro. Por tal motivo, precisam recorrer a muitos fornecedores para captação desses fundos, e o fazem com a emissão de títulos de dívida (Debêntures) que são vendidos ao público mediante processo organizado por um Banco de Investimentos. Os Títulos de Dívida são certificados de dívida que, geralmente, possuem as seguintes características:

1) Promessa de pagamento de juros em dinheiro, a uma taxa anual predeterminada (freqüentemente chamada de Taxa de Juros Nominal, Taxa Contratual ou Taxa Declarada). Os juros geralmente são pagos a cada seis meses.

2) Promessa de pagamento do principal (freqüentemente chamado de "valor nominal" ou "valor par") em uma data de vencimento predeterminada.
3) Fundamentalmente, os Títulos de Dívida são emissões individuais colocadas entre muitos fornecedores de fundos.

10.3.1 Títulos de Dívida de Hipoteca e Debêntures

Diferentes credores têm diferentes prioridades nos direitos de recuperação de seus fundos. Detentores de Títulos de Dívida têm maior prioridade em ativos específicos de uma empresa.

Títulos de Dívida, as *Debêntures* são formas de Dívida de Longo Prazo. As Debêntures são emitidas com **garantia real**, representada por bens do ativo da empresa, devidamente registrados para esse fim, e com **garantia flutuante**, representada por bens do ativo da sociedade, mas com prescrição de rotatividade, por serem geralmente perecíveis. Em caso de inadimplência, os detentores dessas Debêntures podem vender os ativos dados em garantia e, assim, satisfazer seus direitos.

Ainda há a emissão de *Debênture Sem Preferência*, sem especificação de garantia, cujo detentor compartirá os ativos disponíveis com outros credores gerais (quirografários) para recuperar seu crédito. Outra modalidade são as *Debêntures Subordinadas*, títulos representativos de dívidas que não gozam de garantia; seus detentores, em caso de liquidação da empresa, têm direitos unicamente sobre ativos remanescentes após a satisfação dos direitos dos credores quirografários.

10.3.2 Contabilização para Transações de Títulos de Dívida

OBJETIVO 5
Explicar a contabilização das etapas da dívida de Longo Prazo.

Avaliação do Mercado de Títulos de Dívida

Os Títulos de Dívida são, geralmente, vendidos por meio de um processo de crédito sindicado. São feitas operações de intermediação, praticadas, pelas instituições financeiras e demais sociedades autorizadas pelo Banco Central a funcionar (grupo sindicado), com a assessoria de bancos de investimentos, que operam como "subscritores".

O grupo sindicado compra a emissão inteira dos Títulos de Dívida da empresa e, com isso, garante que a empresa obtenha todos os fundos necessários e nas datas previstas. Em seguida, o grupo vende os Títulos de Dívida ao público investidor em geral. O Conselho de Administração da empresa estabelece a taxa de juros nominal. A taxa nominal, geralmente, é determinada o mais próximo possível da taxa de mercado. Muitos fatores afetam essa taxa; geralmente, são as condições econômicas, as condições da indústria, o risco do uso dos recursos e as características específicas do Título de Dívida (resgate, fundo para amortização e conversibilidade). No dia da emissão, os recursos para o emitente podem estar acima ou abaixo do valor nominal do título, dependendo das condições de mercado. Se os recursos estiverem acima do valor nominal, os Títulos de Dívida serão vendidos com um prêmio; se os recursos estiverem abaixo do valor nominal, os títulos de dívida serão vendidos com um desconto. Conseqüentemente, o rendimento do título (taxa de mercado, taxa de juros efetiva) – a taxa de juros requerida pelos investidores em um Título de Dívida – freqüentemente difere da taxa de juros nominal. Os juros pagos em dinheiro, em geral semestralmente, são determinados pela taxa nominal, não pela taxa efetiva. O rendimento até o vencimento é a taxa de juros na qual todos os fluxos de caixa contratuais para juros e principal têm um valor presente igual aos recursos da emissão.

O fato de os Títulos de Dívida serem emitidos com desconto não significa que a cotação do emitente seja ruim; da mesma forma, a emissão de Títulos de Dívida com um prêmio não faz supor que a avaliação do crédito da empresa seja especialmente boa. Descontos e prêmios são determinados por forças de mercado que flutuam dia-a-dia e pela escolha da taxa de juros nominal relativa à taxa de juros praticada pelo mercado para Títulos de Dívida de riscos semelhantes.

10.3.3 Cálculo do Valor de Mercado de Títulos de Dívida

Um Título de Dívida de R$ 1.000, pelo prazo de dois anos, com taxa de juros de 12%, pagos semestralmente, é vendido por R$ 1.065. Qual será a taxa de juros efetiva?

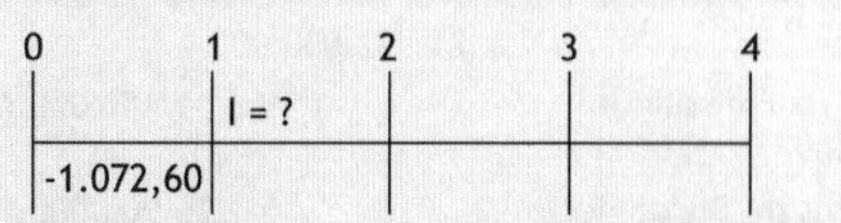

n = 4; PV = 1.072,60; pagamento de juros contratados = 60; FV = 1.000

Taxa efetiva i (K_d) = ?

$$1.072,60 = \frac{60}{(1 + K_d)} + \ldots\ldots\ldots \frac{60}{(1 + K_d)^4} + \frac{1.000}{(1 + K_d)^4}$$

3,9999% x 2 = 7,9980% K_d

A empresa subscreveu uma Debênture que gera uma obrigação semestral de 6% sobre os R$ 1.000, valor nominal, relativa ao pagamento de juros. Entretanto, ela obteve um ágio de R$ 72,60 quando emitiu seu título, possivelmente em decorrência do aumento de demanda por parte dos investidores. Esse ganho no valor presente gera um custo anual efetivo da dívida equivalente a 10%, em vez de 12% do valor nominal do título.

Neste exemplo, considera-se a emissão de Título de Dívida com ágio.

10.3.4 Contabilização de Emissão de Debênture com Ágio

Utilizando os valores do exemplo anterior, vejamos como se comporta essa dívida por meio da seguinte tabela de amortização:

Semestres	Obrigação líquida	Taxa de juros efetiva 3,9999 %	Taxa de juros nominal 6%	Ágio amortizado	Valor nominal do título	Amortização do ágio	Obrigação líquida final
0					20.000.000	1.452.000	21.452.000
1	21.452.000	858.059	1.200.000	341.941	20.000.000	1.110.059	21.110.059
2	21.110.059	844.381	1.200.000	355.619	20.000.000	754.440	20.754.440
3	20.754.440	830.157	1.200.000	369.843	20.000.000	384.597	20.384.597
4	20.384.597	815.403	1.200.000	384.597*	20.000.000	0	

* Há diferença de R$ 40,00, que se deve a problemas de arredondamento.

Diário **página 5**

DATA	Nº	DESCRIÇÃO	DÉBITO	CRÉDITO
31 12/00		Caixa	21.452.000,00	
		Ágio na Emissão de Títulos		1.452.000,00
		Títulos de Dívida de Longo Prazo		20.000.000,00
		Registro de recursos pela emissão de títulos com vencimento em 31 de dezembro de 2003		

Na data de pagamento de juros, a contabilização será a seguinte, considerando o rateio do ágio total entre os quatro períodos semestrais:

Diário **página 5**

DATA		Nº	DESCRIÇÃO	DÉBITO	CRÉDITO
6	30/01		Despesa com Juros	858.059,00	
			Apropriação Semestral de Ágio	341.941,00	
			Caixa		1.200.000,00
12	31/01		Despesa com Juros	844.381,00	
			Apropriação Semestral de Ágio	355.619,00	
			Caixa		1.200.000,00
6	28/02		Despesa com Juros	830.157,00	
			Apropriação Semestral de Ágio	369.843,00	
			Caixa		1.200.000,00
12	28/02		Despesa com Juros	815.403,00	
			Apropriação Semestral de Ágio	384.597,00	
			Caixa		1.200.000,00
12	28/02		Títulos de Dívida de Longo Prazo	20.000.000,00	
			Caixa		20.000.000,00

10.3.5 Títulos de Dívida Emitidos ao Valor Nominal

Para exemplificar, suponha que, em 31 de dezembro de 2001, uma empresa tenha emitido 20.000 Debêntures, com vencimento em dois anos, a uma taxa de juros anual de 12% do valor nominal. Conseqüentemente, os recursos oriundos da venda correspondem ao valor nominal do título de R$ 1.000, multiplicado pela quantidade emitida de 20.000 Debêntures, resultando em R$ 20.000.000. Como os títulos de dívida foram emitidos ao valor nominal, a despesa com juros equivale ao montante de juros contratados, ou seja, 6% x 20.000.000 = 1.200.000, pagos a cada seis meses. Portanto, a despesa com juros e os pagamentos por juros totalizam R$ 4.800.000 durante os quatro períodos semestrais. Os lançamentos contábeis pela emissão são os seguintes:

Diário **página 5**

DATA		Nº	DESCRIÇÃO	DÉBITO	CRÉDITO
			Caixa	20.000.000,00	
			Títulos de Dívida de Longo Prazo		20.000.000,00
			Registro de recursos pela emissão de títulos com vencimento em 31 de dezembro de 2003		

Após o vencimento dos juros, a contabilização será a seguinte:

		Despesa de Juros	1.200.000,00	
		Caixa		1.200.000,00
		Registro pelo pagamento semestral de juros		

Em 31 de dezembro de 2003, no vencimento dos títulos, eles deverão ser resgatados, gerando a seguinte contabilização:

		Títulos de Dívida de Longo Prazo	20.000.000,00	
		Caixa		20.000.000,00
		Registro pelo pagamento dos títulos no vencimento		

10.3.6 Emissão de Títulos de Dívida com Desconto

Suponha que os 20.000 Títulos de Dívida do exemplo anterior tenham sido emitidos com desconto, o que significa que, em vez de receber R$ 1.000 a cada título negociado, obteve-se apenas R$ 985, em razão do desconto concedido, quando a taxa de juros anual de mercado estava a 12%. Então, os recursos da venda foram de 20.000 x R$ 985 = R$ 19.700.000. Por conseguinte, a empresa terá de registrar o deságio de R$ 300.000, já que poderá usar apenas os R$ 19.700.00 obtidos com a venda dos títulos com desconto, e não os R$ 20.000.000 da obrigação contraída. Conseqüentemente, o lançamento da emissão será:

Diário **página 5**

DATA	Nº	DESCRIÇÃO	DÉBITO	CRÉDITO
		Caixa	19.700.000,00	
		Deságio por Desconto de Debêntures na Emissão	300.000,00	
		Títulos de Dívida de Longo Prazo		20.000.000,00
		Registro de pagamento, no vencimento, ao valor nominal da Debênture		

O desconto sobre os Títulos de Dívida a pagar (deságio) é uma conta de retificação. Esta é deduzida dos Títulos de Dívida. A Conta de Títulos de Dívida de Longo Prazo apresenta, geralmente, o valor nominal e a diferença entre o valor nominal dos títulos de dívida a pagar e o desconto, resultando, assim, no exigível líquido.

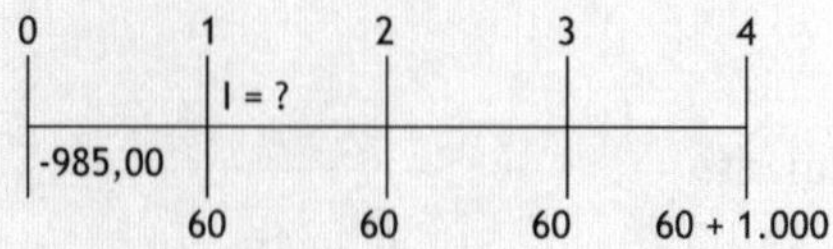

n = 4; PV = 985,00; pagamento de juros contratados = 60 = (12/2 = 6% x 1.000); FV = 1.000
Taxa efetiva i (K_d) = ?

$$985 = \frac{60}{(1 + K_d)} + \ldots\ldots \frac{60}{(1 + K_d)^{30}} + \frac{1.000}{(1 + K_d)^{30}}$$

6,44% x 2 = 12,88% K_d

A empresa subscreveu cada Debênture que gera uma obrigação semestral de 6% sobre os R$ 1.000, valor nominal relativo ao pagamento de juros; entretanto, ela obteve um deságio de R$ 15 quando emitiu seu título, possivelmente em razão de incentivo pela iliquidez no mercado. Essa perda no valor presente gera maior custo anual efetivo da dívida equivalente a 12,88% em lugar de 12% do valor nominal do título. Esse deságio deverá ser apropriado ao longo do período da dívida.

10.3.7 Índices de Endividamento e Índices de Cobertura de Juros

OBJETIVO 6
Apresentar a estrutura de alguns índices que envolvem o uso de dívida por parte da empresa.

Geralmente, os índices encontrados para avaliar a dívida da empresa incluem:

$$\textbf{Coeficiente de Endividamento} = \frac{\text{Passivo Exigível Total}}{\text{Patrimônio Líquido Total}}$$

Índice da Dívida de Longo Prazo para o Capital Total =

$$\frac{\text{Total da Dívida de Longo Prazo}}{\text{Patrimônio Líquido Total + Dívida de Longo Prazo}}$$

$$\textbf{Índice de Dívida pelo Total de Ativos} = \frac{\text{Passivo Exigível Total}}{\text{Ativo Total}}$$

$$\textbf{Índice de Cobertura de Juros} = \frac{\text{Lucro antes do Imposto + Despesas de Juros}}{\text{Despesas de Juros}}$$

Questões

Q.1 Defina Passivo Circulante.

Q.2 Por que as empresas efetuam desconto de duplicatas?

Q.3 O que é contingência?

Q.4 Defina Passivo Exigível de Longo Prazo.

Q.5 O que é uma Debênture?

Q.6 O que são Debêntures Subordinadas?

Q.7 Cite quatro fatores que afetam a taxa nominal de juros em um Título de Dívida.

Problemas de Reforço

P.1 A empresa Delta Ltda. tem uma folha de pagamentos de R$ 300.000. O INSS descontado dos empregados é de R$ 33.000; o Imposto de Renda Retido na Fonte, R$ 75.000; os Encargos Sociais da empresa, R$ 111.900. Faça os lançamentos contábeis da folha de pagamento.

P.2 Uma mercadoria foi comprada a prazo por R$ 120.000, com ICMS a Recuperar de 18%. Faça os registros contábeis.

P.3 A empresa Catarata Ltda. efetuou as seguintes operações:

1) Compras a prazo de mercadorias no valor de R$ 90.000, com ICMS a Recuperar de 18%.
2) Vendas a prazo de mercadorias no valor de R$ 140.000, com ICMS de 18%.

Pede-se: a) Os lançamentos contábeis.
b) O valor do ICMS a Pagar.

P.4 A empresa Beta S.A. emitiu um Título de Dívida de R$ 1.000 pelo prazo de três anos, com taxa de juros de 12%, pagos semestralmente. O Título de Dívida foi vendido por R$ 1.080. Qual será a taxa de juros efetiva?

P.5 A empresa Alfa S.A. emitiu 10.000 Títulos de Dívida com valor nominal de R$ 1.000 cada. Esses títulos foram vendidos por R$ 920, e a taxa de juros de mercado é de 12%. Os juros serão pagos semestralmente durante dois anos.

Pede-se: a) Os registros contábeis.
b) A taxa de juros efetiva.

P.6 A empresa Solidária Ltda. tem um Passivo Exigível Total de R$ 150.000 e um Patrimônio Líquido Total de R$ 175.000. Qual é o coeficiente de endividamento?

P.7 A empresa Vale Verde Ltda. tem as seguintes Dívidas de Longo Prazo:

Debêntures	R$ 250.000
Financiamentos Bancários	R$ 320.000
Títulos a Pagar	R$ 180.000

O Patrimônio Líquido é de R$ 1.200.000. Qual o índice da Dívida de Longo Prazo para o capital total?

P.8 A empresa Campos Gerais Ltda. tem um Passivo Exigível Total de R$ 460.000 e um Ativo Total de R$ 920.000. Qual é o índice de dívida pelo total de ativos?

P.9 A empresa Aliança Ltda. obteve um Lucro antes do Imposto de R$ 170.000. As Despesas de Juros pagas no período foram de R$ 40.000. Qual o índice de cobertura de juros?

Capítulo 11

Visão Detalhada do Capital Acionário

Objetivos do Capítulo

1. Explicar o tratamento ao capital da sociedade por quotas de responsabilidade limitada.
2. Discutir os aspectos da liquidação da sociedade limitada.
3. Explicar as características da composição de capital da sociedade de capital aberto.
4. Explicar as diferenças entre ações autorizadas, emitidas e em circulação.
5. Explicar as características da ação preferencial.
6. Descrever o que são os dividendos cumulativos e o *split* de ações.
7. Descrever a importância das reservas e dos lucros acumulados.
8. Apresentar a contabilização das transações com ações em tesouraria.
9. Definir a taxa de retorno sobre o patrimônio líquido dos acionistas ordinários.

Os três grandes grupos que compõem o Balanço Patrimonial são: o Ativo, o Passivo e o Patrimônio Líquido. Nos capítulos anteriores, abordamos as peculiaridades do Ativo e do Passivo. Agora, é preciso explicar o que representa o Patrimônio Líquido de uma empresa e como ele é constituído.

11.1 Capital da Sociedade por Quotas de Responsabilidade Limitada

Devemos retomar o conceito de sociedade como a associação de duas ou mais pessoas para atuarem como co-proprietárias de um empreendimento com fins de lucro. Ao constituírem uma sociedade, os sócios decidem o montante de capital que cada um deverá aportar para o início das atividades relacionadas com o empreendimento. Quando entregam a quantia total que lhes cabe aportar, os sócios integralizam a sua participação na sociedade, e o total desse capital integralizado se transforma em parte do Patrimônio Líquido da empresa. O Patrimônio Líquido é composto pelo capital integralizado, pelas reservas e pelos lucros ou prejuízos acumulados resultantes das operações da empresa.

OBJETIVO 1
Explicar o tratamento ao capital da sociedade por quotas de responsabilidade limitada.

É comum que os sócios realizem investimento em sua empresa na forma de dinheiro. Entretanto, a situação econômica de cada indivíduo ante o empreendimento pode ser peculiar de tal maneira que há a possibilidade de ele aportar à empresa com um ou vários ativos e/ou com dinheiro. Para a contabilização, os valores correspondentes a esses ativos serão debitados nas respectivas contas do Ativo da empresa, e o valor total será lançado como crédito na conta Capital Social, pelo seu valor líquido.

Patrimônio Líquido
Compõe-se de capital integralizado, reservas e lucros/prejuízos acumulados.

Para ilustrar o lançamento do investimento inicial de uma joalheria, um dos sócios, Josmar, combinou a sua entrada na sociedade com a contribuição de vários ativos e com dinheiro, gerando o seguinte registro no Diário:

Diário página 5

DATA	Nº	DESCRIÇÃO	DÉBITO	CRÉDITO
1 01/04		Caixa	7.000,00	
		Estoque	28.000,00	
		Móveis de Loja	15.000,00	
		Equipamento	10.000,00	
		Depreciação Acumulada		4.000,00
		Capital Social		56.000,00

O valor equivalente ao montante aportado em ativos, que não é em moeda corrente, é acordado entre os sócios. Para determinar os valores adequados dos ativos, deve-se objetivamente considerar o preço justo à época da formação da sociedade.

A contribuição em equipamento deve ser registrada a seu custo original, e, em caso de se tratar de um equipamento que já foi usado, o desgaste correspondente precisa ser registrado como crédito à conta Depreciação Acumulada para, assim, representar o efetivo valor do capital do sócio. Em nosso exemplo, Josmar entregou, a título de sua participação na sociedade, um equipamento cujo custo original correspondia a R$ 10.000. Entretanto, por causa do reconhecimento de seu uso, foi necessário lançar os R$ 4.000 correspondentes à depreciação para obter o valor contábil do bem em R$ 6.000, o qual representa tanto o ativo entregue como a parcela de capital fornecida por Josmar. Normalmente, lança-se o valor do ativo acordado entre os sócios como aquele que representa o custo de aquisição para a sociedade.

11.2 Liquidação de uma Sociedade

OBJETIVO 2
Discutir os aspectos da liquidação da sociedade limitada.

Quando uma empresa entra em liquidação, ela vende a maioria de seus ativos, paga os credores e distribui aos sócios o dinheiro remanescente e outros ativos, conforme seus direitos. Apesar de se referir especificamente ao pagamento das obrigações, a liquidação com freqüência é usada em sentido mais amplo para incluir o processo completo de liquidação.

Quando as atividades normais da empresa são descontinuadas como preparação da liquidação, as contas devem ser ajustadas e encerradas de acordo com os procedimentos contábeis usuais do período. Somente as contas que permanecerem abertas serão as do ativo, passivo, capital e contas redutoras tanto do ativo quanto do passivo.

Realização é a venda de ativos para pagar as obrigações da liquidação da empresa.

A venda dos ativos é conhecida como *realização*. Conforme o dinheiro é realizado, ele é aplicado primeiro para o pagamento dos direitos dos credores. Depois de pagas todas as obrigações, o dinheiro remanescente é distribuído aos sócios com base em seus patrimônios na propriedade, conforme indicado por suas contas de Capital.

Se os ativos forem vendidos pouco a pouco, o processo de liquidação se estenderá por um período considerável. Porém, isso não criará nenhum problema especial se a distribuição de dinheiro aos sócios for postergada até que todos os ativos tenham sido vendidos. A título de ilustração, suponha que Alberto, Josmar e João Carlos decidam liquidar sua sociedade. O índice de participação nos resultados é 5, 3 e 2. Após descontinuar as operações da empresa e encerrar as contas, deve-se indicar o resumo dos lançamentos no livro Razão.

Dinheiro	11.000,00	
Ativos Não Monetários	64.000,00	
Total das Obrigações		9.000,00
Capital de Alberto		22.000,00
Capital de Josmar		22.000,00
Capital de João Carlos		22.000,00
TOTAL	R$ 75.000,00	R$ 75.000,00

A contabilização da liquidação será ilustrada por meio de três exemplos baseados no relatório dos fatos. Em todos os casos, presume-se que todos os ativos não monetários estejam incluídos em uma única transação, e que todas as obrigações foram pagas de uma só vez. Adicionalmente, Ativo e Passivo serão usados como títulos das contas, em vez de vários ativos e passivos que no momento seriam afetados pelas transações.

Ganhos sobre Realização. Alberto, Josmar e João Carlos vendem todos os ativos não monetários por R$ 72.000, realizando um ganho de R$ 8.000 (R$ 72.000 – R$ 64.000). Esse ganho é dividido entre as contas de Capital, conforme o índice de participação 5:3:2, as obrigações são pagas e o dinheiro remanescente é distribuído aos sócios de acordo com os saldos em suas contas de Capital. Segue um resumo dessas transações:

					CAPITAL		
					Alberto	Josmar	João Carlos
	Caixa	+ Outros Ativos	=	Obrigações	+ 50%	+ 30%	+ 20%
Saldos antes da realização	11.000	64.000	=	9.000	22.000	22.000	22.000
Venda de ativos e divisão de ganhos	+ 72.000	- 64.000	=		+ 4.000	+ 2.400	+ 1.600
Saldos depois da realização	83.000		=	9.000	26.000	24.400	23.600
Pagamento de obrigações	- 9.000		=	-9.000			
Saldos	74.000		=		26.000	24.400	23.600
Distribuição de dinheiro aos sócios	**- 74.000**	**0**	=	**0**	**- 26.000**	**- 24.400**	**-23.600**

Os lançamentos de registro das várias etapas do processo de liquidação são os seguintes:

Venda de Ativos

Diário **página 5**

DATA	Nº	DESCRIÇÃO	DÉBITO	CRÉDITO
		Caixa	72.000,00	
		Ativos		64.000,00
		Perdas e Ganhos sobre a Realização		8.000,00

Divisão de Ganhos

Diário **página 5**

DATA	Nº	DESCRIÇÃO	DÉBITO	CRÉDITO
		Perdas e Ganhos sobre a Realização	8.000,00	
		Capital de Alberto		4.000,00
		Capital de Josmar		2.400,00
		Capital de João Carlos		1.600,00

Pagamento de Obrigações

Diário **página 5**

DATA	Nº	DESCRIÇÃO	DÉBITO	CRÉDITO
		Obrigações	9.000,00	
		Caixa		9.000,00

Distribuição de Dinheiro aos Sócios

Diário **página 5**

DATA	Nº	DESCRIÇÃO	DÉBITO	CRÉDITO
		Capital de Alberto	26.000,00	
		Capital de Josmar	24.400,00	
		Capital de João Carlos	23.600,00	
		Caixa		74.000,00

Note que a distribuição do dinheiro entre os sócios foi determinada pela referência aos saldos de suas respectivas contas de capital, e depois o ganho sobre a realização foi alocado. O índice de divisão do resultado não deve ser usado como base para a distribuição de dinheiro.

11.2.1 Perda na Realização, Sem Deficiências de Capital

Suponha que, no exemplo anterior, Alberto, Josmar e João Carlos vendam todos os seus ativos não monetários pelo valor de R$ 44.000, incorrendo em uma perda de R$ 20.000 (R$ 64.000 – R$ 44.000). As várias etapas da liquidação da sociedade são resumidas a seguir:

					CAPITAL		
					Alberto	Josmar	João Carlos
	Caixa	**+ Outros Ativos**	**=**	**Obrigações**	+ 50%	+ 30%	+ 20%
Saldos antes da realização	11.000	64.000	=	9.000	22.000	22.000	22.000
Venda de ativos e divisão de ganhos	+ 44.000	- 64.000	=		-10.000	-6.000	-4.000
Saldos depois da realização	55.000		=	9.000	12.000	16.000	18.000
Pagamento de obrigações	- 9.000		=	-9.000			
Saldos	46.000		=		12.000	16.000	18.000
Distribuição de dinheiro aos sócios	**- 46.000**	**0**	**=**	**0**	**- 12.000**	**- 16.000**	**-18.000**

Os lançamentos requeridos para registrar essa liquidação são os seguintes:

Venda de Ativos

Diário **página 5**

DATA		Nº	DESCRIÇÃO	DÉBITO	CRÉDITO
			Caixa	44.000,00	
			Perdas e Ganhos sobre a Realização	20.000,00	
			Ativos		64.000,00

Divisão de Ganhos

Diário **página 5**

DATA		Nº	DESCRIÇÃO	DÉBITO	CRÉDITO
			Capital de Alberto	10.000,00	
			Capital de Josmar	6.000,00	
			Capital de João Carlos	4.000,00	
			Perdas e Ganhos sobre a Realização		20.000,00

Pagamento de Obrigações

Diário **página 5**

DATA		Nº	DESCRIÇÃO	DÉBITO	CRÉDITO
			Obrigações	9.000,00	
			Caixa		9.000,00

Distribuição de Dinheiro aos Sócios

Diário **página 5**

DATA	Nº	DESCRIÇÃO	DÉBITO	CRÉDITO
		Capital de Alberto	12.000,00	
		Capital de Josmar	16.000,00	
		Capital de João Carlos	18.000,00	
		Caixa		46.000,00

11.2.2 Perdas na Realização: Capital Deficitário

Na ilustração anterior, a conta de capital de cada um dos sócios foi suficiente para absorver a participação das perdas na realização. Cada sócio dividiu, na distribuição do dinheiro, a quantidade do saldo remanescente em sua conta de capital. A parte da perda correspondente a um sócio pode ser grande a ponto de exceder seu capital na sociedade. O saldo do débito resultante em sua conta de capital, a qual é referida como um déficit, é um direito da sociedade contra o sócio. Nesse caso, o dinheiro disponível deve ser distribuído de maneira que, se não for possível cobrar o direito contra o sócio devedor, cada um dos saldos de capital remanescente seja suficiente para absorver a porção apropriada do déficit.

Para ilustrar uma situação desse tipo, suponha que Alberto, Josmar e João Carlos vendam todos os ativos não monetários por R$ 10.000, incorrendo em uma perda de R$ 54.000 (R$ 64.000 – R$ 10.000). É evidente que a porção da perda que cabe a Alberto, de R$ 27.000 (50% de R$ 54.000), é superior ao saldo de R$ 22.000 em sua conta de capital. Esse déficit de R$ 5.000 é uma perda potencial para Josmar e João Carlos, e deve ser dividido entre eles conforme o seu índice de participação nos resultados (3/5) = 60% e (2/5) = 40%, respectivamente. Os saldos do capital remanescente representam seus direitos sobre o dinheiro da sociedade. O cômputo pode ser representado assim:

	CAPITAL			
	Alberto	Josmar	João Carlos	
Participação	50%	30%	20%	Total
Saldos antes da realização	22.000	22.000	22.000	66.000
Divisão de perdas na realização	-27.000	-16.200	-10.800	54.000
Saldos depois da realização	-5.000	5.800	11.200	12.000
Divisão de potenciais perdas adicionais	-5.000	-3.000	-2.000	-------
Distribuição de dinheiro aos sócios		2.800	9.200	12.000

As várias transações que ocorreram após a liquidação podem ser assim ilustradas:

					CAPITAL		
					Alberto	Josmar	João Carlos
	Caixa +	**Outros Ativos**	**=**	**Obrigações**	+ 50%	+ 30%	+ 20%
Saldos antes da realização	11.000	64.000	=	9.000	22.000	22.000	22.000
Venda de ativos e divisão de perdas	+ 10.000	- 64.000	=		-27.000	-16.200	-10.800
Saldos depois da realização	21.000		=	9.000	-5.000	5.800	11.200
Pagamento de obrigações	- 9.000		=	-9.000			
Saldos	12.000		=		-5.000	5.800	11.200
Distribuição de dinheiro aos sócios	**- 12.000**	**0**	**=**	**0**		**- 2.800**	**-9.200**
Saldos	**0**	**0**		**0**	**-5.000**	**3.000**	**2.000**

Os lançamentos no Diário para registrar a liquidação nessa etapa são:

Venda de Ativos

Diário **página 5**

DATA	Nº	DESCRIÇÃO	DÉBITO	CRÉDITO
		Caixa	10.000,00	
		Perdas e Ganhos na Realização	54.000,00	
		Ativos		64.000,00

Divisão de Perdas

Diário **página 5**

DATA	Nº	DESCRIÇÃO	DÉBITO	CRÉDITO
		Capital de Alberto	27.000,00	
		Capital de Josmar	16.200,00	
		Capital de João Carlos	10.800,00	
		Perdas e Ganhos na Realização		54.000,00

Pagamento de Obrigações

Diário **página 5**

DATA	Nº	DESCRIÇÃO	DÉBITO	CRÉDITO
		Obrigações	9.000,00	
		Caixa		9.000,00

Distribuição de Dinheiro aos Sócios

Diário **página 5**

DATA	Nº	DESCRIÇÃO	DÉBITO	CRÉDITO
		Capital de Josmar	2.800,00	
		Capital de João Carlos	9.200,00	
		Caixa		12.000,00

As responsabilidades da sociedade não terminam até que as reivindicações entre os sócios tenham sido totalmente atendidas. Pagamentos à empresa pelo déficit do sócio são creditados à sua conta de capital. Qualquer saldo incobrável desse déficit se torna uma perda e é lançado contra os saldos de capital dos sócios remanescentes. Finalmente, o dinheiro recebido do sócio deficitário é distribuído aos outros sócios de acordo com seus direitos de participação na empresa.

Continuando a explicação, os saldos de capital remanescentes, após a distribuição dos R$ 12.000 em dinheiro, são: para Alberto, há um débito de R$ 5.000; para Josmar, faz-se o crédito de R$ 3.000; a João Carlos, credita-se R$ 2.000. Veja a seguir os lançamentos para a sociedade, no Diário, sob três diferentes suposições.

Se Alberto pagar o montante total de seu déficit de R$ 5.000 à sociedade (sem perda), os lançamentos serão:

Recebimento de Déficit

Diário **página 5**

DATA	Nº	DESCRIÇÃO	DÉBITO	CRÉDITO
		Caixa	5.000,00	
		Capital de Alberto		5.000,00

Distribuição de Dinheiro aos Sócios

Diário **página 5**

DATA	Nº	DESCRIÇÃO	DÉBITO	CRÉDITO
		Capital de Josmar	3.000,00	
		Capital de João Carlos	2.000,00	
		Caixa		5.000,00

Se Alberto pagar R$ 3.000 de seu déficit à sociedade e o saldo remanescente for considerado incobrável (R$ 2.000 de perda), os lançamentos finais serão:

Recebimento de Parte do Déficit

Diário **página 5**

DATA	Nº	DESCRIÇÃO	DÉBITO	CRÉDITO
		Caixa	3.000,00	
		Capital de Alberto		3.000,00

Divisão das Perdas

Diário **página 5**

DATA	Nº	DESCRIÇÃO	DÉBITO	CRÉDITO
		Capital de Josmar	1.200,00	
		Capital de João Carlos	800,00	
		Capital de Alberto		2.000,00

Distribuição de Dinheiro aos Sócios

Diário **página 5**

DATA	Nº	DESCRIÇÃO	DÉBITO	CRÉDITO
		Capital de Josmar	1.800,00	
		Capital de João Carlos	1.200,00	
		Caixa		3.000,00

Se Alberto for incapaz de pagar qualquer parte de seu déficit de R$ 5.000 (perda de R$ 5.000), o prejuízo para os outros sócios será registrado da seguinte forma:

Divisão das Perdas

Diário **página 5**

DATA	Nº	DESCRIÇÃO	DÉBITO	CRÉDITO
		Capital de Josmar	3.000,00	
		Capital de João Carlos	2.000,00	
		Capital de Alberto		5.000,00

Deve-se observar que o tipo de erro mais freqüente na liquidação de uma sociedade é a distribuição imprópria de dinheiro entre os sócios. Erros desse tipo resultam da confusão na distribuição de dinheiro com a divisão dos ganhos e perdas na realização.

Os ganhos e perdas na realização resultam da venda de ativos a terceiros; eles representam mudanças no capital da sociedade e devem ser divididos entre as contas de capital da mesma forma como o lucro ou o prejuízo líquido é feito nas operações normais da empresa, só que utilizando uma proporção de participação no resultado.

Por outro lado, a distribuição de dinheiro (ou outros ativos) aos sócios ocorre em uma maneira totalmente diferente e não tem relacionamento direto com essa proporção. A distribuição dos ativos aos sócios após a liquidação é exatamente o inverso da contribuição de ativos pelos sócios na ocasião da abertura da empresa. O montante que um sócio deve receber da empresa é igual ao saldo de crédito, em sua conta de capital, depois de divididos todos os ganhos e perdas na realização e feita a apropriada reserva para perdas potenciais adicionais.

11.3 Sociedade Anônima e seu Capital

Na primeira parte deste capítulo, tratamos da sociedade de capital fechado, cujos sócios mantêm responsabilidade limitada à proporção de seu capital subscrito. Agora, é preciso enfocar as sociedades por ações de capital aberto, as sociedades anônimas, cuja organização e composição de patrimônio líquido diferem consideravelmente.

OBJETIVO 3
Explicar as características da composição de capital da sociedade de capital aberto.

11.3.1 Organização da Sociedade por Ações (S.A.)

Nas sociedades por ações ou sociedades anônimas, os proprietários são conhecidos pela designação de *acionistas*, em razão de sua contribuição em capital ser representada por títulos de propriedade chamados *ações*, que lhes dão o direito de exercer o controle sobre a administração da sociedade por meio do Conselho de Administração. O Conselho de Administração se reúne periodicamente para deliberar sobre as políticas e selecionar os executivos que administram a sociedade.

A sociedade anônima possui uma estrutura organizacional que deve estar prevista em seu Estatuto Social, cujo perfil, em geral, apresenta-se assim:

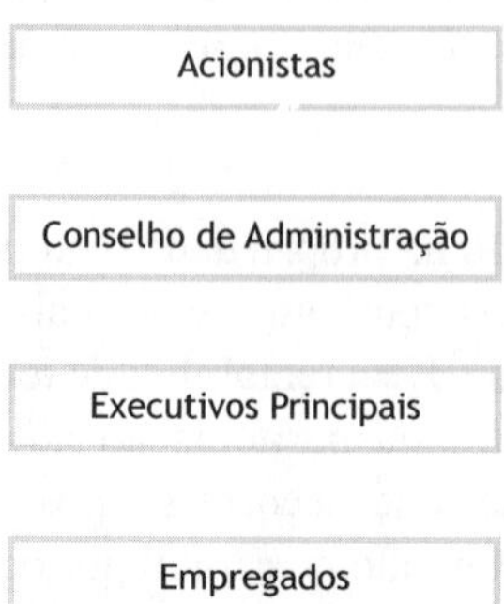

Figura 11.1 - Estrutura Organizacional de uma Sociedade Anônima

11.3.2 Características do Capital Acionário

Retomando a composição do capital acionário, a propriedade de uma sociedade anônima pode estar representada por várias classes ou categorias de títulos de propriedade transferíveis, conhecidos como "participações de capital" ou "ações". Cada ação de uma determinada classe tem os mesmos direitos e privilégios que outra ação qualquer dessa mesma classe. Quando a empresa já possui ações colocadas no mercado de ações, os investidores podem comprar e vender ações sem interferir nas atividades da empresa. Assim, os milhares de transações que ocorrem diariamente nas bolsas de valores são transações independentes da empresa, entre compradores e vendedores.

Ações
Títulos representativos da participação na propriedade da companhia.

No Brasil, existem vários tipos de participação na propriedade das sociedades em ações, as quais descreveremos a seguir:

> *Ações Ordinárias:* são títulos de propriedade que dão direito, aos seus titulares (acionistas), de participação nos resultados da empresa e lhes conferem, ainda, o direito de voto nas Assembléias Gerais de Acionistas.
>
> *Ações Preferenciais:* são títulos de propriedade que garantem aos seus detentores a prioridade no recebimento de dividendos (geralmente em percentual mais elevado do que o atribuído às ações ordinárias) e no reembolso de capital, em caso de dissolução da sociedade.

Essas participações na propriedade são contratos que podem ser emitidos sob as seguintes formas:

> *Ações Nominativas:* são representadas por Cautelas ou Certificados emitidos pela sociedade anônima em nome do acionista; a entrega deve ser realizada mediante averbação de termo, em livro próprio da sociedade emitente, na qual se identificará o novo acionista.
>
> *Ações Escriturais:* esses contratos não possuem lastro em cautelas ou certificados, sendo operacionalizados como uma conta corrente, na qual os valores contratados são contabilizados, não havendo movimentação física de documentos.

Além da participação na propriedade de todos os ativos da empresa, esses títulos oferecem aos seus titulares rentabilidade periódica e específica conforme sua classe. Essa rentabilidade tem duas fontes: uma delas é composta de dividendos ou participação nos resultados e benefícios concedidos pela empresa, que decorre da posse da ação; outra fonte é constituída pelo eventual ganho de capital por ocasião de posterior venda da ação.

Quando se estipula em dividendos o rendimento da ação, a distribuição em dinheiro é feita em percentual a ser definido na Assembléia Geral Ordinária de Acionistas, representando a participação nos resultados obtidos pela empresa em determinado período.

11.4 Capital Patrimonial

Os direitos dos proprietários ou acionistas da sociedade anônima são constituídos pelo capital integralizado, pelas reservas e pelos lucros acumulados resultantes das operações da empresa.

Quando há necessidade de financiar essas operações, a empresa deve decidir, segundo sua estrutura de capital, se os recursos requeridos deverão vir de nova dívida com terceiros e/ou pelo aumento do capital próprio. Se a necessidade for de um aumento do capital próprio, a empresa poderá emitir ações de participação na sociedade para serem negociadas junto ao público externo, para captação do montante requerido.

Todos que tiverem interesse na empresa poderão encontrar, nas demonstrações financeiras, as informações relativas à emissão de novas ações realizadas durante o ano, especificamente na Demonstração das Mutações do Patrimônio Líquido, que, geralmente, cobre os três últimos períodos contábeis. Como exemplo, apresentamos apenas a do último exercício:

DEMONSTRAÇÃO DAS MUTAÇÕES DO PATRIMÔNIO LÍQUIDO
EMPRESA ALFA S.A. – Último Exercício (01/01/2000 a 31/12/2000), em R$ milhões

Descrição da Conta	Capital Social	Reserva de Capital	Reserva de Reavaliação	Reserva de Lucros	Lucros/ Prejuízos Acumulados	Total do Patrimônio Líquido
Saldo Inicial	**360**	**1**	0	**390**	0	**751**
Aumento/Redução do Capital Social	**444**	**6**	0	0	0	**450**
Emissão de Ações	430	0	0	0	0	430
Em Dinheiro	14	6	0	0	0	20
Lucro/Prejuízo do Exercício	0	0	0	0	**664**	**664**
Destinações	0	0	0	**377**	**(664)**	**(287)**
Reserva para Invest. e Cap. Giro	0	0	0	340	(340)	0
Reserva Legal	0	0	0	37	(37)	0
Dividendos Propostos	0	0	0	0	(193)	(193)
Juros sobre Capital Próprio	0	0	0	0	(94)	(94)
Outros	0	**22**	0	0	0	**22**
Reserva de Incentivos Fiscais	0	22	0	0	0	22
Saldo Final	**804**	**29**	**0**	**767**	**0**	**1.600**

Nota-se que a empresa Alfa S.A. aumentou seu capital em dois itens: um deles referente à emissão de ações pelo valor total de R$ 430.000.000, e o outro relativo à integralização de capital no valor de R$ 14.000.000. O total de R$ 444.000.000 deve ter sido lançado no Diário conforme a contabilização a seguir:

Diário **página 5**

DATA	Nº	DESCRIÇÃO	DÉBITO	CRÉDITO
		Caixa	444.000.000,00	
		Ações Ordinárias (emissão)		430.000.000,00
		Integralização do Capital		14.000.000,00

A integralização do capital, neste contexto, é uma denominação que indica o montante em dinheiro que ingressa ao capital da empresa e que está relacionado com as ações vendidas anteriormente, cujos detentores só efetivaram a complementação do seu pagamento nesse último período.

11.4.1 Direitos dos Acionistas

Além dos direitos assegurados e previstos pelos estatutos da empresa, os acionistas têm direitos essenciais preservados pela Lei 6.404/76, complementada pela Lei 10.303/2001, em seu artigo 110, cujos incisos e parágrafos, por sua importância, são transcritos a seguir:

I - participar dos lucros sociais;

II - participar do acervo da companhia, em caso de liquidação;

III - fiscalizar, na forma prevista nesta lei, a gestão dos negócios sociais;

IV - preferência para subscrição de ações, partes beneficiárias conversíveis em ações, debêntures conversíveis em ações e bônus de subscrição, observado o disposto nos artigos 171 e 172;

V - retirar-se da sociedade nos casos previstos nesta lei.

§1º As ações de cada classe conferirão iguais direitos aos seus titulares.

§2º Os meios, processos ou ações que a lei confere ao acionista para assegurar os seus direitos não podem ser elididos pelo estatuto ou pela assembléia geral.

§3º O estatuto da sociedade pode estabelecer que as divergências entre os acionistas e a companhia, ou entre os acionistas controladores e os acionistas minoritários, poderão ser solucionadas mediante arbitragem, nos termos em que especificar.

Dentre os direitos dos acionistas enumerados e os fixados pelos estatutos, deve-se enfatizar o direito ao voto nas assembléias gerais, a participação nos lucros, a participação residual nos ativos da empresa em caso de sua liquidação e o direito de adquirir ações de subseqüentes emissões para, dessa maneira, não perder sua porcentagem de participação na propriedade.

Direitos dos acionistas
Voto, participação nos lucros, participação residual nos ativos da empresa e aquisição de ações.

O exercício do voto é pessoal; entretanto, é comum que o acionista outorgue procuração a outros acionistas, geralmente a pessoas da administração, autorizando-os a representá-lo na assembléia geral, fazendo valer, dessa maneira, o seu direito de voto. Esse procedimento guarda certa importância na medida em que os acionistas interessados vão em busca de acionistas minoritários para lhes propor representação, tudo com o intuito de assegurarem mais votos e, então, poderem ter suas propostas deliberadas e aceitas pela assembléia com maior facilidade.

Entretanto, as ações preferenciais, por sua especificidade, podem ser emitidas com ou sem direito de voto, ou estarem, ainda, sujeitas à restrição desse direito, mas a lei só permite essas emissões até o montante de 50% do total das ações emitidas.

Conforme a legislação indicada anteriormente, aos acionistas também é assegurado direito de preferência que lhes dá oportunidade de adquirir ações de uma nova emissão antes que seja realizada qualquer oferta a terceiros não acionistas. Essa preferência na compra de novas ações emitidas garante aos acionistas o direito de subscrição de ações, propiciando-lhes a possibilidade de manter a mesma proporção de participação no capital total da sociedade. Esse direito, se não exercido, pode ser vendido a terceiros.

11.4.2 Ações Autorizadas, Emitidas e em Circulação

O número total de ações que podem ser emitidas pela sociedade anônima é conhecido como *ações autorizadas*, e essa autorização é concedida pelo Conselho de Administração como uma de suas funções estatutárias. Conforme a deliberação, o Conselho decidirá o número de ações que poderão ser emitidas pela sociedade para captação de recursos que financiarão suas operações. Entretanto, somente quando são realizadas as emissões de novas ações e a empresa recebe os recursos em troca dos certificados de ações é que estas se tornam *emitidas*. Essa emissão e lançamento de novas ações acontece no denominado Mercado Primário.

OBJETIVO 4
Explicar as diferenças entre ações autorizadas, emitidas e em circulação.

Ocorrendo o lançamento inicial no Mercado Primário, as ações emitidas são mantidas pelos acionistas ou passam a ser negociadas no Mercado

Secundário – que compreende mercados de balcão, organizados ou não, e bolsas de valores –, sendo conhecidas, então, como *ações em circulação.*

Outra característica da sociedade de capital aberto é que ela pode adquirir ações de sua própria emissão para retirá-las do mercado, cancelando-as ou mantendo-as como *ações em tesouraria* para posterior alienação. A Comissão de Valores Mobiliários (CVM), na Instrução nº 10, de 14 de fevereiro de 1980, especifica que as ações em tesouraria devem ser evidenciadas, no Balanço Patrimonial da sociedade, como uma dedução da conta do Patrimônio Líquido que registre a origem dos recursos aplicados na sua aquisição. Esse dispositivo legal prescreve, ainda, que a aquisição, para permanência em tesouraria ou cancelamento, só pode ser realizada até o valor do saldo de lucros ou reservas, exceto a reserva legal, e sem diminuição do capital social, ou por doação.

A representação do capital acionário composto das ações autorizadas, não emitidas, emitidas, em circulação e em tesouraria pode ser:

Autorizadas	680.000
Não emitidas	240.000
Emitidas	440.000
Deduzir: ações em tesouraria	100
Total de ações em circulação	439.900

11.4.3 Ações Preferenciais

OBJETIVO 5
Explicar as características da ação preferencial.

A designação de *ações preferenciais* significa que os proprietários delas têm direitos que precedem os direitos dos acionistas ordinários. Esses direitos especiais se relacionam com a prioridade no recebimento de dividendos fixos ou mínimos, incluindo-se os atrasados em caso de serem cumulativos, e ativos da companhia em caso de liquidação.

11.4.4 Valor Nominal das Ações

Valor Nominal
Também é conhecido como Valor Par ou Valor de Face.

As sociedades por ações deverão estabelecer em seus estatutos o número de ações que comporão seu capital social, bem como se elas terão valor nominal. Havendo a prescrição de ações sem valor nominal, o estatuto poderá criar uma ou mais classes de ações preferenciais com valor nominal.

Da mesma forma que as ações sem valor nominal deverão ser estabelecidas no estatuto da empresa, também nessa ocasião o preço de emissão dessas ações deverá ser fixado pelos fundadores da companhia. Quando houver aumento do capital social, essa decisão caberá à Assembléia Geral ou ao Conselho de Administração. Nesse caso, o preço de emissão poderá ser fixado destinando-se parte à formação de reserva de capital.

As companhias que emitem ações sem valor nominal podem contabilizar os valores por elas recebidos na Conta Capital Social ou Capital Integralizado. Qualquer valor contabilizado como capital social tem um valor implícito, representado pelo número de ações em circulação dividido pelo montante de capital em reais. Como ilustração, pode ser apresentado o exemplo a seguir, da Empresa Alfa S.A., em 31 de dezembro de 2000, a qual emitiu ações preferenciais com dividendos fixados como um percentual do capital.

Ação preferencial, sem valor nominal, com dividendos anuais cumulativos de R$ 15,00 por ação: ações emitidas e em circulação, 1.000.000	R$ 100.000.000
5.000.000 de ações ordinárias, sem valor nominal	200.000.000
Lucros Acumulados	1.700.000
Patrimônio Líquido	301.700.000

Suponha que, já nesse ano e no seguinte, a empresa enfrente efeitos negativos do mercado e tenha resultados fracos. Conseqüentemente, a Assembléia Geral decide e comunica à CVM que não poderá pagar dividendos em razão da situação temporária de enfraquecimento financeiro da empresa.

Dividendos		Preferenciais		Dividendos Ordinários Declarados	Saldo do Lucro Acumulado (Reserva Especial)
Exercício	Lucro Líquido	Declarados	Acumulados		
					1.700.000
2000	(1.500.000)	-	15.000.000	-	200.000
2001	10.000.000	10.000.000	20.000.000	-	200.000
2002	47.000.000	35.000.000	-	4.700.000	5.500.000

11.4.5 Dividendos em Moeda Corrente

> **OBJETIVO 6**
> Descrever o que são os dividendos cumulativos e o *split* de ações.

Retomando o conceito, dividendos são distribuições proporcionais de ativos aos acionistas para satisfazer seus direitos com base na geração de lucro líquido ou na participação no capital acionário, em caso de dividendos preferenciais. Quando há a distribuição, é preciso que a Assembléia Geral faça a declaração do montante a ser distribuído. Não havendo essa declaração, os dividendos passam a se acumular para pagamento futuro.

11.4.6 Dividendos Cumulativos

Quanto ao pagamento, a lei determina que os dividendos, fixos ou cumulativos, não poderão ser distribuídos em prejuízo do capital social, salvo quando, em caso de liquidação da companhia, essa vantagem tiver sido expressamente assegurada.

Uma característica das ações preferenciais é a capacidade de seus detentores para requerer os dividendos não declarados acumulados e que devem ser pagos, no futuro, antes dos dividendos ordinários.

O valor referente aos dividendos acumulados e não pagos não constitui um passivo, porque eles não foram declarados; no entanto, devem ser indicados em notas explicativas no Balanço Patrimonial.

A data na qual o Conselho de Administração anuncia que pagará dividendos é chamada de *data de declaração*, e só os acionistas inscritos como proprietários ou usufrutuários da ação até essa data receberão dividendos.

A data na qual são pagos os dividendos é a data de pagamento. Se o Balanço Patrimonial for preparado entre a data de declaração e a de pagamento, os dividendos a pagar aparecerão como um passivo.

Veja, como ilustração, os lançamentos no Diário relacionados com uma declaração de R$ 49.700.000 de dividendos e seu pagamento:

Data de Declaração

Diário **página 5**

DATA	Nº	DESCRIÇÃO	DÉBITO	CRÉDITO
28 11		Lucros Acumulados	49.700.000,00	
		Dividendos a Pagar		49.700.000,00
		Registro de declaração de dividendos a serem pagos, em 31 de dezembro de 2003, aos acionistas inscritos na data de declaração		

Data de Pagamento

Diário **página 5**

DATA		Nº	DESCRIÇÃO	DÉBITO	CRÉDITO
28	11		Dividendos a Pagar	49.700.000,00	
			Caixa		49.700.000,00
			Registro de pagamento de dividendos declarados, em 28 de novembro de 2003, aos acionistas inscritos na data de declaração		

11.4.7 *Split* ou Desdobramento de Ações

Split ou Desdobramento de ações envolve aumento do número de ações em circulação sem alterar a participação patrimonial dos acionistas.

Denomina-se *split* ou *desdobramento de ações* a emissão de novas ações aos acionistas sem que haja nenhum pagamento por parte deles, pois elas substituem a ação original. Assim, trata-se de um aumento da quantidade das ações em circulação de uma companhia, sem que isso implique qualquer mudança na participação patrimonial dos acionistas ou no valor de mercado na ocasião do desdobramento. Os *splits* ocorrem quando a ação chega a um preço elevado no mercado, dificultando a sua negociação. Ao efetuar o desdobramento, o acionista recebe duas ou mais ações que, juntas, totalizam o mesmo valor nominal da ação original. Os dividendos por ação correspondentes também sofrem uma queda proporcional, de acordo com o desdobramento efetuado.

Para ilustrar um desdobramento – ou *split* – de ações, suponha que uma sociedade possua 200.000 ações ordinárias em circulação e, pelos motivos expostos, resolva realizar um desdobramento, considerando que o valor nominal da ação é de R$ 200. A ação deve ser desdobrada em duas, no valor de R$ 100 cada uma, duplicando o número das ações em circulação, agora de 400.000 ações.

	Antes do *split* de 1 por 2	Mudanças	Após o *split* de 1 por 2
200.000 ações ordinárias ao valor nominal de R$ 200	40.000.000	-200.000 a R$ 200 +400.000 a R$ 100	40.000.000
Capital integralizado adicional	4.000.000		4.000.000
Total capital integralizado	44.000.000		44.000.000
Lucro acumulado	10.000.000		10.000.000
Patrimônio líquido	54.000.000		54.000.000
Valor total de mercado das ações, assumindo R$ 500 por ação	100.000.000	Assume-se o preço de mercado de R$ 250 por ação	100.000.000

11.4.8 Lucros e Prejuízos Acumulados

Define-se como lucros ou prejuízos acumulados o saldo remanescente da conta Lucros ou Prejuízos Acumulados, que não foram ainda distribuídos, capitalizados ou apropriados à conta de Reserva de Lucros. No saldo inicial da conta, devem ser considerados os ajustes por mudança de critério contábil ou erro relacionados com os períodos-base anteriores.

A contabilização pode se dar conforme estas duas situações:

a) Quando há ajuste credor, por erro anterior, por exemplo, na provisão para imposto de renda, no caso de o valor registrado ser maior:

Diário **página 5**

DATA	Nº	DESCRIÇÃO	DÉBITO	CRÉDITO
		Lucros ou Prejuízos Acumulados	27.000,00	
		Provisão para Imposto de Renda		27.000,00

b) Quando há ajuste devedor, o registro foi feito por valor menor:

Diário **página 5**

DATA	Nº	DESCRIÇÃO	DÉBITO	CRÉDITO
		Provisão para Imposto de Renda	12.000,00	
		Lucros ou Prejuízos Acumulados		12.000,00

11.5 Reservas

OBJETIVO 7
Descrever a importância das reservas e dos lucros acumulados

O patrimônio líquido da empresa é constituído de capital social, reservas de capital, reservas de reavaliação, reservas de lucros e lucros ou prejuízos acumulados.

As reservas são contas nas quais a empresa aloca parte de seus lucros com o intuito de consolidar sua segurança financeira. A constituição de reserva significa que os recursos ficam com a empresa sem serem distribuídos aos sócios ou acionistas. As contas de reservas são as seguintes:

Reservas de Capital

São constituídas com valores recebidos pela empresa e que não passam pelo resultado como receitas. Significam recursos destinados a reforço de capital, sem terem, como contrapartida, nenhum esforço por parte da empresa no que se refere à entrega de bens ou prestação de serviços. Por exemplo: ágio na emissão de ações e doações e subvenções para investimentos.

Reservas de Reavaliação

As reservas de reavaliação se referem à avaliação de ativos de uma empresa pelo seu valor de mercado baseado em um laudo de especialistas no assunto. Geralmente, reavalia os ativos imobilizados. A contabilização, por exemplo, da reavaliação de um equipamento é a seguinte:

Diário **página 5**

DATA		Nº	DESCRIÇÃO	DÉBITO	CRÉDITO
			Equipamento (Imobilizado)	5.000,00	
			Reserva de Reavaliação (PL)		5.000,00

Entre as reservas de lucros, estão: a) reserva legal; b) reservas estatutárias; c) reservas para contingências; d) reservas de lucros para expansão ou reservas de planos para investimentos; e) reserva de lucros a realizar e reserva de lucros para dividendos obrigatórios.

Reserva Legal

O artigo 193 da Lei nº 6.404/76 trata da reserva legal. Ela deverá ser constituída com a destinação de 5% do lucro líquido do exercício. É obrigatória, para as sociedades anônimas, a constituição da reserva legal até atingir 20% do capital social realizado da empresa. A contabilização é a seguinte:

Diário **página 5**

DATA		Nº	DESCRIÇÃO	DÉBITO	CRÉDITO
			Lucros Acumulados (PL)	4.000,00	
			Reserva Legal (PL)		4.000,00

Reservas Estatutárias

Essas reservas são constituídas com base no estatuto da companhia. São uma destinação de uma parcela dos lucros do exercício, com finalidades especificadas no estatuto da companhia. O registro contábil é o seguinte:

Diário **página 5**

DATA	Nº	DESCRIÇÃO	DÉBITO	CRÉDITO
		Lucros Acumulados (PL)	3.000,00	
		Reservas Estatutárias (PL)		3.000,00

Reservas para Contingências

A Lei nº 6.404/76, em seu artigo 195 e parágrafos, estabelece a forma para constituição da reserva para contingências:

> "A assembléia geral poderá, por proposta dos órgãos da administração, destinar parte do lucro líquido à formação de reserva com a finalidade de compensar, em exercício futuro, a diminuição do lucro decorrente de perda julgada provável, cujo valor possa ser estimado.
>
> Parágrafo 1º – A proposta dos órgãos da administração deverá indicar a causa da perda prevista e justificar, com as razões de prudência que a recomendem, a constituição da reserva.
>
> Parágrafo 2º – A reserva será revertida no exercício em que deixarem de existir as razões que justificaram a sua constituição ou que ocorrer a perda."

Quando a empresa faz a constituição da reserva, efetua-se o seguinte registro contábil:

Diário **página 5**

DATA	Nº	DESCRIÇÃO	DÉBITO	CRÉDITO
		Lucros Acumulados (PL)	2.000,00	
		Reserva para Contingência (PL)		2.000,00

Reservas de Lucros para Expansão (ou Reservas de Planos para Investimentos)

A Lei nº 6.404/76, em seu artigo 196 e parágrafos, transcritos a seguir, prevê a constituição dessa reserva:

> "A assembléia geral poderá, por proposta dos órgãos da administração, deliberar reter parcela do lucro líquido do exercício prevista em orçamento de capital por ela previamente aprovado.
>
> Parágrafo 1º – O orçamento, submetido pelos órgãos da administração com a justificação da retenção de lucros proposta, deverá compreender todas as fontes de recursos e aplicações de capital, fixo ou circulante, e poderá ter a duração de até 5 (cinco) exercícios, salvo no caso de execução, por prazo maior, de projeto de investimento.

Parágrafo 2º – O orçamento poderá ser aprovado na assembléia geral ordinária que deliberar sobre o balanço do exercício."

A contabilização, quando se constitui a reserva, é a seguinte:

Diário **página 5**

DATA		Nº	DESCRIÇÃO	DÉBITO	CRÉDITO
			Lucros Acumulados (PL)	1.000,00	
			Reserva de Lucros para Expansão (PL)		1.000,00

11.6 Compra de Ações de sua Própria Emissão

As sociedades anônimas compram ações em circulação, de sua própria emissão, pelas seguintes razões:

1) Para manter as ações temporariamente e, mais tarde, bonificar os empregados ou oferecê-las dentro de um programa de compra. Nessa situação, as ações são chamadas de *ações em tesouraria.*
2) Para reduzir o número de acionistas, em cujo caso elas são chamadas de *ações resgatadas*, pois são retiradas do mercado e dão baixa nelas.

11.6.1 Contabilização das Ações em Tesouraria

OBJETIVO 8
Apresentar a contabilização das transações com ações em tesouraria.

A compra de suas próprias ações permite à companhia participar, no futuro, do mercado dessas ações, influenciando inclusive o seu preço de cotação. Mas, enquanto ela não as negocia, essas ações são mantidas em tesouraria e não têm direito a voto e nem ao pagamento de dividendos. Assim, devem ser contabilizadas ao preço de custo de sua aquisição, conforme a seguinte ilustração, supondo que a empresa Alfa S.A. compre mil ações de sua própria emissão, ao custo de R$ 200 por ação:

Diário **página 5**

DATA		Nº	DESCRIÇÃO	DÉBITO	CRÉDITO
			Ações em Tesouraria	200.000,00	
			Caixa ou Bancos		200.000,00
			Compra de ações em circulação		

11.6.2 Baixa Contábil de Ações (Resgatadas)

Resgate de ações tem finalidade de reduzir o número de acionistas, bem como o capital acionário.

Nessa ocasião, a companhia não mantém as ações em tesouraria, mas, após a compra, dá a baixa contábil com a finalidade de reduzir seu capital. Para isso, ela deve estruturar, inicialmente, a seguinte análise:

Ações ordinárias, 2.000.000 a R$ 1,00	R$ 2.000.000
Capital integralizado adicional	3.000.000
Capital integralizado total	5.000.000
Lucros Acumulados	10.000.000
Patrimônio Líquido	15.000.000
Valor total de mercado a R$ 10 por ação	
Valor contábil por ação 15.000.000/2.000.000 = R$ 7,5	20.000.000

Agora, para ilustrar, considere que a empresa Alfa S.A. decida comprar 2% de suas ações em circulação ao valor de mercado de R$ 10 por ação, resultando em 40.000 × R$ 10 = R$ 400.000. Após o resgate, a empresa realiza a baixa contábil correspondente, reduzindo o total do patrimônio líquido.

	Antes da compra de 2% de ações	Mudanças	Após a compra de 2% de ações
Ações ordinárias, 2.000.000 ao valor par de R$ 1 cada	2.000.000	-(40.000 x R$ 1 par) = - 40.000	1.960.000
Capital integralizado adicional	3.000.000	-40.000 x R$ 2,5[a] =	2.900.000
		- 100.000	4.860.000
Capital integralizado total	5.000.000		
Lucros Acumulados	10.000.000	-(40.000 x 6,5[b]) =	9.740.000
		-260.000	
Patrimônio Líquido	15.000.000		14.600.000
Valor contábil por ação ordinária: 15M/2M 14,6M/1,96M	R$ 7,5		R$ 7,45

[a] À época da compra, o preço de mercado da ação era de R$ 10, e o valor contábil, R$ 7,5.
[b] R$ 10,00 - R$ 3,5 (ou 1 + 2,5) = 6,5.

Os lançamentos no Diário revertem a integralização de capital original por ação e registram o novo montante de lucros acumulados.

Diário página 5

DATA	Nº	DESCRIÇÃO	DÉBITO	CRÉDITO
		Ações Ordinárias	40.000,00	
		Capital integralizado adicional	100.000,00	
		Lucros Acumulados	260.000,00	
		Caixa		400.000,00
		Registro de baixa de 40.000 ações ordinárias ao valor de mercado de R$ 10,00 por ação. O capital integralizado original era de R$ 2,5 por ação, de forma que o adicional de R$ 6,5 por ação é debitado na Conta de Lucros Acumulados		

11.6.3 Efeitos da Compra de Suas Próprias Ações nos Lucros por Ação da Companhia

Quando as ações são resgatadas e dadas baixa, ou deixadas em tesouraria, o número de ações em circulação diminui e, com isso, o lucro por ação (LPA) é incrementado:

LPA = Lucro líquido/nº de ações em circulação:

- antes da compra: R$ 1.960.000/2.000.000 ações = R$ 0,98
- depois da compra: R$ 1.960.000/1.960.000 = R$ 1

11.7 Conversão de Títulos

Quando uma sociedade anônima emite Títulos de Dívida e/ou ações preferenciais, ambos conversíveis, a característica da conversão futura torna esses títulos mais atraentes para os investidores e aumenta o preço que o emissor recebe (ou, igualmente, reduz os juros ou dividendos que devem ser pagos).

Suponha que, em 1998, a Empresa Alfa S.A. tenha feito um investimento de R$ 32.000 em mil ações preferenciais conversíveis da empresa Beta S.A., ao valor par ou nominal de R$ 1 por ação, conversíveis em ações ordinárias. Em 2003, essas ações preferenciais foram convertidas em duas mil ações ordinárias ao valor par de R$ 1 por ação. Com isso, as contas da Empresa Beta S.A., emissora, foram afetadas da seguinte forma:

Análise da Ação Preferencial Conversível da Empresa Beta

	ATIVO =	PASSIVO	+ PATRIMÔNIO LÍQUIDO			
	Caixa		Ação Preferencial	Capital integralizado adicional, preferencial	Ação Ordinária	Capital integralizado adicional, ordinário
Emissão de ação preferencial em 1998	+32.000	=	+1.000	+31.000		
Conversão de preferencial em 2003		=	-1.000	-31.000	+2.000	+30.000

Os lançamentos no diário:

Na Emissão

Diário **página 5**

DATA	Nº	DESCRIÇÃO	DÉBITO	CRÉDITO
1998		Caixa	32.00,00	
		Ações preferenciais conversíveis		1.000,00
		Capital integralizado adicional, preferencial		31.000,00

Na Conversão

Diário **página 5**

DATA	Nº	DESCRIÇÃO	DÉBITO	CRÉDITO
2003		Ações preferenciais conversíveis	1.000,00	
		Capital integralizado adicional	31.000,00	
		Ações Ordinárias		2.000,00
		Capital integralizado adicional Ações Ordin.		30.000,00

11.8 Contrato de Opções de Ações

O contrato de opção é negociado no mercado de opções e dá a seu detentor o direito de compra ou venda de lote de ações, *commodities* ou índices de ações, com preços e prazos de exercício preestabelecidos.

Quando a empresa tem um programa de incentivos que inclui benefícios aos executivos, ela pode realizar contratos de opções de ações que lhes assegurem o direito de, no futuro, comprar ou vender ações da companhia, com preço e prazo de exercício desse direito predeterminados.

Suponha que um alto executivo seja beneficiado por sua companhia com um contrato de opções e o exerça com a compra de 10.000 ações ordinárias ao valor par de R$ 1 e valor de mercado de R$ 10. A contabilização da empresa, por essa transação, deve ser:

Diário **página 5**

DATA	Nº	DESCRIÇÃO	DÉBITO	CRÉDITO
1998		Caixa	100.000,00	
		Ações Ordinárias		10.000,00
		Capital integralizado adicional		90.000,00
		Lançamento da emissão de 10.000 ações relacionadas com a execução da opção de aquisição ao valor par de R$ 10 por ação		

11.9 Índice Financeiro Relativo ao Patrimônio Líquido

OBJETIVO 9
Definir a taxa de retorno sobre o patrimônio líquido dos acionistas ordinários.

Os acionistas ordinários da sociedade anônima assumem a variabilidade nos resultados da companhia têm uma permanente preocupação em conhecer o rendimento do capital que investiram na empresa. Conseqüentemente, à medida que são elaboradas as demonstrações financeiras, são gerados dados que permitem a apresentação, por parte da empresa, de resultados que atendam a essa necessidade dos acionistas. Assim, uma forma de medir esse desempenho do capital é o índice conhecido internacionalmente como ROE, que representa a taxa de retorno sobre a riqueza do acionista ordinário, a qual compreende o valor total das ações ordinárias adicionado aos lucros retidos pela empresa.

$$\text{Taxa de Retorno do Patrimônio das Ações Ordinárias (ROE)} = \frac{\text{Lucro Líquido - Dividendos Preferenciais}}{\text{Média das Ações Ordinárias}}$$

Na fórmula anterior, o resultado do período é dividido por um valor que pretende representar a média de uma possível variabilidade existente entre os valores das ações ordinárias registrados no início e no final do período. Nesse sentido, a média das ações ordinárias deve ser obtida desta maneira:

Média das Ações Ordinárias	=	½ (total do patrimônio líquido em 2002 – ações preferenciais)	+ (total do patrimônio líquido em 2003 – ações preferenciais)

Valor do Livro por Ação Ordinária	=	$\dfrac{\text{Patrimônio Líquido Total} - \text{Valor do Livro da Ação Preferencial}}{\text{Valor da Ação Ordinária em Circulação}}$

Questões

Q.1 Como é constituído o capital da sociedade anônima?

Q.2 É possível que um sócio perca uma quantidade maior do que o montante de seu investimento na sociedade limitada? Explique.

Q.3 Quais as principais diferenças entre ação ordinária e ação preferencial?

Q.4 Quando a empresa pode constituir reserva para contingências?

Q.5 Uma ação ordinária pode estar em circulação, sem estar autorizada ou emitida? Por quê?

Q.6 "Dividendos cumulativos são obrigações que devem ser pagas aos acionistas preferenciais antes que qualquer dividendo seja pago aos acionistas ordinários." Você concorda com essa afirmação? Explique.

Q.7 "Uma ação ordinária que está sendo vendida no mercado por um preço muito abaixo do seu valor contábil (de livro) é uma compra atraente." Você concorda com essa afirmação? Explique.

Q.8 Por que você supõe que as empresas oferecem a seus empregados opção de compra de ações, em vez de simplesmente pagar salários mais altos?

Problemas de Reforço

P.1 O Patrimônio Líquido da empresa Gama S.A., em 31/12/2002, era o seguinte:

Capital Social	R$ 23.000
Capital a Realizar	R$ 3.000
Reserva de Capital (ágio na emissão de ações)	R$ 5.000
Reserva Legal	R$ 1.500
Reserva Estatutária	R$ 2.500
Reserva para Contingência	R$ 1.000
Lucros Acumulados	R$ 4.000

Durante o exercício de 2003, ocorreram os seguintes fatos:

a) Integralização do capital subscrito: R$ 3.000.

b) Aumento de capital por incorporação de reservas e lucros acumulados, sendo:

Reserva de Capital	R$ 1.800
Reserva Estatutária	R$ 1.500
Lucros Acumulados	R$ 1.900

c) Aumento de capital de R$ 15.000 com emissão de novas ações, com ágio de 50%, mediante integralização de 100%.

d) Lucro Líquido do Exercício: R$ 12.000.

e) Proposta de destinação do lucro:

Reserva Legal	R$ 600
Reserva Estatutária	R$ 1.200
Reserva para Contingência	R$ 3.000
Dividendos Propostos	R$ 7.200

Pede-se: elaborar a Demonstração das Mutações do Patrimônio Líquido.

P.2 A conta Lucros Acumulados da empresa Vale Verde S.A., em 31/12/2003, era de R$ 28.000. A assembléia de acionistas tomou a seguinte decisão de destinação do lucro:

Reserva Legal	5%
Reserva Estatutária	15%
Reserva para Contingência	10%
Dividendos Propostos (serão pagos no exercício seguinte)	25%

Pede-se: efetuar os registros contábeis.

P.3 A empresa Cinco Estrelas S.A. foi fundada em 1º de janeiro de 1999, com esta composição de capital:

	R$
Ações preferenciais sem valor nominal, com dividendos cumulativos anuais de R$ 4,00 por ação. 2.000.000 de ações emitidas e em circulação	80.000.000
4.000.000 de ações ordinárias representativas do Capital, sem valor nominal	120.000.000
Total do Patrimônio Líquido dos Acionistas Ordinários	200.000.000

A empresa obteve lucros líquidos (prejuízos) subseqüentes:

1999	(7.000.000)
2000	(3.000.000)
2001	10.000.000
2002	25.000.000
2003	18.000.000

Suponha que o Conselho de Administração tenha declarado dividendos no montante máximo permitido em lei. As declarações desses dividendos elevados causaram lucros acumulados negativos.

Pede-se:

a) Tabular as declarações anuais de dividendos sobre as ações preferenciais e as ações ordinárias. Não existem ações em tesouraria.

b) Como mudaria o total distribuído aos acionistas ordinários se os dividendos preferenciais não fossem cumulativos?

P.4 Indique o efeito (+, - ou 0) produzido no total do Patrimônio Líquido dos Acionistas da Empresa G.K.S.A. para cada um dos seguintes itens:

a) Prejuízo operacional do período: R$ 250.000.

b) Venda de 230 ações da G.K.S.A. por Cláudio a João.

c) Declaração de dividendos em dinheiro (moeda corrente) pelo total de R$ 95.000.

d) Pagamento do item **c**.

e) Compra de dez ações a serem mantidas em tesouraria, pelo valor de R$ 2.000 à vista.

f) Venda da ação em tesouraria, comprada no item anterior, pelo valor de R$ 2.500.

g) Venda da ação em tesouraria, comprada no item **e**, pelo valor de R$ 1.500.

Capítulo 12

Análise das Demonstrações Financeiras

Objetivos do Capítulo

1. Apresentar as fontes de informações que as empresas utilizam para realizar a análise financeira.
2. Descrever os principais objetivos da análise das demonstrações financeiras.
3. Avaliar as tendências dos índices das demonstrações financeiras.
4. Interpretar os índices de liquidez de curto e longo prazos.
5. Avaliar os índices de gestão de ativos.
6. Analisar os indicadores de desempenho operacional.
7. Estudar os índices de mercado.

A análise da demonstração financeira de empresas de qualquer ramo de atividade geralmente indica os pontos fracos e fortes do seu desempenho operacional e financeiro.

A informação de uma análise financeira pode ser utilizada para melhorar o desempenho. Além disso, as análises das demonstrações financeiras podem ser usadas para prever como as decisões estratégicas, ou a expansão das atividades econômicas de uma empresa, são capazes de afetar os desempenhos financeiros futuros.

12.1 Fontes de Informação sobre as Empresas

OBJETIVO 1
Apresentar as fontes de informações que as empresas utilizam para realizar a análise financeira.

É fundamental, para o processo de análise de demonstrações financeiras, conhecer a empresa (mercado de atuação) e as características do setor de atividade. Além disso, é necessária a separação dos dados, combinando-os adequadamente, a fim de viabilizar sua interpretação, de acordo com o objetivo previamente estabelecido.

As demonstrações financeiras que estão dentro das normas e princípios contábeis geralmente aceitos fornecem uma série de dados sobre a empresa em determinado período. O analista financeiro se preocupa com as demonstrações financeiras que, por sua vez, procuram transformar os dados em informações que possibilitem tirar conclusões sobre a empresa em análise. Em síntese, a figura a seguir mostra as principais fontes de informação:

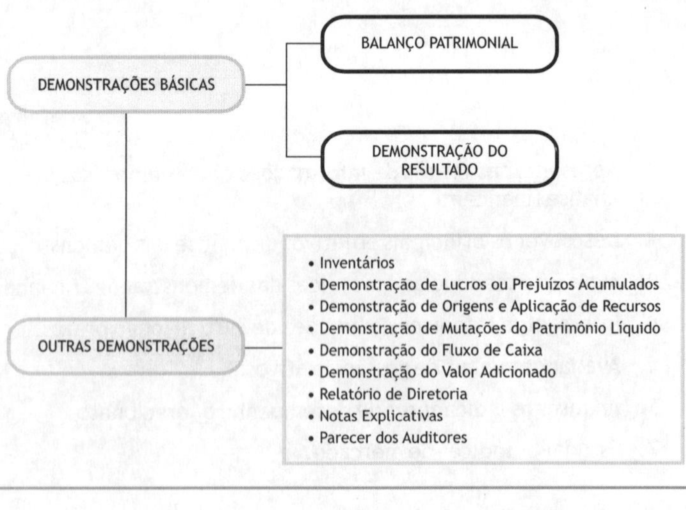

Figura 12.1 – Demonstrações contábeis para análise.

O capítulo em estudo visa oferecer uma noção básica de análise de demonstrações financeiras. Por isso, serão considerados como fontes de informação somente o Balanço Patrimonial e a DRE.

	Balanço Patrimonial Delta S.A.	20x3
Ativo		
1.1	Disponível	9.886
1.2	Contas a Receber ou Duplicatas a Receber	8.081
1.3	Estoques	7.512
1.4	Despesas do Exercício Seguinte	3.536
1.0	**Ativo Circulante (1.1 a 1.4)**	**29.015**
2.0	**Ativo Realizável a Longo Prazo**	**264**
3.1	Investimentos	492
3.2	Imobilizado Técnico (Líquido)	14.234
3.0	**Ativo Permanente (3.1 a 3.2)**	**14.726**
	Total Geral do Ativo	**44.005**

Passivo		20x3
4.1	Fornecedores	4.377
4.2	Empréstimos e Financiamentos	1.030
4.3	Salários e Encargos Sociais	2.911
4.4	Impostos a Pagar	2.315
4.5	Contas a Pagar	4.139
4.0	**Passivo Circulante (4.1 a 4.5)**	**14.772**
5.1	Empréstimos e Financiamentos	4.092
5.2	Outras Obrigações	1.361
5.0	**Passivo Exigível a Longo Prazo (5.1 a 5.2)**	**5.453**
6.1	Capital Social (12.000 ações ordinárias a R$ 1,00)	12.000
6.2	Capital Social (7.000 ações preferenciais a R$ 1,00)	7.000
6.3	Reservas de Capital	392
6.4	Reservas de Lucros	350
6.5	Lucros Acumulados	4.038
6.0	**Patrimônio Líquido (6.1 a 6.5)**	**23.780**
	Total Geral do Passivo e PL	**44.005**

Demonstração do Resultado do Exercício - Delta S.A.	20x3
Receita Operacional Bruta	56.689
(-) Deduções das Vendas	(12.466)
Receita Operacional Líquida	**44.223**
(-) Custo dos Produtos Vendidos	(19.678)
Lucro Bruto	**24.545**
(-) Despesas com Vendas	(2.552)
(-) Despesas Administrativas	(5.340)
(-) Outras Despesas Operacionais	(425)
Lucro Antes das Despesas Financeiras	**16.228**
(-) Despesas Financeiras	(8.780)
Lucro Antes do Imposto de Renda e Contribuição Social	**7.448**
(-) Imposto de Renda e Contribuição Social (25%)	(1.210)
Lucro Líquido do Exercício	**6.238**
(-) Dividendos dos Acionistas Preferenciais	**2.200**
Lucro Líquido Disponível aos Acionistas Ordinários	**4.038**

12.2 Objetivos da Análise das Demonstrações Financeiras

OBJETIVO 2

Descrever os principais objetivos da análise das demonstrações financeiras.

As informações da análise das demonstrações financeiras são utilizadas, pelos gestores, para melhorar o desempenho operacional; pelos credores, para avaliar a probabilidade de receber a remuneração do capital emprestado; pelos acionistas, para projetar lucros, dividendos e os preços das ações no mercado.

Se o objetivo do gestor é maximizar o valor da empresa, ele deve se aproveitar dos pontos fortes dela e, ao mesmo tempo, corrigir as fraquezas. A análise de demonstrações financeiras fornece informações para proporcionar condições, visando: (1) comparar o desempenho da empresa com o desempenho de outras do mesmo setor de atividades e (2) avaliar tendências nas operações ao longo do tempo. Os estudos de análise de demonstrações financeiras auxiliam o gestor a identificar deficiências, e então empreender ações para melhorar o desempenho da empresa.

OBJETIVO 3

Avaliar as tendências dos índices das demonstrações financeiras.

Para Assaf Neto (1998)[1], "a análise visa relatar, com base nas informações contábeis fornecidas pelas empresas, a posição econômico-financeira atual, as causas que determinaram a evolução apresentada e as tendências futuras". Em outras palavras, pela análise extraem-

1 ASSAF NETO, Alexandre. *Estrutura e Análise de Balanços*. São Paulo: Atlas, 4ª ed., 1998, p. 47.

se informações sobre as posições passada, presente e futura (projetada) de uma empresa. A figura a seguir mostra os principais objetivos:

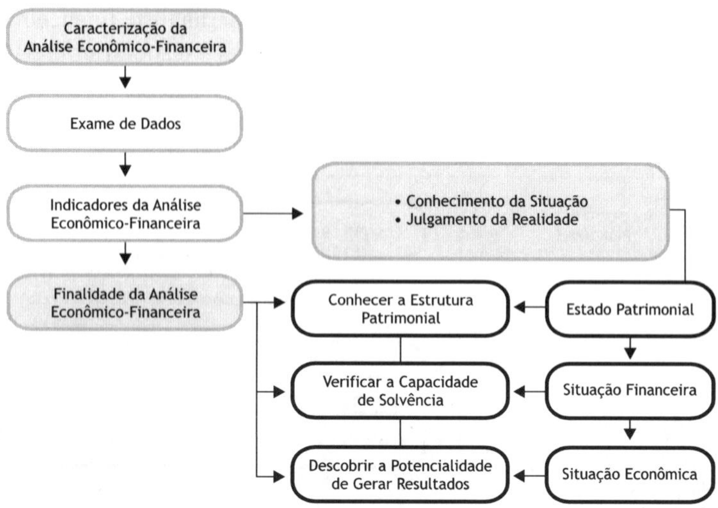

Figura 12.2 — Objetivos da análise econômico-financeira.

12.3 Avaliação de Tendências dos Índices

Para a gestão empresarial, é necessária a informação econômico-financeira no processo de planejamento, controle e tomada de decisão dentro da empresa. Padoveze (2000)[2] menciona a importância da avaliação dos índices por meio da comparabilidade em vários aspectos:

- comparação com períodos passados;
- comparação com padrão setorial;
- comparação com períodos orçados;
- comparação com padrões internacionais;
- comparação com empresas concorrentes.

O grau de avaliação de tendências está relacionado com a qualidade e extensão das informações disponíveis.

O grau de avaliação de tendências está relacionado com a qualidade e extensão das informações que o analista consegue gerar. Para o processo de

2 PADOVEZE, Clóvis Luis. *Contabilidade Gerencial: Um Enfoque em Sistema de Informação Contábil*. 3ª ed., São Paulo: Atlas, 2000, p. 132.

avaliação do desempenho da empresa, o analista se vale de uma série de cálculos matemáticos, traduzindo as demonstrações financeiras em indicadores econômico-financeiros.

Desse modo, o aspecto mais importante para o analista financeiro não é saber calcular, mas interpretar esses indicadores e elaborar um relatório com os pontos fortes e fracos da empresa analisada. Em resumo, a figura a seguir demonstra o produto final da análise econômico-financeira:

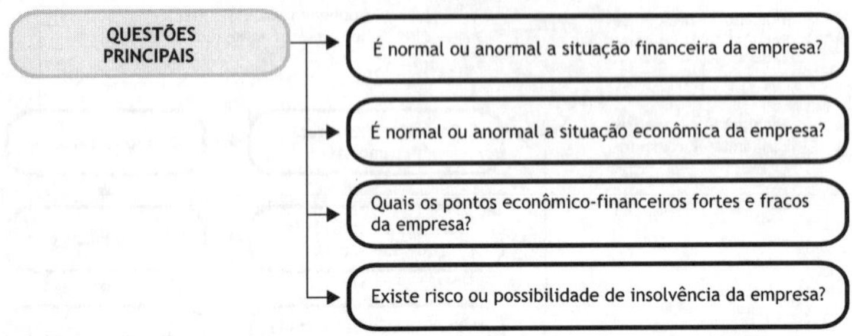

Figura 12.3 — Produto final da análise econômico-financeira.

É importante analisar as tendências nos índices, porque elas mostram se a situação financeira ou econômica deve melhorar ou piorar. Para se fazer uma análise de tendência, o analista deve ter uma série de índices ao longo do tempo.

12.4 Índices de Liquidez de Curto e Longo Prazos

OBJETIVO 4
Interpretar os índices de liquidez de curto e longo prazos.

Liquidez
Refere-se à rapidez com que a empresa transforma ativos em moeda corrente.

Esses indicadores têm a finalidade de medir a situação financeira da empresa.

O uso de índices na análise financeira é prática por demais conhecida. Embora existam variados tipos e formas de apresentação, há na sua interpretação quase um consenso geral.

Os indicadores de liquidez procuram evidenciar a condição da solidez financeira da empresa. São indicadores extraídos apenas do Balanço Patrimonial, razão de serem considerados indicadores estáticos. Quer dizer que no momento seguinte serão alterados.

Matarazzo (1998)[3] menciona que uma empresa com bons índices de liquidez apresenta condições de ter boa capacidade de pagar suas dívidas,

3 MATARAZZO, Dante C. *Análise Financeira de Balanços.* 5ª ed., São Paulo: Atlas, 1998, p. 170.

mas não estará, obrigatoriamente, pagando as dívidas em dia, em razão de outras variáveis como prazo, renovação de dívidas, entre outros fatores.

Índice de Liquidez Corrente

Indica a quantidade de recursos que a empresa tem nos ativos circulantes para utilização no pagamento dos passivos circulantes.

$$ILC = \frac{\text{Ativo Circulante}}{\text{Passivo Circulante}} = \frac{29.015}{14.722} = 1,96$$

Média do Setor = 2,50

A cada R$ 1,00 de passivos circulantes, a empresa dispõe de R$ 1,96 de ativos circulantes. A empresa Delta S.A. tem índice de liquidez corrente abaixo da média do setor de sua atividade. Por exemplo, suponha que um fornecedor esteja tentando decidir se oferece crédito à Delta S.A. Geralmente, os credores aceitam como fator de decisão um alto índice de liquidez corrente. O índice de liquidez corrente é um indicador individual que oferece uma informação bastante aceita da extensão pela qual as reivindicações dos credores de curto prazo são cobertas por ativos. Por isso, a liquidez corrente é uma das medidas mais utilizadas da solvência de curto prazo.

O índice de liquidez corrente da Delta S.A. está abaixo da média do seu setor (R$ 2,50). Assim, a sua posição de liquidez é relativamente fraca. Com um índice de liquidez corrente de R$ 1,96 (1/1,96 = 0,51, ou 51%), a Delta S.A. tem condições de liquidar os seus ativos circulantes de 51% do seu valor de livro e tentar pagar os seus credores correntes na sua totalidade.

Uma análise mais detalhada da liquidez exige o uso de orçamentos de caixa, pois, ao se relacionar a quantia de caixa e outros ativos circulantes às obrigações correntes, os índices oferecem uma medida rápida e fácil de análise de liquidez.

Índice de Liquidez Seca

Esse indicador mostra a quantidade de recursos da empresa comparando as dívidas de curto prazo, tendo como base os ativos circulantes, menos os estoques e despesas do exercício seguinte. A exclusão dos estoques é para verificar se a empresa depende das vendas para liquidar seus compromissos. Justificamos a exclusão das despesas do exercício seguinte do ativo circulante para calcular esse índice porque quase sempre não são valores realizáveis em numerário.

$$ILS = \frac{\text{Ativo Circulante - Estoques - Desp. do Exerc. Seguinte}}{\text{Passivo Circulante}} = \frac{29.015 - 7.512 - 3.536}{14.772} = 1{,}22$$

Média do Setor = 1,85

A empresa Delta S.A. tem R$ 1,22 de ativos circulantes a cada R$ 1 de passivos circulantes. O índice de liquidez seco médio do setor é R$ 1,85. Portanto, o índice de R$ 1,22 da Delta S.A. está baixo, em comparação a outras empresas do mesmo ramo.

Os estoques e as despesas do exercício seguinte são, respectivamente, os ativos circulantes menos líquidos de uma empresa. No entanto, a liquidez seca é uma medida da habilidade da empresa em pagar suas obrigações de curto prazo, sem necessitar recorrer à venda dos seus estoques – ou seja, caso os direitos realizáveis a curto prazo sejam recebidos, a companhia poderá pagar seus passivos circulantes sem ter de liquidar seus estoques a qualquer preço.

Índice de Liquidez Geral

É um indicador que mostra a quantidade de recursos da empresa, tomando como numerador os ativos circulantes e os ativos realizáveis a longo prazo, e, como denominador, os passivos exigíveis totais. Esse indicador serve para detectar a saúde financeira (no que se refere à liquidez) de longo prazo da empresa.

$$ILG = \frac{\text{Ativo Circulante + Ativo Realizável a Longo Prazo}}{\text{Passivo Circulante + Passivo Exigível a Longo Prazo}} = \frac{29.015 + 264}{14.772 + 5.453} = 1{,}45$$

Média do Setor = 1,90

O índice mostra que a empresa Delta S.A. tem R$ 1,45 de ativos circulantes e ativos realizáveis a longo prazo a cada R$ 1 de passivos circulantes, mais os passivos exigíveis a longo prazo. O índice está abaixo da média do setor de R$ 1,90. Mesmo assim, a empresa Delta S.A. tem condições de pagar todas as suas dívidas, e dispõe de uma folga financeira de R$ 0,45.

12.5 Índices de Administração do Passivo Exigível

Esses indicadores mostram a porcentagem dos ativos que foi financiada com capitais de terceiros, ou se a empresa depende de recursos de terceiros. Brigham, Gapenski e Ehrhardt (2001)[4] comentam que

> "[...] a extensão pela qual uma empresa utiliza financiamento de terceiros, ou sua alavancagem financeira, tem três implicações importantes: (1) ao levantar fundos por meio de dívida, os acionistas podem manter controle de uma empresa, embora limitem seu investimento; (2) os credores observam o capital próprio, ou os fundos fornecidos pelos proprietários, como forma de determinar uma margem de segurança, de tal modo que, caso os acionistas tenham aportado somente uma pequena parcela do financiamento total necessário, os riscos da empresa serão incorridos principalmente por seus credores; (3) caso a empresa ganhe mais sobre os investimentos financiados com capital tomado emprestado do que paga de juros, o retorno sobre o patrimônio líquido dos acionistas será alavancado".

Grau de Endividamento Total

Indica a porcentagem do Ativo Total financiado com capitais de terceiros a curto e longo prazos.

$$GET = \frac{\text{Passivo Circulante} + \text{Passivo Exigível a Longo Prazo}}{\text{Ativo Total}} \times 100 = \frac{14.772 + 5.453}{44.005} \times 100 = 45{,}9\%$$

Média do Setor = 32%

O ativo total da empresa Delta S.A. está sendo financiado em 45,9% com capital de terceiros e 54,1% com capital próprio. Existe uma predominância de capital próprio, porém, a empresa está acima da média do setor (32%). Isso pode representar um risco, principalmente se o custo do capital de terceiros (taxa de juros) for muito alto. Geralmente, os credores preferem índices baixos de endividamento porque, quanto menor o índice, maior é a proteção dos credores contra prejuízos em caso de falência da empresa.

4 BRIGHAM, Eugene F., GAPENSKI, Louis C. e EHRHARDT, Michael C. *Administração Financeira.* Trad. Alexandre Loureiro Guimarães e José Nicolas Albuja Salazar. São Paulo: Atlas, 2001, p. 101-102.

Índice de Cobertura de Juros

Esse indicador mede a proporção pela qual o lucro operacional pode diminuir antes que a empresa seja incapaz de cumprir com suas despesas de juros.

$$ICJ = \frac{\text{Lucro Antes das Despesas Financeiras}}{\text{Despesas Financeiras}} = \frac{16.228}{8.780} = 1{,}85 \text{ vez}$$

Média do Setor = 2,7 vezes

Os juros da empresa Delta S.A. estão cobertos 1,85 vez. A média do setor é de 2,7 vezes. Portanto, o índice de cobertura de juros está relacionado com o alto grau de endividamento, evidenciando que a empresa Delta S.A. certamente teria alguma dificuldade na aquisição de capital de terceiros.

12.6 Índices de Administração de Ativos

OBJETIVO 5
.Avaliar os índices de administração de ativos.

Os índices de administração de ativos medem a eficácia da empresa na administração de seus ativos. Esses índices são calculados para tentar responder à seguinte questão: o valor total de cada tipo de ativo, como demonstrado no balanço patrimonial, parece razoável, muito alto ou muito baixo, tendo em vista os níveis atuais e as projeções de vendas? Quando uma empresa tem um excessivo investimento em ativos, provavelmente seus custos de capital serão altos e o preço de sua ação será influenciado por tal custo. Por outro lado, caso uma companhia não tenha ativos suficientes, ela poderá perder vendas, o que certamente afetará o seu fluxo de caixa e o preço de sua ação no mercado. Assim, fica evidente a importância de ter a quantia correta de investimentos em ativos. Os indicadores que analisam os diferentes tipos de ativos são descritos neste tópico.

Índice do Giro de Estoques

O índice do giro de estoques é calculado dividindo-se as vendas pelos estoques.

$$IGE = \frac{\text{Vendas}}{\text{Estoques}} = \frac{56.689}{7.512} = 7{,}55 \text{ vezes}$$

Média do Setor = 8,20 vezes

O indicador mostra que cada item do estoque da Delta S.A. é vendido ou "girado" 7,55 vezes por ano. O giro dos estoques afeta diretamente os lucros da empresa.

O giro de 7,55 vezes da Delta S.A. está abaixo da média do setor (8,20 vezes). Isso significa que a Delta S.A. pode ter muito estoque. Geralmente, o estoque em excesso é improdutivo, e representa um investimento com baixa ou nenhuma taxa de retorno. O baixo índice de giro de estoques da Delta S.A. também nos faz questionar o seu índice de liquidez corrente. Um giro de estoque baixo é motivo de preocupação, pois é possível que a empresa esteja efetivamente mantendo estoques danificados ou obsoletos que não representam o valor efetivo do mercado.

Vale ressaltar que as vendas ocorrem ao longo do exercício social. Assim, o dado de estoque é para um determinado ponto no tempo. Por esse motivo, seria mais adequado utilizar uma medida de estoque médio (dados mensais do estoque dividido por 12 ou estoque inicial + estoque final dividido por 2). Entretanto, para manter comparabilidade com as médias do setor, às vezes não se utilizam os dados médios de estoques.

Período Médio de Recebimento

Esse indicador é utilizado para avaliar as contas a receber. Dividem-se as contas a receber pelas vendas médias diárias para encontrar o número de dias de vendas representados em duplicatas a receber. Dessa forma, esse indicador representa o período médio de tempo que a empresa deve esperar após fazer uma venda, até que efetue o seu recebimento.

$$\text{PMR} = \frac{\text{Contas a Receber ou Duplicatas a Receber}}{\text{Vendas Anuais/360 Dias}} = \frac{8.081}{56.689/360} = \frac{8.081}{157{,}47} = 51{,}3 \text{ dias}$$

Média do Setor = 45 dias

A empresa Delta S.A. gasta em média 51,3 dias para receber as suas vendas. Isso significa que o indicador está abaixo da média do setor.

O período médio de recebimento também pode ser avaliado levando-se em consideração a política de vendas da empresa. Por exemplo, se o prazo concedido aos clientes for de 40 dias, e a ocorrência do recebimento, em 51,3 dias, isso indica que os clientes, na média, estão pagando suas contas com atraso. Dessa forma, fica evidente que, se o período médio de recebimento for acima da política de crédito da empresa, alguma medida deverá ser tomada para acelerar o recebimento das contas a receber.

Índice de Giro dos Ativos Fixos

O índice de giro dos ativos fixos relaciona a receita operacional líquida com o montante líquido de ativos do imobilizado técnico. Este índice tem por objetivo medir a eficácia com que a empresa utiliza os equipamentos, móveis e utensílios, entre outros bens, em seu processo operacional.

$$Igaf = \frac{\text{Vendas Líquidas}}{\text{Ativos Fixos Líquidos}} = \frac{44.223}{14.234} = 3{,}11 \text{ vezes}$$

Média do Setor = 4,50 vezes

O índice de 3,11 vezes da Delta S.A. está abaixo da média do setor, indicando que a empresa provavelmente não está utilizando seus ativos fixos tão intensivamente quanto as outras companhias do setor, ou, ainda, a Delta S.A. pode não ter a quantia certa de ativos fixos em relação às empresas concorrentes.

Índice de Giro dos Ativos Totais

Esse índice mede o giro de todos os ativos da empresa. É calculado dividindo-se as vendas pelos ativos totais.

$$Igat = \frac{\text{Vendas}}{\text{Ativo Total}} = \frac{44.223}{44.005} = 1{,}0 \text{ vez}$$

Média do Setor = 2,90 vezes

O indicador de 1,0 vez da Delta S.A. está abaixo da média do setor (2,90 vezes). Isso indica que a empresa não está conseguindo gerar um volume suficiente de vendas para o seu nível de investimento em ativos totais. Há necessidade de aumentar as vendas, ou talvez a eliminação de alguns ativos, ou, ainda, uma combinação dos referidos aspectos ao mesmo tempo.

12.7 Índices de Desempenho Operacional

OBJETIVO 6
Analisar os indicadores de desempenho operacional.

A avaliação de desempenho visa oferecer aos gestores informações sobre como estão sendo realizadas as atividades sob sua responsabilidade. O desempenho operacional é o resultado de políticas e decisões da empresa. Os índices de desempenho operacional evidenciam os efeitos combinados da liquidez, gestão de ativos e a dívida sobre os resultados operacionais obtidos em determinado período.

Índice das Necessidades de Capital Operacional

Os gestores precisam saber quanto a empresa deve investir em ativos operacionais para suportar um determinado nível de vendas. O conceito de ativo operacional ou capital operacional compreende: Capital de Giro Operacional Líquido (Caixa, Duplicatas a Receber, Estoques e menos Fornecedores, Salários e Encargos Sociais, Impostos a Pagar e Contas a Pagar) mais os Ativos Fixos Líquidos.[5] Isso representa os fundos que os investidores aportaram para suportar as operações da empresa. O índice das necessidades de capital operacional mede a relação entre o capital operacional e as vendas:

Capital de Giro Operacional Líquido = (Caixa + Contas a Receber + Estoques) - (Fornecedores + Contas a Pagar + Provisões)
= (9.886 + 8.081 + 7.512) - (4.377 + 4.139 + 2.911 + 2.315)
= 11.737

Capital Operacional Total = (Capital de Giro Líquido Operacional + Ativos Fixos Líquidos)
= 11.737 + 14.234
= 25.971

$$\text{INCO} = \frac{\text{Capital Operacional}}{\text{Vendas Líquidas}} = \frac{25.971}{44.223} = 0{,}59 \text{ ou } 19\%$$

Média do Setor = 0,15 ou 15%

O índice mostra que a Delta S.A. precisa de R$ 0,59 de capital operacional para cada R$ 1 de vendas. A média do setor é de R$ 0,15 para cada R$ 1 de vendas. Portanto, a Delta S.A. está em muita desvantagem com as suas concorrentes. Se ela conseguisse reduzir o seu investimento em capital operacional sem diminuir as vendas, certamente ocorreria uma redução nos seus custos de capital. Conseqüentemente, haveria um aumento

5 Capital de Giro Operacional Líquido = Todos os ativos circulantes que não pagam juros menos os passivos circulantes que não cobram juros. Ativos Fixos Líquidos = Imobilizado Técnico Líquido.

do retorno sobre o capital, e isso exerceria influência sobre o preço de sua ação no mercado.

Margem de Lucro nas Vendas

Esse indicador mostra quanto se obtém de lucro líquido a cada unidade vendida.

$$MLV = \frac{\text{Lucro Líquido do Exercício}}{\text{Receitas Operacionais Líquidas}} \times 100 = \frac{6.238}{44.223} \times 100 = 14{,}1\%$$

Média do Setor = 15,5%

A empresa Delta S.A. tem R$ 14,10 de lucro líquido a cada R$ 100 de vendas líquidas. Portanto, a lucratividade está abaixo da média do setor de 15,5%.

Capacidade de Geração de Lucros

Esse indicador mostra a capacidade da geração de lucros dos ativos de uma empresa, antes do impacto dos impostos e da alavancagem financeira. É um índice importante para comparar empresas com diferentes estruturas de tributação e graus diferenciados de alavancagem financeira.

$$CGL = \frac{\text{Lucro Antes das Despesas Financeiras e dos Impostos}}{\text{Ativo Total}} = \frac{16.228}{44.005} = 0{,}37 \text{ ou } 37\%$$

Média do Setor = 0,41 ou 41%

A empresa Delta S.A. tem uma capacidade de geração de lucro, antes das despesas financeiras e dos impostos, de R$ 0,37 para cada R$ 1 de ativos totais. Esse indicador é um pouco menor que a média do setor de 0,41. Vale lembrar que a empresa Delta S.A. apresenta baixos índices de giro e alto índice de necessidade de capital operacional. Dessa forma, ela não está obtendo um retorno significativo sobre seus ativos.

Margem de Lucro Operacional após Impostos

Esse indicador relaciona o montante de Lucro Operacional Líquido Após Imposto de Renda (Lolair), e tem por objetivo mostrar quanto de lucro operacional, após os impostos, a empresa gera a cada real (R$) de vendas líquidas. O Lolair = Lucro Operacional Líquido Antes das Despesas Financeiras e dos Impostos (1 – alíquota de impostos). Baseado na DRE em análise, Lolair = 16.228 (1 – 0,25) = 12.171.

$$\text{Lolair} = \frac{\text{Lucro Operacional Líquido Após Impostos}}{\text{Vendas Líquidas}} \times 100 = \frac{12.171}{44.223} \times 100 = 27,5\%$$

Média do Setor = 23,9%

A empresa Delta S.A. gera R$ 27,50 de lucro operacional, após os impostos, a cada R$ 100 de vendas. Portanto, é um indicador maior que a média do setor, de R$ 23,90 a cada R$ 100 de vendas.

Retorno sobre o Ativo (ROA)

É um indicador de avaliação do desempenho que proporciona informações adicionais sobre a evolução da situação econômica da empresa.

$$\text{ROA} = \frac{\text{Lucro Líquido Disponível aos Acionistas Ordinários}}{\text{Ativo Total}} \times 100 = \frac{4.038}{44.005} \times 100 = 9,2\%$$

Média do Setor = 11,9%

O retorno de 9,2% da Delta S.A. está pouco abaixo da média do setor, de 11,9%. Esse retorno é resultado (1) do baixo índice de capacidade de geração de lucro e (2) de suas altas despesas financeiras que resultam da sua utilização de endividamento acima da média, as quais causam impacto no lucro líquido da empresa.

Retorno sobre o Patrimônio Líquido dos Acionistas Ordinários (ROE)

Significa o percentual de resultados do período em relação aos recursos investidos no empreendimento pelos acionistas ordinários. Representa a taxa de rentabilidade auferida pelos acionistas ordinários, sendo dimensionado pela relação entre o item Lucro Líquido Disponível aos Acionistas Ordinários e o montante de Patrimônio Líquido – menos as Ações Preferenciais, sendo este último equivalente ao somatório das contas Capital Social das Ações Ordinárias + Reservas de Capital + Reservas de Lucros + Lucros Acumulados.

$$ROE = \frac{\text{Lucro Líquido Disponível aos Acionistas Ordinários}}{\text{Patrimônio Líquido} - \text{Ações Preferenciais}} \times 100 = \frac{4.038}{16.780} \times 100 = 24\%$$

Média do Setor = 25,8%

O retorno de 24% está abaixo da média de 25,8% do setor de atividade da empresa. Esse indicador, porém, não está tão baixo quanto o retorno sobre o total de ativos: 9,2%.

Valor Econômico Agregado (EVA)

Partindo do pressuposto de que o objetivo da empresa é proporcionar, em suas decisões financeiras, um retorno que remunere as expectativas de rendimentos de seus proprietários de capital, o valor econômico agregado permite identificar se a empresa está agregando valor ou destruindo valor econômico, conforme Assaf Neto (1998).[6] Para calcular o valor econômico agregado, é necessário conhecer o custo de capital da empresa. "O custo de capital pode ser definido como a taxa de retorno que a empresa precisa obter sobre os seus projetos de investimentos, para manter o valor de mercado de suas ações. Ele pode ser também considerado como a taxa de retorno exigida pelos fornecedores de capital do mercado, para atrair seus fundos para a empresa." (Gitman 2002)[7]

O custo do capital de terceiros (Kd) representa uma taxa obtida pela relação entre as despesas financeiras e os passivos onerosos geradores dos encargos financeiros.

O custo do capital próprio (Kp) representa o custo de oportunidade dos proprietários, ou seja, a melhor taxa de retorno de risco equivalente à qual o investidor renunciou para aplicar seus recursos no capital da empresa.

Para calcular o custo médio ponderado de capital (CMPC), pode-se utilizar a seguinte fórmula:

$$CMPC = W_d \times K_d (1 - T) + W_{ps} \times K_{ps} + W_{ce} K_s$$

onde temos:

6 ASSAF NETO, Alexandre. *Estrutura e Análise de Balanços*. 4ª ed., São Paulo: Atlas, 1998, p. 236-237.

7 GITMAN, Lawrence J. *Princípios de Administração Financeira*. 7ª ed., São Paulo: Harbra, 2002, p. 382.

Kd = custo do capital de terceiros

Kps = custo do capital próprio das ações preferenciais

Ks = custo do capital próprio das ações ordinárias e dos lucros retidos pela empresa

Wd = porcentagem do capital de terceiros na estrutura de capital

Wps = porcentagem do capital próprio relativo às ações preferenciais na estrutura de capital

Wce = porcentagem do capital próprio relativo às ações ordinárias e aos lucros retidos pela empresa na estrutura de capital

T = alíquota de impostos

Cálculo do EVA	20x3
Lucro Antes das Despesas Financeiras e dos Impostos	16.228
Imposto de Renda e Contribuição Social	25%
Lolair = Lucro Operacional Líquido Antes das Despesas Financeiras e dos Impostos (1 - alíquotas de Impostos)	12.171
Capital Operacional Total dos Investidores	25.971
Custo Médio Ponderado de Capital (dado hipotético)	18%
Custo do Capital em R$	4.675
EVA = Lolair Custo do Capital em R$	7.496
RCI[a] = Lolair/Capital Operacional = 12.171/25.971	47%
RCI = CMPC = 47% - 18%	29%
EVA = Capital Operacional (RCI - CMPC)	7.496

a = Retorno sobre o capital investido

O EVA da empresa Delta S.A. é positivo. Para uma empresa demonstrar viabilidade econômica, é necessário que o retorno do investimento seja no mínimo igual ao seu custo de capital. Conseqüentemente, o EVA é um indicador importante para a empresa estabelecer as suas metas e avaliar o desempenho de seus administradores.

12.8 Índices de Valor de Mercado

OBJETIVO 7
Estudar os índices de mercado.

Os índices de valor de mercado relacionam o preço da ação de uma empresa aos seus lucros e ao valor de livro das ações. Esses indicadores oferecem aos gestores uma visão da forma com que os investidores podem ver a empresa, no que diz respeito ao seu desempenho passado, e das perspectivas futuras.

Índice Preço/Lucro

O índice preço/lucro mostra quanto os investidores estão dispostos a pagar por R$ de lucros demonstrados. As ações ordinárias da Delta S.A. estão sendo vendidas a R$ 1,75 cada. O lucro por ação ordinária é de R$ 0,3365 = R$ 4.038/12.000 (Lucro Líquido à Disposição dos Acionistas Ordinários/ Número de Ações Ordinárias em Circulação).

$$IP/L = \frac{\text{Preço por Ação}}{\text{Lucro por Ação}} = \frac{1,75}{0,3365} = 5,2 \text{ vezes}$$

Média do Setor = 7,6 vezes

O índice preço/lucro da empresa Delta S.A. está abaixo da média do setor, de 7,6 vezes. Isso significa que a empresa tem maior grau de risco, comparando com outras que atuam no mesmo ramo.

Índice de Valor de Mercado/Valor de Livro

Esse índice mostra como os investidores estão vendo a empresa. Geralmente, quando as empresas têm altas taxas de retorno sobre o patrimônio líquido, suas ações são negociadas com valor acima do valor de livro (valor contábil).

$$\text{Valor de Livro por Ação} = \frac{\text{Patrimônio Líquido dos Acionistas Ordinários}}{\text{Número de Ações Ordinárias}} = \frac{16.780}{12.000} = 1,40$$

Neste exemplo, estão sendo consideradas apenas as ações ordinárias em circulação.

$$\text{Índice Valor de Mercado/Valor de Livro} = \frac{\text{Valor de Mercado por Ação}}{\text{Valor de Livro por Ação}} = \frac{1,75}{1,40} = 1,25 \text{ vez}$$

Média do Setor = 1,8 vez

A empresa Delta S.A. tem um índice de valor de mercado/valor de livro de 1,25 vez. A média do setor é de 1,8 vez. Certamente, os investidores estarão dispostos a pagar menos a cada R$ em valor de livro do que por uma empresa do mesmo ramo de atividade que esteja com esse indicador acima da média do setor.

O Quadro 12.1 apresenta uma compilação dos índices calculados ao longo deste capítulo.

Indicador	Fórmula para Cálculo	Indicador	Média do Setor	Avaliação
Liquidez				
Corrente	Ativos circulantes / Passivos circulantes	1,96	2,50	**Ruim**
Liquidez Seca	(Ativos circulantes - Estoques - Despesas do Exercício Seguinte) / Passivos circulantes	1,22	1,85	**Ruim**
Liquidez Geral	(Ativo circulante + Ativo realizável a longo prazo) / (Passivo circulante + Passivo exigível a longo prazo)	1,45	1,90	**Ruim**
Administração do Passivo Exigível				
Endividamento Total	(Passivo circulante + Passivo exigível a longo prazo) / Ativo Total x 100	45,9%	32%	**Alto Risco**
Cobertura de Juros	Lucro Antes das Despesas Financeiras / Despesas Financeiras	1,85 vez	2,7 vezes	**Alto Risco**
Administração dos Ativos				
Giro do Estoque	Vendas / Estoques	7,55 vezes	8,20 vezes	**Regular**
Período Médio de Recebimento	Contas a Receber ou Duplicatas a Receber / Vendas Anuais/360	51,3 dias	45 dias	**Ruim**
Giro dos Ativos Fixos	Vendas Líquidas / Ativos Fixos Líquidos	3,11 vezes	4,50 vezes	**Ruim**
Giro dos Ativos Totais	Vendas / Ativo Total	1,0 vez	2,90 vezes	**Ruim**
Necessidade de Capital Operacional	Capital Operacional / Vendas	0,59 ou 59%	0,15 ou 15%	**Ruim**
Desempenho Operacional				
Margem de Lucro nas Vendas	Lucro Líquido do Exercício / Receitas Operacionais Líquidas x 100	14,1%	15,5%	**Regular**
Capacidade de Geração de Lucros	Lucro Antes das Despesas Financeiras e dos Impostos / Ativo Total	0,37 ou 37%	0,41 ou 41%	**Ruim**
Margem de Lucro Operacional Após Impostos	Lucro Operacional Líquido Após I. R. / Vendas Líquidas x 100	27,5%	23,9%	**Bom**
Retorno sobre Ativos Totais (ROA)	Lucro Líquido Disponível aos Acionistas Ordinários / Ativo Total	9,2%	11,9%	**Ruim**
Retorno sobre o Patrimônio Líquido dos Acionistas Ordinários (ROE)	Lucro Líquido Disponível aos Acionistas Ordinários / Patrimônio Líquido dos Acionistas Ordinários	24%	25,8%	**Regular**
Valor de Mercado				
Preço/Lucro	Preço por ação / Lucro por ação	5,2 vezes	7,6 vezes	**Baixa**
Valor de Mercado/ Valor de Livro	Preço de mercado por ação / Valor de livro por ação	1,25 vez	1,8 vez	**Baixa**

Quadro 12.1 — Resumo dos Indicadores

Questões

Q.1 Relacione três objetivos da análise das demonstrações financeiras.

Q.2 Defina análise de liquidez.

Q.3 O que é índice de gestão de ativos?

Q.4 Defina desempenho operacional.

Q.5 Quais são as principais fontes de informação para a análise das demonstrações financeiras?

Q.6 Qual é o índice de liquidez que mede a saúde da empresa a longo prazo?

Q.7 Quais são os índices de gestão de ativos?

Q.8 O que significa o índice de liquidez seca?

Q.9 O que significa o índice das necessidades de capital operacional?

Q.10 Defina índice da capacidade de geração de lucros.

Problemas de Reforço

P.1 A Cia. Alfa S.A. apresentou o Balanço Patrimonial e a DRE em 31/12/19x9:

	Balanço Patrimonial	19x9
Ativo		
1.1	Disponível	18.581
1.2	Direitos Realizáveis a Curto Prazo	14.705
1.3	Estoques	14.926
1.0	**Ativo Circulante (1.1 a 1.3)**	**48.212**
2.0	**Ativo Realizável a Longo Prazo**	**1.701**
3.1	Investimentos	1.679
3.2	Imobilizado Técnico (Líquido)	20.582
3.0	**Ativo Permanente (3.1 a 3.2)**	**22.261**
	Total Geral do Ativo	**72.174**

Passivo		19x9
4.1	Fornecedores	5.287
4.2	Empréstimos e Financiamentos	2.548
4.3	Salários e Encargos Sociais	4.151
4.4	Impostos a Pagar	3.915
4.5	Contas a Pagar	5.631
4.0	**Passivo Circulante (4.1 a 4.5)**	**21.532**
5.1	Empréstimos e Financiamentos	8.826
5.2	Outras Obrigações	3.432
5.0	**Passivo Exigível a Longo Prazo (5.1 a 5.2)**	**12.258**
6.1	Capital Social (25.000 ações ordinárias R$ 1,00)	25.000
6.2	Reservas de Capital	4.951
6.3	Reservas de Lucros	4.260
6.4	Lucros Acumulados	4.173
6.0	**Patrimônio Líquido (6.1 a 6.4)**	**38.384**
	Total Geral do Passivo e PL	**72.174**

Demonstração do Resultado do Exercício	19x9
Receita Operacional Bruta	98.000
(-) Deduções das Vendas	(20.700)
Receita Operacional Líquida	**77.300**
(-) Custos dos Produtos Vendidos	(31.100)
Lucro Bruto	**46.200**
(-) Despesas com Vendas	(5.402)
(-) Despesas Administrativas	(12.170)
(-) Outras Despesas Operacionais	(1.906)
Lucro Antes das Despesas Financeiras	**26.722**
(-) Despesas Financeiras	(11.200)
Lucro Antes do Imposto de Renda e da Contribuição Social	**15.522**
(-) Imposto de Renda e Contribuição Social (25%)	(2.673)
Lucro Líquido Disponível aos Acionistas Ordinários	**12.849**

Com base no Balanço Patrimonial e na DRE, calcular:

1) Índice de Liquidez Corrente.
2) Índice de Liquidez Geral.
3) Índice do Giro de Estoques.
4) Índice de Giro dos Ativos Fixos.
5) Índice de Giro dos Ativos Totais.
6) Índice das Necessidades de Capital Operacional.
7) Grau de Endividamento Total.
8) Margem de Lucro nas Vendas.

9) Índice da Capacidade de Geração de Lucros.

10) Margem de Lucro Operacional Após Impostos.

11) Retorno sobre Ativos Totais (ROA).

12) Retorno sobre o Patrimônio Líquido (ROE).

P.2 A Cia. Beta S.A. tem um patrimônio líquido de R$ 4.200.000 e 1.200.000 ações ordinárias em circulação. Qual é o valor de livro por ação?

P.3 A Cia. Vale Verde S.A tem o valor patrimonial de suas ações de R$ 2,80 por ação. Em 31/12/20x3, o valor de mercado de suas ações era de R$ 5,20 por ação. Qual o índice de valor de mercado/valor de livro?

Tabela 1 — Fator de Juros do Valor Presente de Uma Única Quantia

Tabela A1

$$PVIF_{i,n} = \frac{1}{(1+i)^n}$$

Período	1%	2%	3%	4%	5%	6%	7%	8%	9%	10%	12%	14%	15%	16%	18%	20%	24%	28%	32%	36%
1	0,9901	0,9804	0,9709	0,9615	0,9524	0,9434	0,9346	0,9259	0,9174	0,9091	0,8929	0,8772	0,8696	0,8621	0,8475	0,8333	0,8065	0,7813	0,7576	0,7353
2	0,9803	0,9612	0,9426	0,9246	0,9070	0,8900	0,8734	0,8573	0,8417	0,8264	0,7972	0,7695	0,7561	0,7432	0,7182	0,6944	0,6504	0,6104	0,5739	0,5407
3	0,9706	0,9423	0,9151	0,8890	0,8638	0,8396	0,8163	0,7938	0,7722	0,7513	0,7118	0,6750	0,6575	0,6407	0,6086	0,5787	0,5245	0,4768	0,4348	0,3975
4	0,9610	0,9238	0,8885	0,8548	0,8227	0,7921	0,7629	0,7350	0,7084	0,6830	0,6355	0,5921	0,5718	0,5523	0,5158	0,4823	0,4230	0,3725	0,3294	0,2923
5	0,9515	0,9057	0,8626	0,8219	0,7835	0,7473	0,7130	0,6806	0,6499	0,6209	0,5674	0,5194	0,4972	0,4761	0,4371	0,4019	0,3411	0,2910	0,2495	0,2149
6	0,9420	0,8880	0,8375	0,7903	0,7462	0,7050	0,6663	0,6302	0,5963	0,5645	0,5066	0,4556	0,4323	0,4104	0,3704	0,3349	0,2751	0,2274	0,1890	0,1580
7	0,9327	0,8706	0,8131	0,7599	0,7107	0,6651	0,6227	0,5835	0,5470	0,5132	0,4523	0,3996	0,3769	0,3538	0,3139	0,2791	0,2218	0,1776	0,1432	0,1162
8	0,9235	0,8535	0,7894	0,7307	0,6768	0,6274	0,5820	0,5403	0,5019	0,4665	0,4039	0,3506	0,3259	0,3050	0,2660	0,2326	0,1789	0,1388	0,1085	0,0854
9	0,9143	0,8368	0,7664	0,7026	0,6446	0,5919	0,5439	0,5002	0,4604	0,4241	0,3606	0,3075	0,2843	0,2630	0,2255	0,1938	0,1443	0,1084	0,0822	0,0628
10	0,9053	0,8203	0,7441	0,6756	0,6139	0,5584	0,5083	0,4632	0,4224	0,3855	0,3220	0,2697	0,2472	0,2267	0,1911	0,1615	0,1164	0,0847	0,0623	0,0462
11	0,8963	0,8043	0,7224	0,6496	0,5847	0,5268	0,4751	0,4289	0,3875	0,3505	0,2875	0,2366	0,2149	0,1954	0,1619	0,1346	0,0938	0,0662	0,0472	0,0340
12	0,8874	0,7885	0,7014	0,6246	0,5568	0,4970	0,4440	0,3971	0,3555	0,3186	0,2567	0,2076	0,1869	0,1685	0,1372	0,1122	0,0757	0,0517	0,0357	0,0250
13	0,8787	0,7730	0,6810	0,6006	0,5303	0,4688	0,4150	0,3677	0,3262	0,2897	0,2292	0,1821	0,1625	0,1452	0,1163	0,0935	0,0610	0,0404	0,0271	0,0184
14	0,8700	0,7579	0,6611	0,5775	0,5051	0,4423	0,3878	0,3405	0,2992	0,2633	0,2046	0,1597	0,1413	0,1252	0,0985	0,0779	0,0492	0,0316	0,0205	0,0135
15	0,8613	0,7430	0,6419	0,5553	0,4810	0,4173	0,3624	0,3152	0,2745	0,2394	0,1827	0,1401	0,1229	0,1079	0,0835	0,0649	0,0397	0,0247	0,0155	0,0099
16	0,8528	0,7284	0,6232	0,5339	0,4581	0,3936	0,3387	0,2919	0,2519	0,2176	0,1631	0,1229	0,1069	0,0930	0,0708	0,0541	0,0320	0,0193	0,0118	0,0073
17	0,8444	0,7142	0,6050	0,5134	0,4363	0,3714	0,3166	0,2703	0,2311	0,1978	0,1456	0,1078	0,0929	0,0802	0,0600	0,0451	0,0258	0,0150	0,0089	0,0054
18	0,8360	0,7002	0,5874	0,4936	0,4155	0,3503	0,2959	0,2502	0,2120	0,1799	0,1300	0,0946	0,0808	0,0691	0,0508	0,0376	0,0208	0,0118	0,0068	0,0039
19	0,8277	0,6864	0,5703	0,4746	0,3957	0,3305	0,2765	0,2317	0,1945	0,1635	0,1161	0,0829	0,0703	0,0596	0,0431	0,0313	0,0168	0,0092	0,0051	0,0029
20	0,8195	0,6730	0,5537	0,4564	0,3769	0,3118	0,2584	0,2145	0,1784	0,1486	0,1037	0,0728	0,0611	0,0514	0,0365	0,0261	0,0135	0,0072	0,0039	0,0021
21	0,8114	0,6598	0,5375	0,4388	0,3589	0,2942	0,2415	0,1987	0,1637	0,1351	0,0926	0,0638	0,0531	0,0443	0,0309	0,0217	0,0109	0,0056	0,0029	0,0016
22	0,8034	0,6468	0,5219	0,4220	0,3418	0,2775	0,2257	0,1839	0,1502	0,1228	0,0826	0,0560	0,0462	0,0382	0,0262	0,0181	0,0088	0,0044	0,0022	0,0012
23	0,7954	0,6342	0,5067	0,4057	0,3256	0,2618	0,2109	0,1703	0,1378	0,1117	0,0738	0,0491	0,0402	0,0329	0,0222	0,0151	0,0071	0,0034	0,0017	0,0008
24	0,7876	0,6217	0,4919	0,3901	0,3101	0,2470	0,1971	0,1577	0,1264	0,1015	0,0659	0,0431	0,0349	0,0284	0,0188	0,0126	0,0057	0,0027	0,0013	0,0006
25	0,7798	0,6095	0,4776	0,3751	0,2953	0,2330	0,1842	0,1460	0,1160	0,0923	0,0588	0,0378	0,0304	0,0245	0,0160	0,0105	0,0046	0,0021	0,0010	0,0005
26	0,7720	0,5976	0,4637	0,3607	0,2812	0,2198	0,1722	0,1352	0,1064	0,0839	0,0525	0,0331	0,0264	0,0211	0,0135	0,0087	0,0037	0,0016	0,0007	0,0003
27	0,7644	0,5859	0,4502	0,3468	0,2678	0,2074	0,1609	0,1252	0,0976	0,0763	0,0469	0,0291	0,0230	0,0182	0,0115	0,0073	0,0030	0,0013	0,0006	0,0002
28	0,7568	0,5744	0,4371	0,3335	0,2551	0,1956	0,1504	0,1159	0,0895	0,0693	0,0419	0,0255	0,0200	0,0157	0,0097	0,0061	0,0024	0,0010	0,0004	0,0002
29	0,7493	0,5631	0,4243	0,3207	0,2429	0,1846	0,1406	0,1073	0,0822	0,0630	0,0374	0,0224	0,0174	0,0135	0,0082	0,0051	0,0020	0,0008	0,0003	0,0001
30	0,7419	0,5521	0,4120	0,3083	0,2314	0,1741	0,1314	0,0994	0,0754	0,0573	0,0334	0,0196	0,0151	0,0116	0,0070	0,0042	0,0016	0,0006	0,0002	0,0001
35	0,7059	0,5000	0,3554	0,2534	0,1813	0,1301	0,0937	0,0676	0,0490	0,0356	0,0189	0,0102	0,0075	0,0055	0,0030	0,0017	0,0005	0,0002	0,0001	*
40	0,6717	0,4529	0,3066	0,2083	0,1420	0,0972	0,0668	0,0460	0,0318	0,0221	0,0107	0,0053	0,0037	0,0026	0,0013	0,0007	0,0002	0,0001	*	*
45	0,6391	0,4102	0,2644	0,1712	0,1113	0,0727	0,0476	0,0313	0,0207	0,0137	0,0061	0,0027	0,0019	0,0013	0,0006	0,0003	0,0001	*	*	*
50	0,6080	0,3715	0,2281	0,1407	0,0872	0,0543	0,0339	0,0213	0,0134	0,0085	0,0035	0,0014	0,0009	0,0006	0,0003	0,0001	*	*	*	*
55	0,5785	0,3365	0,1968	0,1157	0,0683	0,0406	0,0242	0,0145	0,0087	0,0053	0,0020	0,0007	0,0005	0,0003	0,0001	*	*	*	*	*

* O fator é zero para quatro casas decimais.

Tabela 2 — Fator de Juros do Valor Presente de Uma Anuidade

Tabela A2

$$PVIFA_{i,n} = \sum_{t=1}^{n} \frac{1}{(1+i)^t} = \frac{1 - \frac{1}{(1+i)^n}}{i} = \frac{1}{i} - \frac{1}{i(1+i)^n}$$

Período	1%	2%	3%	4%	5%	6%	7%	8%	9%	10%	12%	14%	15%	16%	18%	20%	24%	28%	32%
1	0,9901	0,9804	0,9709	0,9615	0,9524	0,9434	0,9346	0,9259	0,9174	0,9091	0,8929	0,8772	0,8696	0,8621	0,8475	0,8333	0,8065	0,7813	0,7576
2	1,9704	1,9416	1,9135	1,8861	1,8594	1,8334	1,8080	1,7833	1,7591	1,7355	1,6901	1,6467	1,6257	1,6052	1,5656	1,5278	1,4568	1,3916	1,3315
3	2,9410	2,8839	2,8286	2,7751	2,7232	2,6730	2,6243	2,5771	2,5313	2,4869	2,4018	2,3216	2,2832	2,2459	2,1743	2,1065	1,9813	1,8684	1,7663
4	3,9020	3,8077	3,7171	3,6299	3,5460	3,4651	3,3872	3,3121	3,2397	3,1699	3,0373	2,9137	2,8550	2,7982	2,6901	2,5887	2,4043	2,2410	2,0957
5	4,8534	4,7135	4,5797	4,4518	4,3295	4,2124	4,1002	3,9927	3,8897	3,7908	3,6048	3,4331	3,3522	3,2743	3,1272	2,9906	2,7454	2,5320	2,3452
6	5,7955	5,6014	5,4172	5,2421	5,0757	4,9173	4,7665	4,6229	4,4859	4,3553	4,1114	3,8887	3,7845	3,6847	3,4976	3,3255	3,0205	2,7594	2,5342
7	6,7282	6,4720	6,2303	6,0021	5,7864	5,5824	5,3893	5,2064	5,0330	4,8684	4,5638	4,2883	4,1604	4,0386	3,8115	3,6046	3,2423	2,9370	2,6775
8	7,6517	7,3255	7,0197	6,7327	6,4632	6,2098	5,9713	5,7466	5,5348	5,3349	4,9676	4,6389	4,4873	4,3436	4,0776	3,8372	3,4212	3,0758	2,7860
9	8,5660	8,1622	7,7861	7,4353	7,1078	6,8017	6,5152	6,2469	5,9952	5,7590	5,3282	4,9464	4,7716	4,6065	4,3030	4,0310	3,5655	3,1842	2,8681
10	9,4713	8,9826	8,5302	8,1109	7,7217	7,3601	7,0236	6,7101	6,4177	6,1446	5,6502	5,2161	5,0188	4,8332	4,4941	4,1925	3,6819	3,2689	2,9304
11	10,3676	9,7868	9,2526	8,7605	8,3064	7,8869	7,4987	7,1390	6,8052	6,4951	5,9377	5,4527	5,2337	5,0286	4,6560	4,3271	3,7757	3,3351	2,9776
12	11,2551	10,5753	9,9540	9,3851	8,8633	8,3838	7,9427	7,5361	7,1607	6,8137	6,1944	5,6603	5,4206	5,1971	4,7932	4,4392	3,8514	3,3868	3,0133
13	12,1337	11,3484	10,6350	9,9856	9,3936	8,8527	8,3577	7,9038	7,4869	7,1034	6,4235	5,8424	5,5831	5,3423	4,9095	4,5327	3,9124	3,4272	3,0404
14	13,0037	12,1062	11,2961	10,5631	9,8986	9,2950	8,7455	8,2442	7,7862	7,3667	6,6282	6,0021	5,7245	5,4675	5,0081	4,6106	3,9616	3,4587	3,0609
15	13,8651	12,8493	11,9379	11,1184	10,3797	9,7122	9,1079	8,5595	8,0607	7,6061	6,8109	6,1422	5,8474	5,5755	5,0916	4,6755	4,0013	3,4834	3,0764
16	14,7179	13,5777	12,5611	11,6523	10,8378	10,1059	9,4466	8,8514	8,3126	7,8237	6,9740	6,2651	5,9542	5,6685	5,1624	4,7296	4,0333	3,5026	3,0882
17	15,5623	14,2919	13,1661	12,1657	11,2741	10,4773	9,7632	9,1216	8,5436	8,0216	7,1196	6,3729	6,0472	5,7487	5,2223	4,7746	4,0591	3,5177	3,0971
18	16,3983	14,9920	13,7535	12,6593	11,6896	10,8276	10,0591	9,3719	8,7556	8,2014	7,2497	6,4674	6,1280	5,8178	5,2732	4,8122	4,0799	3,5294	3,1039
19	17,2260	15,6785	14,3238	13,1339	12,0853	11,1581	10,3356	9,6036	8,9501	8,3649	7,3658	6,5504	6,1982	5,8775	5,3162	4,8435	4,0967	3,5386	3,1090
20	18,0456	16,3514	14,8775	13,5903	12,4622	11,4699	10,5940	9,8181	9,1285	8,5136	7,4694	6,6231	6,2593	5,9288	5,3527	4,8696	4,1103	3,5458	3,1129
21	18,8570	17,0112	15,4150	14,0292	12,8212	11,7641	10,8355	10,0168	9,2922	8,6487	7,5620	6,6870	6,3125	5,9731	5,3837	4,8913	4,1212	3,5514	3,1158
22	19,6604	17,6580	15,9369	14,4511	13,1630	12,0416	11,0612	10,2007	9,4424	8,7715	7,6446	6,7429	6,3587	6,0113	5,4099	4,9094	4,1300	3,5558	3,1180
23	20,4558	18,2922	16,4436	14,8568	13,4886	12,3034	11,2722	10,3711	9,5802	8,8832	7,7184	6,7921	6,3988	6,0442	5,4321	4,9245	4,1371	3,5592	3,1197
24	21,2434	18,9139	16,9355	15,2470	13,7986	12,5504	11,4693	10,5288	9,7066	8,9847	7,7843	6,8351	6,4338	6,0726	5,4509	4,9371	4,1428	3,5619	3,1210
25	22,0232	19,5235	17,4131	15,6221	14,0939	12,7834	11,6536	10,6748	9,8226	9,0770	7,8431	6,8729	6,4641	6,0971	5,4669	4,9476	4,1474	3,5640	3,1220
26	22,7952	20,1210	17,8768	15,9828	14,3752	13,0032	11,8258	10,8100	9,9290	9,1609	7,8957	6,9061	6,4906	6,1182	5,4804	4,9563	4,1511	3,5656	3,1227
27	23,5596	20,7069	18,3270	16,3296	14,6430	13,2105	11,9867	10,9352	10,0266	9,2372	7,9426	6,9352	6,5135	6,1364	5,4919	4,9636	4,1542	3,5669	3,1233
28	24,3164	21,2813	18,7641	16,6631	14,8981	13,4062	12,1371	11,0511	10,1161	9,3066	7,9844	6,9607	6,5335	6,1520	5,5016	4,9697	4,1566	3,5679	3,1237
29	25,0658	21,8444	19,1885	16,9837	15,1411	13,5907	12,2777	11,1584	10,1983	9,3696	8,0218	6,9830	6,5509	6,1656	5,5098	4,9747	4,1585	3,5687	3,1240
30	25,8077	22,3965	19,6004	17,2920	15,3725	13,7648	12,4090	11,2578	10,2737	9,4269	8,0552	7,0027	6,5660	6,1772	5,5168	4,9789	4,1601	3,5693	3,1242
35	29,4086	24,9986	21,4872	18,6646	16,3742	14,4982	12,9477	11,6546	10,5668	9,6442	8,1755	7,0700	6,6166	6,2153	5,5386	4,9915	4,1644	3,5708	3,1248
40	32,8347	27,3555	23,1148	19,7928	17,1591	15,0463	13,3317	11,9246	10,7574	9,7791	8,2438	7,1050	6,6418	6,2335	5,5482	4,9966	4,1659	3,5712	3,1250
45	36,0945	29,4902	24,5187	20,7200	17,7741	15,4558	13,6055	12,1084	10,8812	9,8628	8,2825	7,1232	6,6543	6,2421	5,5523	4,9986	4,1664	3,5714	3,1250
50	39,1961	31,4236	25,7298	21,4822	18,2559	15,7619	13,8007	12,2335	10,9617	9,9148	8,3045	7,1327	6,6605	6,2463	5,5541	4,9995	4,1666	3,5714	3,1250
55	42,1472	33,1748	26,7744	22,1086	18,6335	15,9905	13,9399	12,3186	11,0140	9,9471	8,3170	7,1376	6,6636	6,2482	5,5549	4,9998	4,1666	3,5714	3,1250

Tabela 3 — Fator de Juros do Valor Futuro de Uma Única Quantia

Tabela A3

$FVIF_{i,n} = (1 + i)^n$

Período	1%	2%	3%	4%	5%	6%	7%	8%	9%	10%	12%	14%	15%	16%	18%	20%	24%	28%	32%	36%
1	1,0100	1,0200	1,0300	1,0400	1,0500	1,0600	1,0700	1,0800	1,0900	1,1000	1,1200	1,1400	1,1500	1,1600	1,1800	1,2000	1,2400	1,2800	1,3200	1,3600
2	1,0201	1,0404	1,0609	1,0816	1,1025	1,1236	1,1449	1,1664	1,1881	1,2100	1,2544	1,2996	1,3225	1,3456	1,3924	1,4400	1,5376	1,6384	1,7424	1,8496
3	1,0303	1,0612	1,0927	1,1249	1,1576	1,1910	1,2250	1,2597	1,2950	1,3310	1,4049	1,4815	1,5209	1,5609	1,6430	1,7280	1,9066	2,0972	2,3000	2,5155
4	1,0406	1,0824	1,1255	1,1699	1,2155	1,2625	1,3108	1,3605	1,4116	1,4641	1,5735	1,6890	1,7490	1,8106	1,9388	2,0736	2,3642	2,6844	3,0360	3,4210
5	1,0510	1,1041	1,1593	1,2167	1,2763	1,3382	1,4026	1,4693	1,5386	1,6105	1,7623	1,9254	2,0114	2,1003	2,2878	2,4883	2,9316	3,4360	4,0075	4,6526
6	1,0615	1,1262	1,1941	1,2653	1,3401	1,4185	1,5007	1,5869	1,6771	1,7716	1,9738	2,1950	2,3131	2,4364	2,6996	2,9860	3,6352	4,3980	5,2899	6,3275
7	1,0721	1,1487	1,2299	1,3159	1,4071	1,5036	1,6058	1,7138	1,8280	1,9487	2,2107	2,5023	2,6600	2,8262	3,1855	3,5832	4,5077	5,6295	6,9826	8,6054
8	1,0829	1,1717	1,2668	1,3686	1,4775	1,5938	1,7182	1,8509	1,9926	2,1436	2,4760	2,8526	3,0590	3,2784	3,7589	4,2998	5,5895	7,2058	9,2170	11,703
9	1,0937	1,1951	1,3048	1,4233	1,5513	1,6895	1,8385	1,9990	2,1719	2,3579	2,7731	3,2519	3,5179	3,8030	4,4355	5,1598	6,9310	9,2234	12,166	15,917
10	1,1046	1,2190	1,3439	1,4802	1,6289	1,7908	1,9672	2,1589	2,3674	2,5937	3,1058	3,7072	4,0456	4,4114	5,2338	6,1917	8,5944	11,806	16,060	21,647
11	1,1157	1,2434	1,3842	1,5395	1,7103	1,8983	2,1049	2,3316	2,5804	2,8531	3,4785	4,2262	4,6524	5,1173	6,1759	7,4301	10,657	15,112	21,199	29,439
12	1,1268	1,2682	1,4258	1,6010	1,7959	2,0122	2,2522	2,5182	2,8127	3,1384	3,8960	4,8179	5,3503	5,9360	7,2876	8,9161	13,215	19,343	27,983	40,037
13	1,1381	1,2936	1,4685	1,6651	1,8856	2,1329	2,4098	2,7196	3,0658	3,4523	4,3635	5,4924	6,1528	6,8858	8,5994	10,699	16,386	24,759	36,937	54,451
14	1,1495	1,3195	1,5126	1,7317	1,9799	2,2609	2,5785	2,9372	3,3417	3,7975	4,8871	6,2613	7,0757	7,9875	10,147	12,839	20,319	31,691	48,757	74,053
15	1,1610	1,3459	1,5580	1,8009	2,0789	2,3966	2,7590	3,1722	3,6425	4,1772	5,4736	7,1379	8,1371	9,2655	11,974	15,407	25,196	40,565	64,359	100,71
16	1,1726	1,3728	1,6047	1,8730	2,1829	2,5404	2,9522	3,4259	3,9703	4,5950	6,1304	8,1372	9,3576	10,748	14,129	18,488	31,243	51,923	84,954	136,97
17	1,1843	1,4002	1,6528	1,9479	2,2920	2,6928	3,1588	3,7000	4,3276	5,0545	6,8660	9,2765	10,761	12,468	16,672	22,186	38,741	66,461	112,14	186,28
18	1,1961	1,4282	1,7024	2,0258	2,4066	2,8543	3,3799	3,9960	4,7171	5,5599	7,6900	10,575	12,375	14,463	19,673	26,623	48,039	85,071	148,02	253,34
19	1,2081	1,4568	1,7535	2,1068	2,5270	3,0256	3,6165	4,3157	5,1417	6,1159	8,6128	12,056	14,232	16,777	23,214	31,948	59,568	108,89	195,39	344,54
20	1,2202	1,4859	1,8061	2,1911	2,6533	3,2071	3,8697	4,6610	5,6044	6,7275	9,6463	13,743	16,367	19,461	27,393	38,338	73,864	139,38	257,92	468,57
21	1,2324	1,5157	1,8603	2,2788	2,7860	3,3996	4,1406	5,0338	6,1088	7,4002	10,804	15,668	18,822	22,574	32,324	46,005	91,592	178,41	340,45	637,26
22	1,2447	1,5460	1,9161	2,3699	2,9253	3,6035	4,4304	5,4365	6,6586	8,1403	12,100	17,861	21,645	26,186	38,142	55,206	113,57	228,36	449,39	866,67
23	1,2572	1,5769	1,9736	2,4647	3,0715	3,8197	4,7405	5,8715	7,2579	8,9543	13,552	20,362	24,891	30,376	45,008	66,247	140,83	292,30	593,20	1.178,7
24	1,2697	1,6084	2,0328	2,5633	3,2251	4,0489	5,0724	6,3412	7,9111	9,8497	15,179	23,212	28,625	35,236	53,109	79,497	174,63	374,14	783,02	1.603,0
25	1,2824	1,6406	2,0938	2,6658	3,3846	4,2919	5,4274	6,8485	8,6231	10,835	17,000	26,462	32,919	40,874	62,669	95,396	216,54	478,90	1.033,6	2.180,1
26	1,2953	1,6734	2,1566	2,7725	3,5557	4,5494	5,8074	7,3964	9,3992	11,918	19,040	30,167	37,857	47,414	73,949	114,48	268,51	613,00	1.364,3	2.964,9
27	1,3082	1,7069	2,2213	2,8834	3,7335	4,8223	6,2139	7,9881	10,245	13,110	21,325	34,390	43,535	55,000	87,260	137,37	332,95	784,64	1.800,9	4.032,3
28	1,3213	1,7410	2,2879	2,9987	3,9201	5,1117	6,6488	8,6271	11,167	14,421	23,884	39,204	50,066	63,800	102,97	164,84	412,86	1.004,3	2.377,3	5.483,9
29	1,3345	1,7758	2,3566	3,1187	4,1161	5,4184	7,1143	9,3173	12,172	15,863	26,750	44,693	57,575	74,009	121,50	197,81	511,95	1.285,6	3.137,9	7.458,1
30	1,3478	1,8114	2,4273	3,2434	4,3219	5,7435	7,6123	10,063	13,268	17,449	29,960	50,950	66,212	85,850	143,37	237,38	634,82	1.645,5	4.142,1	10.143,0
40	1,4889	2,2080	3,2620	4,8010	7,0400	10,286	14,974	21,725	31,409	45,259	93,051	188,88	267,86	378,72	750,38	1.469,8	5.455,9	19.427,0	66.521,0	*
50	1,6446	2,6916	4,3839	7,1067	11,467	18,420	29,457	46,902	74,358	117,39	289,00	700,23	1.083,7	1.670,7	3.927,4	9.110,4	46.890,0	*	*	*
60	1,8167	3,2810	5,8916	10,520	18,679	32,988	57,946	101,26	176,03	304,48	897,60	2.595,9	4.384,0	7.370,2	20.555,0	56.348,0	*	*	*	*

* FVIF > 99.999.

Tabela 4 – Fator de Juros do Valor Futuro de Uma Anuidade

Tabela A4

$$FVIF_{i,n} = \sum_{t=1}^{n} (1+i)^n = \frac{(1+i)^n - 1}{i}$$

Período	1%	2%	3%	4%	5%	6%	7%	8%	9%	10%	12%	14%	15%	16%	18%	20%	24%	28%	32%	36%
1	1,0000	1,0000	1,0000	1,0000	1,0000	1,0000	1,0000	1,0000	1,0000	1,0000	1,0000	1,0000	1,0000	1,0000	1,0000	1,0000	1,0000	1,0000	1,0000	1,0000
2	2,0100	2,0200	2,0300	2,0400	2,0500	2,0600	2,0700	2,0800	2,0900	2,1000	2,1200	2,1400	2,1500	2,1600	2,1800	2,2000	2,2400	2,2800	2,3200	2,3600
3	3,0301	3,0604	3,0909	3,1216	3,1525	3,1836	3,2149	3,2464	3,2781	3,3100	3,3744	3,4396	3,4725	3,5056	3,5724	3,6400	3,7776	3,9184	4,0624	4,2096
4	4,0604	4,1216	4,1836	4,2465	4,3101	4,3746	4,4399	4,5061	4,5731	4,6410	4,7793	4,9211	4,9934	5,0665	5,2154	5,3680	5,6842	6,0156	6,3624	6,7251
5	5,1010	5,2040	5,3091	5,4163	5,5256	5,6371	5,7507	5,8666	5,9847	6,1051	6,3528	6,6101	6,7424	6,8771	7,1542	7,4416	8,0484	8,6999	9,3983	10,146
6	6,1520	6,3081	6,4684	6,6330	6,8019	6,9753	7,1533	7,3359	7,5233	7,7156	8,1152	8,5355	8,7537	8,9775	9,4420	9,9299	10,980	12,136	13,406	14,799
7	7,2135	7,4343	7,6625	7,8983	8,1420	8,3938	8,6540	8,9228	9,2004	9,4872	10,089	10,730	11,067	11,414	12,142	12,916	14,615	16,534	18,696	21,126
8	8,2857	8,5830	8,8923	9,2142	9,5491	9,8975	10,260	10,637	11,028	11,436	12,300	13,233	13,727	14,240	15,327	16,499	19,123	22,163	25,678	29,732
9	9,3685	9,7546	10,159	10,583	11,027	11,491	11,978	12,488	13,021	13,579	14,776	16,085	16,786	17,519	19,086	20,799	24,712	29,369	34,895	41,435
10	10,462	10,950	11,464	12,006	12,578	13,181	13,816	14,487	15,193	15,937	17,549	19,337	20,304	21,321	23,521	25,959	31,643	38,593	47,062	57,352
11	11,567	12,169	12,808	13,486	14,207	14,972	15,784	16,645	17,560	18,531	20,655	23,045	24,349	25,733	28,755	32,150	40,238	50,398	63,122	78,998
12	12,683	13,412	14,192	15,026	15,917	16,870	17,888	18,977	20,141	21,384	24,133	27,271	29,002	30,850	34,931	39,581	50,895	65,510	84,320	108,44
13	13,809	14,680	15,618	16,627	17,713	18,882	20,141	21,495	22,953	24,523	28,029	32,089	34,352	36,786	42,219	48,497	64,110	84,853	112,30	148,47
14	14,947	15,974	17,086	18,292	19,599	21,015	22,550	24,215	26,019	27,975	32,393	37,581	40,505	43,672	50,818	59,196	80,496	109,61	149,24	202,93
15	16,097	17,293	18,599	20,024	21,579	23,276	25,129	27,152	29,361	31,772	37,280	43,842	47,580	51,660	60,965	72,035	100,82	141,30	198,00	276,98
16	17,258	18,639	20,157	21,825	23,657	25,673	27,888	30,324	33,003	35,950	42,753	50,980	55,717	60,925	72,939	87,442	126,01	181,87	262,36	377,69
17	18,430	20,012	21,762	23,698	25,840	28,213	30,840	33,750	36,974	40,545	48,884	59,118	65,075	71,673	87,068	105,93	157,25	233,79	347,31	514,66
18	19,615	21,412	23,414	25,645	28,132	30,906	33,999	37,450	41,301	45,599	55,750	68,394	75,836	84,141	103,74	128,12	195,99	300,25	459,45	700,94
19	20,811	22,841	25,117	27,671	30,539	33,760	37,379	41,446	46,018	51,159	63,440	78,969	88,212	98,603	123,41	154,74	244,03	385,32	607,47	954,28
20	22,019	24,297	26,870	29,778	33,066	36,786	40,995	45,762	51,160	52,275	72,052	91,025	102,44	115,38	146,63	186,69	303,60	494,21	802,86	1.298,8
21	23,239	25,783	28,676	31,969	35,719	39,993	44,865	50,423	56,765	64,002	81,699	104,77	118,81	134,84	174,02	225,03	377,46	633,59	1.060,8	1.767,4
22	24,472	27,299	30,537	34,248	38,505	43,392	49,006	55,457	62,873	71,403	92,503	120,44	137,63	157,41	206,34	271,03	469,06	812,00	1.401,2	2.404,7
23	25,716	28,845	32,453	36,618	41,430	46,996	53,436	60,893	69,532	79,543	104,60	138,30	159,28	183,60	244,49	326,24	582,63	1.040,4	1.850,6	3.271,3
24	26,973	30,422	34,426	39,083	44,502	50,816	58,177	66,765	76,790	88,497	118,16	158,66	184,17	213,98	289,49	392,48	723,46	1.332,7	2.443,8	4.450,0
25	28,243	32,030	36,459	41,646	47,727	54,865	63,249	73,106	84,701	98,347	133,33	181,87	212,79	249,21	342,60	471,98	898,09	1.706,8	3.226,8	6.053,0
26	29,526	33,671	38,553	44,312	51,113	59,156	68,676	79,954	93,324	109,18	150,33	208,33	245,71	290,09	405,27	567,38	1.114,6	2.185,7	4.260,4	8.233,1
27	30,821	35,344	40,710	47,084	54,669	63,706	74,484	87,351	102,72	121,10	169,37	238,50	283,57	337,50	479,22	681,85	1.383,1	2.798,7	5.624,8	11.198,0
28	32,129	37,051	42,931	49,968	58,403	68,528	80,698	95,339	112,97	134,21	190,70	272,89	327,10	392,50	566,48	819,22	1.716,1	3.583,3	7.425,7	15.230,3
29	33,450	38,792	45,219	52,966	62,323	73,640	87,347	103,97	124,14	148,63	214,58	312,09	377,17	456,30	669,45	984,07	2.129,0	4.587,7	9.802,9	20.714,2
30	34,785	40,568	47,575	56,085	66,439	79,058	94,461	113,28	136,31	164,49	241,33	356,79	434,75	530,31	790,95	1.181,90	2.640,9	5.873,2	12.941,0	28.172,3
40	48,886	60,402	75,401	95,026	120,80	154,76	199,64	259,06	337,88	442,59	767,09	1.342,0	1.779,1	2.360,8	4.163,2	7.343,9	22.729,0	69.377,0	*	*
50	64,463	84,579	112,80	152,67	209,35	290,34	406,53	573,77	815,08	1.163,9	2.400,0	4.994,5	7.217,7	10.436,0	21.813,0	45.497,0	*	*	*	*
60	81,670	114,05	163,05	237,99	353,58	533,13	813,52	1.253,2	1.944,8	3.034,8	7.471,6	18.535,0	29.220,0	46.058,0	*	*	*	*	*	*

* FVIF 99.999.

Bibliografia

ASSAF NETO, Alexandre. *Estrutura e Análise de Balanços.* 4. ed. São Paulo: Atlas, 1998.

ASSAF NETO, Alexandre e SILVA, César Augusto Tibúrcio. *Administração do Capital de Giro.* 3. ed. São Paulo: Atlas, 2002.

BRIGHAM, Eugene F., GAPENSKI Louis C. e EHRHARDT, Michael C. *Administração Financeira.* Teoria e Prática. 9. ed. São Paulo: Atlas, 2001.

GITMAN, Lawrence J. *Princípios de Administração Financeira.* 7. ed. São Paulo: Harbra, 2002.

IUDÍCIBUS, Sérgio de (coord.). *Manual de Contabilidade das Sociedades por Ações.* 5. ed. São Paulo: Atlas, 2001.

IUDÍCIBUS, Sérgio. *Teoria da Contabilidade.* 5ª ed. São Paulo: Atlas, 1997.

MATARAZZO, Dante C. *Análise Financeira de Balanços.* 6. ed. São Paulo: Atlas, 2003.

PADOVEZE, Clóvis Luís. *Contabilidade Gerencial: um enfoque em sistema de informação contábil.* 3. ed. São Paulo: Atlas, 2000.

IMPRESSÃO E ACABAMENTO:
YANGRAF Fone/Fax:
6198.1788